MIGUEL PÉREZ FERNÁNDEZ
OLGA RUIZ MORELL

EL BESO DE DIOS

MIDRÁS DE LA MUERTE DE M…

… משה רבינו ע״ה

evd

Biblioteca Midrásica 35

Director: Dr. Miguel Pérez Fernández

Esta obra se ha realizado en el marco del Proyecto de Investigación «Lengua y literatura del Judaísmo Clásico: rabínico y medieval» (FFI2010-15005) de la Universidad de Granada

Editorial Verbo Divino
Avenida de Pamplona, 41
31200 Estella (Navarra), España
Teléfono: 948 55 65 11
www.verbodivino.es
evd@verbodivino.es

3ª reimpresión (año 2024)

Impresión: Liber Digital, Casarrubuelos (Madrid)
Printed in Spain - Impreso en España

ISBN: 978-84-9945-618-8
Depósito legal: NA. 522-2013

TEXTO BILINGÜE

COMENTARIO DEL TEXTO

SIGLAS Y ABREVIATURAS

LIBROS BÍBLICOS

Usamos las siglas habituales en español, con la excepción de *Qoh* para Eclesiastés y Sira para Eclesiástico.

TH: *Texto hebreo*, TM: *Texto masorético*

Vulg: *Vulgata latina*

LXX: *Septuaginta griega*

MISNAH, TALMUD Y TOSEFTA

Usamos las siglas habituales para los tratados de la Misnah precedidas de *m*, *b*, *j*, *t*, según se trate de la Misnah, Talmud de Babilonia, Talmud de Jerusalén o Tosefta:

bBB: *Talmud Babli Baba Batra*
bBer: *Talmud Babli Berakot*
bMakk: *Talmud Babli Makkot*
bMQ: *Talmud Babli Mo'ed Qatan*
bQid: *Talmud Babli Qiddušin*
bŠab: *Talmud Babli Šabbat*
bSanh: *Talmud Babli Sanhedrin*
bSot 12b: *Talmud Babli Sotah*
bTaan 23a: *Talmud Babli Ta'anit*
bTem 16a: *Talmud Babli Temurah*
jTaan: *Talmud Yerushalmi Taanit*
mAbot: *Misnah Abot*
mKer: *Misnah Keritot*
mMQ: *Misnah Mo'ed Qatan*
mOho: *Misnah Oholot*
mSot: *Misnah Sotah*
mTaan: *Misnah Ta'anit*
mYom: *Misnah Yoma*
tSot: *Tosefta Sotah*

MIDRASIM Y OTROS TEXTOS

Ant.: *Antigüedades de lo Judíos* (Josefo)
ARN: *Abot de Rabbí Natán*
CantR: *Cantar Rabbah*
CrYeraḥmeel: *Crónicas de Yeraḥmeel*
De Vita: *De Vita Moysis* (Filón)
DtR: *Deuteronomio Rabbah*
ExR: *Éxodo Rabbah*
GnR: *Génesis Rabbah*
Hen: Libros de Henoc
Jub: *Jubileos*
LAB: *Liber Antiquitatum Biblicarum*
LvR: *Levítico Rabbah*
Mek: *Mekilta de R. Yismael*
NmR: *Números Rabbah.*
PesiqR: *Pesiqta Rabbati*
PRE: *Pirqe de Rabbi Eliezer*
Qoh: *Qohelet Rabbah*
SDt: *Sifre Deuteronomio*
SNm: *Sifre Números*
SOR: *Seder 'Olam Rabbah*
Tanḥ: *Midrás Tanḥuma*

PRESENTACIÓN

Este libro tiene sus orígenes en los años sesenta cuando quien esto escribe se asomaba a la literatura rabbínica y al arameo targúmico en el Pontificio Instituto Bíblico de Roma bajo la dirección del Pofesor Roger le Déaut. Entonces leí a Renée Bloch, «Quelques aspects de la figüre de Moïse dans la tradition Rabbinique» (en *Moïse, l'homme de l'Alliance*, Paris 1955) y quedé impresionado en la lectura de los amplios extractos que incluía sobre el *Midrás de la Muerte de Moisés*. Desde entonces siempre tuve en mente enfrentarme algún día con aquel texto en su original y llegar a entender aquellos extractos tan interesantes como sorprendentes. Y la ocasión llegó cuando, ya jubilado, encontré el tiempo y la colaboración indispensable de la que fue mi alumna y hoy es ya profesora de literatura rabínica en la Universidad de Granada, la Dra. Olga Ruiz Morell.

Juntos hemos pensado una edición bilingüe que sirva a los alumnos para ejercitarse en la traducción de un texto que, sin duda, resultará interesante. El texto, además, permite exponer los variados recursos hermenéuticos rabínicos y la sorprendente libertad y descaro con que la figura de Moisés es presentada en su debate dialéctico con Dios. Finalmente, como ya muchos estudiosos han mostrado, buscamos que también nuestros estudiantes descubran la grandeza de Moisés junto con sus celos tan humanos, y su soberbia y su protesta al sentirse tratado tan injustamente por Dios: Moisés, al sentirse absolutamente indefenso ante Dios, representa una situación repetida una y mil veces en todo hombre creyente y de forma singular colectivamente en el pueblo de Israel. Pero al mismo tiempo se advertirá que Dios, tan lejano y transcendente, se muestra igualmente lleno de humanidad: el mismo Dios se lleva el alma de Moisés con un beso de su boca y es el mismo Dios quien con su propio llanto inicia el duelo de toda la creación.

Creemos que lo que nos sorprendió a nosotros, meros traductores y comentaristas, y nos abrió la mente al pensamiento rabínico y a su libertad expositiva, sorprenderá también a los alumnos y otros lectores que se aventuren a adentrarse en este tesoro literario y «teológico».

Didácticamente nuestro comentario permite al profesor hacer un amplio recorrido por la literatura rabínica, tanto la halákica como la hagádica y targúmica, y por los llamados apócrifos, así como por otros autores clásicos como Filón de Alejandría y Flavio Josefo. Justamente la diversidad y riqueza de las fuentes permite valorar la síntesis narrativa, llena de viveza, tensión y sorpresas, que ha sabido componer el autor del *Midrás Petirat Mosheh.*

Hemos tomado como base el texto de Adolph Jellinek, del que hemos corregido algunos pequeños errores y señalado otras variantes, incluidas la del texto B, –נוסחה ב– (cf. Introducción), cuya riqueza se apreciará especialmente en los numerosos textos paralelos de nuestro comentario y en la amplia antología final.

En el texto hebreo de Jellinek, las citas bíblicas no vienen señaladas con las siglas actualmente habituales de libro, cap. y vers.; y con mucha frecuencia sólo se dan las primeras palabras de la cita. Para facilitar la lectura del lector actual señalamos siempre, tanto en el texto hebreo como en la versión hispana, las siglas normales de nuestras ediciones y añadimos entre corchetes [ ] el texto bíblico que completa la cita. Además en el texto hebreo resaltamos la cita en un cuerpo de letra distinto; en la versión española la cita bíblica viene siempre en cursiva.

Cuando Dios comunicó a Moisés: *Se acercan los días de tu muerte ... no pasarás este Jordán* (Dt 31,14-29), Moisés respondió inteligentemente con las palabras del Salmo 118: *No he de morir, viviré para cantar las hazañas del Señor.* A Moisés no le valió la estratagema y no pudo cantar las hazañas del Señor en la Tierra Prometida, aunque encontró otra recompensa inesperada: el beso de Dios.

Olga y yo hemos repetido muchas veces las palabras del Salmo, cuando parecía que yo no iba a llegar a tiempo de concluir este libro. Pero esta vez parece que Dios sí nos ha oído. Y este libro se termina porque Dios lo ha querido. En todo caso, confiamos no habernos perdido tampoco el beso de Dios, que nos llegará a su tiempo.

Queremos añadir que a nuestros alumnos de Lengua y Literatura Rabínicas de la Universidad de Granada dedicamos cariñosamente este libro.

Miguel Pérez Fernández
Olga Ruiz Morell
Universidad de Granada, Enero de 2013.

INTRODUCCIÓN

La vida de Moisés tuvo un final inesperado.[1] Parece un sarcasmo que Dios eligiera a Moisés para sacar a Israel de Egipto y llevarlo a la Tierra prometida; que Moisés cumpliera bravamente el objetivo; que Dios le hiciera ver, desde la frontera del Jordán, la Tierra de Israel... para, llegado el momento, anunciarle que no pisaría esa Tierra. Dt 34,5-6 suena, por lo demás, misterioso: que Moisés muriera *por boca de Yhwh* (en traducción literalísima) se entiende como un modismo de la lengua hebrea para expresar una decisión divina, pero la literalidad se presta a especulaciones;[2] la misma literalidad *–y lo enterró–* hace suponer que fue Dios mismo quien le dio sepultura;[3] el lugar de la sepultura es, cuando menos, extraño: *frente a Bet Pe'or*, lugar que evoca un horrendo pecado de idolatría (Nm 25,3ss; 31,16); el que nadie conozca la sepultura *hasta el día de hoy* (Dt 34,6)[4] termina por redondear el misterio.

Por todo ello el tema de la muerte de Moisés y sus circunstancias ha sido objeto de atención en la literatura judía de todos los tiempos: ya en Filón y Flavio Josefo; en la literatura apócrifa: el *Liber Antiquitatum Biblicarum* (LAB o Pseudo-Filón) y el *Testamento (Asunción) de Moisés*; en los midrasim tannaíticos, esp. *Sifre Deuteronomio* y *Midraš Tannaim*, también en *Sifre Números* y *Mekilta*; en los targumim y midrasim más tardíos, esp. *Midraš Tanḥuma* y *Deuteronomio Rabbah*; en las discusiones talmúdicas; en las numerosas versiones medievales que llevan el título de *Midraš Peṭirat Mošeh Rabbenu* y colecciones hagádicas posteriores como *Pirqe de R. Eliezer*, *Midraš ha-Gadol*, los diferentes *Yalqut*, etc.; y finalmente en las variadas antologías de los dos últimos siglos.[5]

1. La muerte de Moisés está anunciada en Nm 27,12-14; Dt 31,14; 32,50-52; 34,1-6 Según § 13 del midrás que comentamos, «la muerte de Moisés se menciona diez veces en la Escritura».
2. Cf. § 53 en el texto.
3. Cf. §§ 50-51.
4. Cf. nuestro comentario a § 55.
5. Cf. KUSHELEVSKY, R., *Moses and the Angel of the Death*, New York (Peter Lang), 1995, p. xviii. El desarrollo de la tradición hagádica de la tumba de Moisés en relación con la cueva de Makpela puede verse en ISH-SHALOM, M., "The Cave of the Machpela and the Sepulchre of Moses. The Development of an Aggadic Tradition", en *Tarbiz* 41 (1972) 203-210 (en hebreo).

La obra más completa es *Midraš Peṭirat Mošeh Rabbenu 'alayw ha-Šalom*, editada por ADOLPH JELLINEK en *Bet ha-Midraš*, Jerusalem (Bamberger and Wahrmann) 1938, I, 115-129 (conocida como Jellinek-A), muy similar a la *Editio Princeps* (Constantinopla 1516), cuyos manuscritos se remontan hasta el s. XIII.[6] La gran popularidad de estas narraciones hagádicas está conectada con la lectura del final de la Torah el octavo día de la fiesta de Sukkot, cuando se celebraba la *Simḥat Torah*.

En nuestra edición reproducimos el texto hebreo de JELLINEK-A, completando e identificando citas bíblicas y añadiendo notas y amplio comentario con el fin de individualizar fuentes y recursos narrativos, intención del autor o autores y ecos o variantes de relatos posteriores. También añadimos parágrafos (§§) al texto de JELLINEK (cf *infra*, p. 6).

En la misma obra *Bet ha-Midraš* (vol. VI, pp. 71-78) JELLINEK publicó bajo el mismo título *Midraš Peṭirat Mošeh Rabbenu 'alayw ha-Šalom* un llamado texto B (נוסחא ב), que en realidad consta de un midrás que pudiera titularse «Midrás de la grandeza de Moisés» (pp. 71-73), el cual se interrumpe en el manuscrito por la pérdida de unas hojas[7] y sigue con una recensión distinta de los versos finales del JELLINEK-A (pp. 73-78). En nuestro Apéndice I publicamos la versión española del que llamamos «Midrás de la grandeza de Moisés» y en notas de nuestra versión española de JELLINEK-A señalaremos las variantes más notables del texto B (JELLINEK-B).

Se trata de una obra maestra de la narrativa hebrea (nos referimos siempre al texto hebreo de JELLINEK-A), en la que sobresalen el ritmo, la dramatización y la caracterización psicológica de los personajes: Dios, Moisés, Josué, los ángeles, Sammael –el ángel de la muerte– y el pueblo. Tras un relato introductorio, comienza una primera parte de

6. Una traducción alemana de JELLINEK-A, en AUGUST WÜNSCHE, *Aus Israel Lehrhallen*, Hildesheim 1967, vol. I, 134-176; trad. inglesa en KUSHELEVSKY, *Moses and the Angel of the Death*, pp. 195-259; amplios extractos están traducidos al francés por R. BLOCH en "Moïse, l'Homme de l'Alliance", *Cahiers Sioniens*, VIII (1954) 130-138. Lista de manuscritos y sus ediciones impresas, se pueden ver en KUSHELEVSKY, 289-291. En el Anexo II a nuestra traducción y comentario ofrecemos una antología de textos clásicos del Judaísmo sobre la muerte de Moisés.

7. JELLINEK escribe: "Aquí faltan en el Ms. de Paris 710 desde la página 106 a la página 122. Es necesario completarlo con el texto A del primer volumen" (*Bet ha-Midraš* VI,73).

debates entre Moisés, que no acepta morir sin entrar en la Tierra prometida, y Dios, que se mantiene fiel a un doble juramento: que ni Moisés ni Aarón entrarán en la tierra prometida, y que Israel nunca será aniquilado.[8] En los debates se inserta inevitablemente la cuestión de la sucesión: Josué es aún un muchacho, ¿sabrá dirigir al pueblo? ¿Aceptará Moisés la sucesión de Josué? ¿Aceptará el pueblo a Josué como guía? ¿Cómo fue la investidura de Josué? La firma del decreto del Alto Tribunal que impide a Moisés la entrada en la Tierra prometida inicia una segunda parte regida rítmicamente por una *Bat qol* que va anunciando los días y las horas de vida que quedan a Moisés y le va urgiendo a aceptar la soberanía de Dios. La conclusión es la descripción de cómo Moisés entrega su alma, el solemne cortejo de los ángeles y el no menos glorioso final: Dios mismo, con un beso de su boca, toma el alma de Moisés.

De la lectura de nuestro comentario (pp. 63 y ss.) y de la antología de textos que añadimos en apéndice (pp. 125-187), esta obra puede dar una primera impresión de tratarse de un centón de citas y retazos de anteriores escritos. Efectivamente las fuentes son muchas, pero el autor ha conseguido una obra original y rica en recursos literarios (la apertura y la conclusión: porque Moisés dio sepultura a José mereció Moisés que Dios le diera sepultura a él; los martilleantes anuncios de la *Bat qol*; la intervención de los ángeles, etc.) y tensión dramática: los celos de los protagonistas Moisés y Josué, el difícil traspaso del liderazgo, los patéticos diálogos de Moisés con Dios. Todo ello conlleva un planteamiento teológico resuelto en las escenas finales que resaltan la grandeza de Moisés tan humano y la cercanía de Dios tan divino.

La narración es dramática y llena de humanidad. El drama es la tragedia de un hombre que ha empeñado su vida en luchar por lo que él no verá. Moisés tiene que oír de boca de Dios una acusación terrible: que no ha tratado a su pueblo con equidad, que incluso ha sido excesivamente duro con ellos; que su final es también resultado de sus obras. Y Dios tiene que oír acusaciones muy duras de parte de Moisés. Pero también es muy humana la rebeldía de Moisés ante la muerte y su sentimiento de ser víctima de una injusticia, sus celos ante Josué, etc.

Por encima del drama personal está la justicia y la misericordia de Dios, ambas manifestadas en Moisés en forma tan inesperada como

8. Nm 20,12 y Lv 26,44. Cf. §§ 11-12.

bella. El motivo fundamental de la obra es el destino de Moisés: por una parte, la muerte, pero una muerte que se produce por un beso de Dios (*por boca de Yhwh*: Dt 34,5) y se presenta como un ocultamiento: *sin que nadie hasta el día hoy haya conocido su sepultura* (Dt 34,6), culmen de la gracia divina. KUSHELEVSKY ha catalogado certeramente el destino de Moisés como «oxímoron»: *the Genizah-Death Oxymoron*.[9]

Por nuestra cuenta, y para mayor comodidad al referirnos a las diversas partes, dividimos el texto en parágrafos (§§) que en los comentarios hemos subtitulado entre corchetes para servir de soporte a la lectura y permitir captar la complejidad de la composición literaria en sus repeticiones y en la diversidad de sus fuentes. En la sinopsis con que abrimos esta obra explicitamos brevemente el tema de los §§.

1. *El pórtico*

Los dos primeros parágrafos (§§) son como el pórtico de toda la obra: la consideración de Moisés en lo que tiene de humano y de divino, los dos polos opuestos que pueden representarse respectivamente en su cobarde huída ante el Faraón (§ 1) y en su generosa dedicación a la sepultura de José (§ 2). La haggadah del § 2 viene a preanunciar el final de toda la obra: Dios se ocupó directamente de la sepultura de Moisés porque en su momento Moisés se había ocupado personalmente de la sepultura de José, cumpliéndose el principio de «medida por medida»;[10] todos los elementos de esta tradición se encuentran ya en Misnah, Tosefta y midrasim tannaíticos, como mostramos en nuestro comentario y se comprueba en la antología de textos que hemos

9. KUSHELEVSKY, *Moses and the Angel of theDeath*, p. xx: "The texts insit that God Himself attended to Moses' burial. Yet, by definition, isn't a burial by God a Genizah? Thus, the opposite poles in the decriptions of Moses' death do not amount to a contradiction, but rather coexist simultaneously, paradoxically complementing each other. This twofold view of Moses' departure from this world is oxymoronic, and therefore we shall henceforward refer to it as an oxymoronic death, or the *Genizah-Death Oxymoron*". Cf. **TgPsJ Dt 33,21:** "... un lugar engastado con piedras preciosas y perlas, donde Moisés, escriba de Israel, está oculto –גניז, *geniz*." F. JOSEFO escribe: ἀφανίζεται, «desapareció» (**Ant. IV, 8.48**). Véase *infra* comentario a § 55.

10. Cf. p.ej., **mSot 1,7**: "Con la medida que el hombre mide le miden a él"; **tSot 3,1; 4,1; SNm 106,2** (a Nm 12,15); etc. El uso del participio impersonal equivale a una forma pasiva cuyo sujeto es Dios. Cf. paralelos neotestamentarios en Mt 7,1-2; Mc 4,24-25; Lc 6,37-38.

seleccionado. El redactor de este pórtico demuestra una elevada capacidad narrativa.

2. *El cuerpo de la obra*

Presentemos los personajes y sus actuaciones: a) El tema principal es el enfrentamiento entre Dios y Moisés, o la rebelión de Moisés ante el plan divino. b) El subtema es la tensión creada entre Moisés y Josué, consecuencia del plan divino, y la reacción del pueblo ante el cambio de líder. c) Paralelamente entran en escena los agentes sobrenaturales: Sammael –el ángel de la muerte– y la tríada angélica –Gabriel, Miguel y Zagziel–, mensajeros divinos. d) A partir de un cierto momento entra en acción la *Bat qol*, la voz divina que transmite un ritmo intenso al relato marcando los últimos momentos de Moisés. e) Finalmente el alma de Moisés se entrega con un beso de Dios, Dios mismo le da sepultura y toda la creación prorrumpe en duelo, llanto y alabanzas.

a) Moisés *versus* Dios

A primera vista, Dios parece injusto cuando permite que Moisés muera antes de pisar la Tierra adonde ha llevado a su pueblo; por otra parte, la protesta de Moisés, aunque a veces arrogante e irritada, parece totalmente razonable y justa. El tema es, pues, la protesta de Moisés y la autojustificación de Dios. "Los diálogos son al mismo tiempo protesta y teodicea".[11] Son sentimientos que Israel ha revivido frente a su Dios y con su Dios a lo largo de su historia y así ha llegado a conocerse y superarse, y a sentir a su Dios tan divino y tan cercano. Literariamente Israel lo expresó en el libro de Job, históricamente lo ha revivido en su exilios y exterminios; personalmente, es la experiencia de cada hombre creyente: en el encuentro sincero humano-divino sale a la luz lo mejor y lo peor de cada hombre y la transcendencia y cercanía de Dios.

Moisés morirá sin entrar en la Tierra Prometida. Tal es el decreto divino, contra el que Moisés se rebela enarbolando osadamente las palabras del Salmo 118,17: *No he de morir, viviré para contar las hazañas del Señor* (cf. §§ 3 y 7 final). Es cierto que Moisés se revela a veces como

11. J. GOLDIN, "The Death of Moses", en *Studies in Midrash and Related Literature*, p. 179. En p. 183 afirma: "The Death of Moses before Israel's entrance into the Promised Land did not —at least in midrashic-talmudic times and circles— entirely cease to be an embarrassment or a perplexity, because of the gross unfairness it represented."

una personalidad narcisista:[12] encandilado por la imagen que tiene de sí mismo se cree superior a todos los humanos: ni el primer hombre ni ninguno de los patriarcas se le pueden comparar. Moisés repite y repite: «Señor del universo, ¿qué pecado he cometido para tener que morir?», «Señor del universo, ¿en vano pisaron mis pies el *Arafel* y en vano corrí delante de tus hijos como un corcel?», «Señor del universo, al primer hombre Tú le impusiste un solo mandamiento levísimo y lo transgredió, ¡pero yo no he transgredido ninguno!» (§ 4), «Señor del universo, el primer hombre robó y comió lo que tú no querías, y tú lo penalizaste con la muerte, pero ¿robé yo algo ante Ti?» (§ 8). Arrogante, emplaza a Dios para que le demuestre por qué razón tiene él que morir siendo superior a Adán y a todos los patriarcas, Noé, Abraham, Isaac, Jacob... La arrogancia le lleva a la insolencia, hasta el punto de enfrentarse al mismo Dios: «Tú mataste a todos los primogénitos de Egipto, ¿y yo he de morir por un solo egipcio?» (§ 8).[13]

A la arrogancia y la insolencia responde la paciencia divina, a veces irónica: *Aunque su altura llegue a los cielos y su cabeza toque las nubes, como su excremento perece para siempre* (Job 20,6),[14] a veces con dureza: Dios tiene que poner al descubierto los pecados de Moisés, que éste finalmente se ve obligado a reconocer (§ 5).[15]

En contraste con la soberbia y engreimiento de Moisés, se resalta la humildad de Dios que actúa como si fuera un servidor de Moisés: «¿No recuerdas cuánto honor te hice cuando me decías: 'levántate!', y Yo me levantaba, '¡vuélvete!', y Yo me volvía?» (§ 9). Así, suavemente, Dios obliga a Moisés a reaccionar con más mesura: «Todo el mundo sabe también que Tú eres el solo Dios, único en tu mundo y nadie hay fuera de Ti ni que se parezca a Ti. Tú has creado los seres superiores y los inferiores, Tú eres el primero y el último, ¿quién podría contar tus grandes obras? Pero yo sólo te pido una cosa: ¡pasar el Jordán!» (§ 10).

A lo largo de todo el debate con Dios, Moisés muestra también intereses más mezquinos: está preocupado por su fama, es decir, por la imagen que de él quedará para la posteridad, y así se lo expone a Dios: «Señor de los mundos, quizás los israelitas dirán: Si (Dios) no hubiera

12. Así me lo comenta una colega psiquiatra que leyó parte de mi traducción.
13. Cf. Ex 2,11-12
14. Cf. comentario a § 4.
15. Los §§ 6-7 parafrasean la oración de Moisés siguiendo a Dt 3,23-24.

encontrado malas acciones en Moisés, no lo habría sacado del mundo»; «Quizás digan que en mi juventud hice tu voluntad, pero en mi ancianidad no hice tu voluntad» (§ 4); «Señor del universo, ¿qué dirán las criaturas? Los pies que pisaron el cielo, las manos que recibieron la Torah, la boca que habló con Yhwh, ¿va a morir? Si uno como Moisés no encontró respuesta del Nombre, bendito sea, ¿qué harán y dirán las demás criaturas?» (§ 12).

El objetivo de Moisés no parece tanto el liberarse de la muerte cuanto el entrar en la Tierra de Israel. De aquí las diversas estrategias y proposiciones que a lo largo del relato presenta ante Dios: podría vivir en la Tierra de Israel dos o tres años para luego morir (§ 5); o podría ser como pájaro o pez, o siquiera como una nube, o como las bestias del campo, para pasar de una orilla a otra del Jordán (§§ 30, 34); o pasar por un túnel para no tocar el Jordán; podría ser contado entre los hijos de Rubén o de Gad para tener algún acceso a la Tierra prometida (§ 32 y comentario). Es significativa la resignación con que Moisés acepta el liderazgo de Josué: «¿Qué gano yo, si mis pies no van a pisar la Tierra de Israel? Mejor me es vivir, ¡y que Josué haga de guía con tal de que yo entre en la Tierra de Israel!» (§ 24). Lo que sí obtiene de Dios es tal agudeza de visión como para contemplar de lejos, pero con todo detalle, la Tierra de Israel (§ 31).

Parece como si hasta un cierto momento Moisés hubiera confiado siempre en que su oración sería escuchada y no moriría, tal es la seguridad que tiene en sí mismo: «¡Cuántas veces pecaron los israelitas, y, cuando yo recé por ellos, el Santo, bendito sea, les perdonó y anuló el decreto! Y yo, que nunca pequé, ¿no aceptará mi oración cuando rece ante el Santo, bendito sea?» (§ 12). Pero cuando la *Bat qol* anuncia el decreto del Alto Tribunal sobre su muerte, Moisés reacciona: se impone un ayuno, se viste de saco y se cubre de ceniza (§ 14); cuando la *Bat qol* proclama que se cierren todas las puertas de los cielos a las oraciones de Moisés (§ 15), su grito se hace más amargo y desafiante: "Yo he visto las angustias de Israel, ¿es que no voy a ver su alegría? Tú dejas por mentirosa a tu Torah, pues está escrito: *El mismo día le has de dar su salario* (Dt 24,15), ¿y dónde está ahora mi salario por los cuarenta años que me ocupé de tus hijos y sufrí por ellos en Egipto y en el desierto, y por la Torah y los mandamientos que les fijé? He visto sus desgracias, ¿y no voy a ver su felicidad? ¿Y aún me dirás que no pasaré el Jordán?" (§ 16).

A partir del § 17 comienza propiamente a prepararse el desenlace de la obra. Dios anuncia a Moisés lo mucho que le tiene reservado y le recuerda lo mucho que ya le ha dado (§§ 17-18). Durante 36 días, desde el día uno de Šebat hasta el 7 de Adar, día en que murió, Moisés explicó la Torah a Israel (§§ 19-20), y el mismo día de su muerte escribió trece Torás, doce para las tribus y una para el Arca (§ 21).

El final es un diálogo conmovedor entre Dios y el alma de Moisés, hasta que Dios la toma con un beso de su boca y el mismo Dios inicia el llanto y las lamentaciones de rigor (§§ 52-54).

b) Tensión entre Moisés y Josué

La primera escena revela una cierta tensión: mientras Moisés expresa su deseo de *vivir para cantar las hazañas de Yhwh* (Sal 118, 17), Dios ordena tajantemente: «¡Basta! Hasta aquí has llegado y no seguirás. Llama a Josué para que le pase el mando» (§ 3). Moisés se somete, llama a Josué «maestro mío», y promete serle fiel y asesorarle cuando fuere necesario. Pero al entrar en la Tienda del Encuentro la columna de nube se situó entre ambos dejando a Josué dentro de la Tienda y a Moisés fuera. Se significa que ahora sólo Josué es el interlocutor de Dios. La exclamación de Moisés es reveladora de su sentimiento espontáneo: «¡Cien muertes antes que un ataque de celos!» (§ 3).

Con un proverbio sapiencial queda dicho: *Sale el sol y se pone el sol* (Qoh 1,5). Ha pasado la hora de Moisés, es llegada la hora de Josué: será Josué quien le dará a Israel la posesión de la Tierra (§ 18). Se reafirma lo que la columna de nube ya expresó en § 3.

El mismo día de su muerte, Moisés despachó un heraldo por todo el campamento para convocar al pueblo y honrar al nuevo profeta Josué. Moisés vistió lujosamente a Josué, lo coronó y lo entronizó, le puso un traductor y Josué comenzó a enseñar en presencia de su maestro Moisés como en una solemne sesión sinagogal (§ 22). La enseñanza de Josué es más bien un himno de alabanza (§ 23).

§§ 24-27 es un retorno hacia atrás en un relato repetitivo, como una diferente versión del § 22. En § 24 se refiere cómo Moisés estuvo sirviendo a Josué durante 36 días, lo vestía, lo aseaba, lo coronaba y lo entronizaba según la usanza de los reyes y enviaba un heraldo para convocar al pueblo a honrar al nuevo guía de Israel. Pero el pueblo se aterrorizaba y todos se excusaban de ir: «Me duele la cabeza», pues lloraban y se decían: «¡Ay de ti, Israel, cuyo rey es un niño!» (§ 25). Pero la *Bat qol* les respondía: *Cuando Israel era niño, Yo lo amé* (Os 11,1). Como en § 22, sigue una solemne asamblea ante la cual se desarrolla una escena misteriosa: Moisés ha entrado para revestir a Josué con los ornamentos que corresponden al nuevo líder; Josué estaba dormido, despierta, se asusta al ver a Moisés y grita: «Maestro mío, no me hagas morir en la mitad de mis días, por la autoridad que sobre mí ha venido de parte del Santo, bendito sea» (§ 26). Las palabras son ambiguas: ¿se siente realmente amenazado de muerte Josué o se siente avergonzado de la situación? Moisés le tranquiliza: «No temas, hijo mío. No tienes culpa alguna en esto. Con la misma medida con que me mediste, te mediré Yo a ti. Me serviste con cariño y así yo te sirvo. Yo te enseñé: *amarás a tu prójimo como a ti mismo* (Lv 19,18), ¿y no te transmití también: «sea la gloria de tu discípulo tan querida para ti como la tuya propia» (**mAbot 4,12**)?». Vuelve repetirse la entronización de Josué (§ 27). Moisés y Josué enseñan conjuntamente ante todo Israel: Moisés leía y Josué explicaba y no había entre ellos discrepancia (§ 28). Finalmente Moisés renueva su sometimiento a Josué: «Señor del universo, si es por mi discípulo Josué que Tú me rechazas, yo me comportaré con él como su discípulo; fuera él como un sumo sacerdote, yo sería como un simple sacerdote; fuera él como un rey, yo sería como un siervo» (§ 29).

El § 36 recoge los últimos consejos de Moisés a Josué. Fue hacia él, lo besó y lloró sobre su cuello y lo bendijo una vez más.

En los últimos momentos de su vida a Moisés sólo queda concluir el rollo de la Torah y entregarlo a Josué. La escena de Josué sentado y enseñando y Moisés de pie como para servirlo es como una repetición de la situación embarazosa que ya se vivió en § 26. Josué se siente avergonzado al verse servido por Moisés; su confusión es como una reacción instintiva para ahorrarse tal vergüenza (§ 42). El pueblo también se escandaliza al observar la inversión de los roles y el mismo Josué grita asustado ante Moisés de pie: «Maestro mío, maestro mío, padre mío, padre mío, ¿por qué tú me condenas?» (§ 43). ¿Qué clase de condena o amenaza teme Josué?

La *Bat qol* tiene que reafirmar la autoridad de Josué: "Aprended de Josué, recibid de Josué, Josué se sienta a la cabeza (...) Los tesoros de la sabiduría le fueron quitados a Moisés y entregados a Josué, y Moisés ya no entendía lo que Josué enseñaba. Cuando Josué se levantó, dijeron los israelitas a Moisés: «Complétanos la Torah». Les dijo Moisés «No sé qué contestaros». Moisés había tropezado y caído". (§ 44). Es la suprema humillación de Moisés.

La última mención de Josué: «Josué buscó a Moisés y no lo encontró» (§ 55).

c) Sammael y los tres ángeles

Cuando Dios decide la muerte de Moisés, los ángeles Gabriel, Miguel y Zagziel son incapaces de ejecutar el mandato divino y tomar el alma de Moisés (§ 45). Sólo Sammael se prestó a ejecutar la penosa misión, pero fracasó igualmente en dos intentos seguidos y fue puesto en fuga por el mismo Moisés (§§ 46-49). Cuando se anuncia que ha llegado el momento final de Moisés, se forma un solemne cortejo con los tres ángeles: "Tres ángeles fueron con el Santo, bendito sea: Miguel, Zagziel y Gabriel. Gabriel preparó el lecho de Moisés, Miguel extendió un vestido de púrpura y Zagziel dispuso vestiduras de lana a la cabecera del lecho. Zagziel a los pies del lecho, Miguel a su derecha y Gabriel a su izquierda" (§ 51). Todo termina con el llanto y las lamentaciones de toda la corte celestial, el testimonio de Metatrón y la escueta noticia de que Josué buscó y no encontró la sepultura de Moisés.[16]

d) La intervención de la *Bat qol*

A partir del § 15 toda la narración viene marcada por los anuncios de la *Bat qol*:

—Anuncia la gran trepidación, cuando todas las puertas del Cielo se cierran a la oración de Moisés (§ 15)
—Anuncia que sólo queda un día de vida a Moisés (§ 20)
—Anuncia: *Cuando Israel era niño, Yo lo amé* (Os 11,1)(§ 25)
—Anuncia que quedan cinco horas de vida a Moisés (§ 28)
—Anuncia que quedan cuatro horas de vida Moisés (§ 29)
—Anuncia que quedan tres horas de vida a Moisés (§ 32)
—Anuncia que quedan dos horas de vida a Moisés (§ 33)
—Anuncia que queda una hora de vida a Moisés (§ 34)
—Anuncia que queda media hora de vida a Moisés (§ 40)

16. Un breve relato, divulgativo y popular, para público actual: E. FLEG, *Moisés contado por los sabios* (cf. Bibliografía), esp. cap. final, «El beso de Dios» (pp. 191-200).

—Anuncia que queda minuto y medio de vida a Moisés (§ 42)
—Anuncia: El trapaso de la autoridad a Josué (§ 44)
—Anuncia que queda medio minuto de vida a Mosés (§ 48)
—Anuncia la muerte y sepultura de Moisés (§ 50)

e) Muerte y sepultura de Moisés

Los §§ 50-55 culminan la obra: Se formó un cortejo de los ángeles para preparar el lecho de muerte de Moisés; Dios mismo, con un beso de su boca, toma el alma de Moisés y el mismo Dios le da sepultura en un lugar que nadie conoce; se busca inútilmente dónde se encuentra: *y nadie hasta el día de hoy conoce su sepultura* (Dt 34,6). Sigue un llanto cósmico por la muerte de Moisés: Dios mismo le llora, los ángeles, la tierra, las estrellas y constelaciones, y todos cantan sus alabanzas.

El llanto de Dios produce perplejidad: el mismo Dios que ha decretado su muerte, ahora le llora. Si a Moisés llegó a considerársele «como divino», איש האלהים (§ 1), Dios también se muestra «humano». La muerte de Moisés es dolorosa y triste, pero inevitable, porque, con su grandeza, no deja de ser un hombre. Pero el mismo Dios e Israel lo lloran, pues para ambos fue una gran pérdida.[17]

La obra termina con las palabras finales del Deuteronomio: *No se levantó nunca en Israel profeta cual Moisés, a quien conoció Yhwh cara a cara en signos y prodigios ... en razón de toda la fuerte mano y todo el gran terror que Moisés desplegó a los ojos del todo Israel* (Dt 34,10-12).

Toda la obra es un reflejo fiel de la personalidad de Moisés, tan humano y tan divino, el *hombre de Dios* (§ 1), y de la grandeza de Dios, tan divino y tan humano.

17. Cf. nuestro comentario a § 54 y las consideraciones de GOLDIN, *The Death of Moses*, pp. 185-186.

MIDRÁS DE LA MUERTE DE MOISÉS

מדרש פטירת משה רבינו ע"ה

[I. PÓRTICO]

§ **1.** *Ésta es la bendición con que Moisés, hombre de Dios, [bendijo a los hijos de Israel antes de su muerte]* (Dt 33,1). Explicó R. Šemuel bar Namḥani[18]: "Cuando Moisés vino a bendecir a los hijos de Israel, [comenzó] con esta bendición. *Ésta* se refiere a la Torah, en la que está escrito: *Ésta es la bendición con que Moisés, hombre de Dios* (*ibid.*). *Hombre de Dios* se refiere a Moisés. ¿O acaso *hombre de Dios* se refiere al Santo, bendito sea, pues de Él esta escrito: *Yhwh es hombre de guerra* (Ex 15,3)? ¿Por qué así todo esto? Para cumplir lo que está dicho: *El hilo triple no se rompe fácilmente* (Qoh 4,12)."

R Tanḥuma[19] explicó *Hombre de Dios* (Dt 33,1): "Si se llama *hombre*, ¿por qué [se añade] *de Dios*? Cuando huyó ante el Faraón, es llamado *hombre;* cuando subió al cielo, es llamado *de Dios*."

[א] וזאת הברכה אשר ברך משה איש האלהים (דברים לג, 1). א"ר שמואל בר נחמני: כיון שבא משה לברך את ישראל בזאת הברכה, זאת התור' שכתוב בה וזאת הברכה אשר ברך משה איש האלהים (שם שם). איש האלהים זה משה. איש האלהים זה הקב"ה שכתוב בו ה' איש מלחמה (שמות טו 3) וכל כך למה לקיים מה שנא' והחוט המשולש לא במהרה ינתק (קהלת ד 12).

א"ר תנחומא: איש האלהים אם איש למה אלהים אלא כשברח לפני פרעה נקרא איש, כשעלה לרקיע נקרא אלקים.

§ **2.** ¿Qué gran mérito hizo Moisés para que el Santo, bendito sea, se ocupara de él? En la hora que bajó a Egipto y estaba para llegar la liberación de Israel, todos andaban ocupados en el oro y la plata, pero Moisés se preocupó durante tres días y tres noches de recorrer la ciudad para encontrar el féretro de José, pues los israelitas no podían

[ב] ומה מאד זכה משה שהקב"ה נתעסק בו. בשעה שירד למצרים והגיע גאולתן של ישראל והיו כולם עוסקים בכסף וזהב ומשה היה טרוד ומסבב את העיר שלשה ימים וג' לילות למצוא ארונו של יוסף לפי שלא היו יכולין לצאת ממצרים אלא אם יעלו עמהם עצמות יוסף שנא' וישבע יוסף את בני ישראל וכו' (בראשית נ 25).

18. Haggadista palestinense de la primera mitad del s. IV.
19. Segunda mitad del s. IV.

salir de Egipto si no subían con ellos los huesos de José, como está dicho: *Juramentó José a los hijos de Israel [diciendo: Dios se cuidará de vosotros de seguro y entonces sacaréis mis huesos de aquí]* (Gn 50,25).

Cuando Moisés buscaba dónde podía estar el féretro de José, Seraḥ, hija de Ašer,[20] encontró a Moisés cansado y agotado, y le dijo: «¿Por qué estás tan preocupado?». Él le contestó: «Estoy preocupado por el féretro de José». Ella le dijo: «Ven conmigo al Nilo y te mostraré dónde está». Fue con ella y ella le señaló: «En este lugar está su féretro. Lo hicieron de plomo y lo sellaron por los cuatro costados, pues así lo habían ordenado los magos de Egipto al Faraón, porque los egipcios sabían que los israelitas no podrían salir de Egipto hasta que subieran también el féretro de José, ya que ellos conocen la gravedad del juramento que les hizo jurar. Por eso decidieron, conforme a sus magias, hacer un féretro de plomo según el arte de la magia, y éste es su lugar».

וכשהיה משה מבקש ארונו של יוסף היכן הוא פגעה בו סרח בת אשר עיף ויגע אמרה לו: במה אתה טרוד כל כך. אמר לה: על ארונו של יוסף אני טרוד. אמרה לו: בוא עמי לנילוס ואראך היכן הוא. הלך עמה. אמרה לו: במקום הזה הוא ארונו ועשו אותו מעופרת וחתמו אותו מ"ד רבעיו שכך אמרו החרטומים אל פרעה וידעו המצריים שאין ישראל יכולין לצאת ממצרים עד שיעלו ארונו של יוסף לפי שהם יודעים חומר השבועה שהשביע אותם ולכך גזרו כנגד מכשפות שלהם ועשו לו ארון של עופרת במיני כשפים וזה הוא מקומו.

Inmediatamente Moisés abrió su boca y llamó: «José, José, tú sabes que el tiempo de la liberación de Israel ya ha llegado, pero tú les hiciste jurar que no subirían de Egipto sin que subieran también tus huesos. Da ahora gloria al Dios de Israel y no retrases la liberación de las magias que te tienen apresado. Pide y reza a tu Dios y sube veloz desde la profundidad». Inmediatamente el féretro de José comenzó a moverse y subió desde las profundidades hasta la superficie del nivel del agua.

מיד פתח משה פיו ואמר: יוסף יוסף אתה יודע שהגיע זמן גאולתם של ישראל ואתה השבעת אותם שלא יעלו ממצרים עד שיעלו עצמותיך ועתה תן כבוד לאלהי ישראל ואל תאחר גאולתם מכשפות יש לך בקש והתפלל לאלהיך ועלה ממהרה מהתהום. מיד התחיל ארונו של יוסף להתנענע ועולה מתהומות עד שצף על פני המים.

20. Seraḥ, hija de Ašer, sólo es nombrada en la Biblia en Gn 46,17 y Nm 26,46.

נטלו משה על כתפיו והלך בו. וישראל נטלו כל* כסף וזהב ובגדים ושמלות של מצרים ומשה לא חשש על זה אלא אדרבה היתה לו שמחה גדולה. אמר לו הקב"ה למשה: משה חייך לא דבר קטון עשית בשביל שלא חששת על כסף וזהב וכו' גם אני בשעת סילוקך אני הוא המתעסק במטתך ולא שום אדם בעולם.

* Debe leerse כלי (cf. Ex 2,35).

Moisés lo cargó sobre sus hombros[21] y comenzó a caminar con él.

Los israelitas cargaban objetos de oro y plata, túnicas y vestidos de los egipcios[22], pero Moisés no tenía preocupación por esto; por el contrario, portaba consigo sólo una gran alegría. El Santo, bendito sea, dijo a Moisés: «¡Por tu vida, Moisés, que no es cosa pequeña lo que haces! Puesto que no te preocupaste del oro, de la plata y de todo lo demás, también Yo mismo seré el que en la hora de tu partida me ocuparé de tu lecho[23] y ningún otro hombre en el mundo».

21. Ex 13,19, *Moisés tomó consigo los huesos de José.*
22. Cf. Ex 12,35.
23. Cf. **tSot 4,7-8**. Cf. *infra*, §§ 50-55.

[II. La irrevocable decisión divina: Moisés morirá sin entrar en la Tierra de Israel. La argumentación de Moisés ante Dios. Josué, el sucesor]

§ **3**. Cuando llegó el día en que Moisés, nuestro maestro –la paz sea con él–, había de salir de este mundo, el Santo, bendito sea, le dijo: *He aquí que se acercan los días de tu muerte* (Dt 31,14). Contestó ante Él: «Señor de universo, después de todas las fatigas que pasé, ¿me dices que voy a morir? *¡No he de morir, viviré [para contar las hazañas de Yhwh!]* (Sal 118, 17)».[24]

El Santo, bendito sea, le dijo: «¡Basta! Hasta aquí has llegado y no seguirás. Llama a Josué para que le pase el mando».[25] Dijo ante Él: «Señor del universo, ¿por qué he de morir yo? Si es por el honor de Josué, que Josué tome el mando y yo me retiraré». Le dijo el Santo, bendito sea: «¿Te portarás con él como él se portó contigo?». «Sí», contestó.

Se levantó Moisés muy de mañana e inmediatamente fue tras Josué y le dijo: «Maestro mío». Josué se estremeció profundamente y dijo: «¿A mí me llamas 'maestro mío'?». Nuestro maestro Moisés –la paz sea con él– dijo a Josué: «¿Quieres tú que yo viva y no muera?». «Sí», le respondió. «¿Y no sería mejor para ti –prosiguió Moisés– que yo no muriera, para que en el caso que una cuestión te resultara difícil, yo te pudiera instruir?[26] Acepta que yo viva,

[ג] וכשהגיע יומו של מר״עה ליפטר מן העולם א״ל הקב״ה הן קרבו ימיך למות (דברים לא 14). אמר לפניו, רבש״ע אחר כל היגיעה שיגעתי תאמר לי שאמות, לא אמות כי אחיה וכו׳ (תהלים קיח 17). א״ל הקב״ה, רב לך עד פה תבוא ולא תוסיף, קרא את יהושע ואצונו. אמר לפניו, רבש״ע מפני מה אני מת אם בשביל כבודו של יהושע יכנס יהושע לשררה ואני אצא. א״ל הקב״ה, ותעשה לו כמו שהיה עושה לך. אמר לו, הן.

מיד השכים משה אחר יהושע* וא״ל, רבי. ויהושע נתירא מאד וא״ל, ולי אתה קורא רבי. א״ל מרע״ה ליהושע, רוצה אתה שאחיה ולא אמות. א״ל, הן. א״ל, ולא טוב לך שלא אמות באופן שאם יקשה בעיניך שום דבר אני מלמדך, אבל קבל עליך שאחיה ואעשה לך כמו שהיית עושה לי. א״ל יהושע למר״עה, כל מה שתגזור עלי אני מקבל בשביל שאראה פניך.

* Corregimos texto ויהושע.

24. Cf. **DtR 11,8**.
25. Lit. «para que le dé instrucciones», como en Dt 31,14: … *Llama a Josué y compareced en la Tienda del Encuentro para que le dé instrucciones*. Cf. Dt 3,28.
26. Moisés era consciente de su capacidad. *Si una causa os resulta demasiado difícil, pasádmela y yo la resolveré* (Dt 1,17). Cf. Ex 18,13ss.

y yo me comportaré contigo como tú solías comportarte conmigo». Dijo Josué a nuestro maestro Moisés –la paz sea con él: «Todo lo que me ordenes yo lo aceptaré con tal de ver tu rostro».

והתחיל מר"עה לעשות ליהושע כל הכבוד שהיה עושה לו יהושע. כיון שנכנסו לאהל מועד וירד עמוד הענן שנא" וירא ה' באוהל מועד בעמוד הענן (דברים לא 15) והפסיק בין משה ליהושע יהושע מבפנים ומר"עה מבחוץ. כיון שראה כך אמר: מאה מיתות ולא קנאה אחת.

Y nuestro maestro Moisés –la paz sea con él– comenzó a tributarle a Josué todo el honor que Josué le había tributado a él. Cuando entraron en la tienda de la reunión, descendió la columna de nube, como está dicho: *Y Yhwh se manifestó en la Tienda en columna de nube* (Dt 31,15), y se situó entre Moisés y Josué, Josué por dentro y Moisés, por fuera. Cuando Moisés vio esto, se dijo: «¡Cien muertes antes que un ataque de celos!».

[ד] התחיל משה לתבוע אותה בפיו. אמר לפניו, רבש"ע מה חטא בידי כדי שאמות. א"ל הקב"ה, הן מכוסו של אדם הראשון שכתוב בו הן האדם היה כאחד ממנו וכו' (בראשית ג 22), לפיכך אתה מת. א"ל, רבש"ע לשוא דשו רגלי בערפל ולשוא רצתי לפני בניך כסוס.
א"ל, כבר קנסתי מיתה על אדם.

§ 4. Comenzó Moisés a reclamarle insistentemente.[27] Dijo ante Él: «Señor del universo, ¿qué pecado he cometido para tener que morir?». Le contestó el Santo, bendito sea: «Mira, por la copa del primer hombre –del que está escrito: *He ahí al hombre que ha llegado a ser como uno de nosotros conociendo el bien y el mal* (Gn 3,22)–, por eso tú debes morir».[28] Le dijo (Moisés): «Señor del universo, ¿en vano pisaron mis pies el *Arafel* [29] y en vano corrí delante de tus hijos como un corcel?». El Santo, bendito sea, le contestó: «Yo ya penalicé al hombre (Adán) con la muerte» (cf. Gn 3,19).

Replicó Moisés: «Señor del universo, al primer hombre Tú le impusiste un solo mandamiento levísimo y lo transgredió, ¡pero yo no

27. El texto de este parágrafo es muy similar al de **Tanḥ Wa-'etḥannan 6**.
28. Moisés debe también apurar la copa –כוס– que bebió el primer hombre, destinado a la muerte: "Sois hijos del primer hombre, a quien castigué con la muerte, a él y a sus generaciones venideras después de él hasta el fin de todas las generaciones" (**SDt 323**). Sobre «la copa de la muerte», cf. **TgN Gn 40,23 y Dt 32,1**; y nuestro comentario a § 4 nota 200, p. 70.
29. *Arafel* es la niebla en la que Moisés se adentró para recibir la Torah (Ex 20,21), expresa la cercanía de Dios. En la terminología mística señala el cielo inferior.

he transgredido ninguno!». El Santo, bendito sea, dijo: «Mira a Abraham, que santificó mi Nombre en el mundo, y también ha muerto». Replicó Moisés: «También salió de su descendencia Ismael...». El Santo, bendito sea, dijo: «Mira a su hijo Isaac, que extendió el cuello sobre el altar». Replicó Moisés: «También de él salió Esaú...». El Santo, bendito sea, dijo: «Mira a Jacob, del que salieron las doce tribus y no me irritaron». Replicó Moisés: «Pero él no ha subido al cielo[30] ni sus pies han pisado el *Arafel* ni hablaste con él cara a cara[31] ni recibió la Torah de tu mano».[32]

א״ל, רבש״ע א״ה מצוה קלה צוית אותו ועבר עליה ואני לא עברתי. א״ל, הרי אברהם קדש שמי בעולם ומת. א״ל, יצא ממנו ישמעאל וכו׳. א״ל: הרי יצחק בנו שפשט צוארו ע״ג המזבח. א״ל, יצא ממנו עשו וכו׳. א״ל, הרי יעקב שיצאו ממנו י״ב שבטי׳ ולא הכעיסוני. א״ל, לא עלה לרקיע ולא דשו רגליו בערפל ולא דברת עמו פנים בפנים ולא קבל התורה מידך.

El Santo, bendito sea, dijo: *¡Basta ya! No continúes hablando conmigo sobre este asunto* (Dt 3,26). Insistió Moisés: «Señor de los mundos, quizás los israelitas dirán: Si no hubiera encontrado malas acciones en Moisés, no lo habría sacado del mundo». El Santo, bendito sea, dijo: «Ya he escrito en mi Torah: *No se levantó nunca en Israel un profeta cual Moisés* (Dt 34,10)». Continuó Moisés: «Quizás digan que en mi juventud hice tu voluntad, pero en mi ancianidad no hice tu voluntad».[33]

א״ל הב״ה, רב לך אל תוסף דבר אלי עוד בדבר הזה (דברים ג 26). אמר לפניו, רב״שע שמא יאמרו ישראל ואלולי מצא במשה דברים רעים לא היה מסקלו מן העולם. א״ל, כבר כתבתי בתורתי ולא קם נביא עוד בישראל כמשה (דברים לד 10). א״ל: שמא יאמרו בקטנותי עשיתי רצונך ובזקנותי לא עשיתי רצונך.

§ **5.** Le contestó: «Ya escribí: *Por cuanto no me habéis santificado [en medio de los hijos de Israel]* (Dt 32,51)». Pidió Moisés: «Señor del universo, permíteme entrar en la

[ה] א״ל, כבר כתבתי על אשר לא קדשתם אותי [בתוך בני ישראל] (דברים לב 51). א״ל, רב״שע אכנס לא״י ואחיה שם שתי שנים או שלוש ואמות. א״ל, גזירה היא

30. Cf. Ex 19,20.
31. Con Moisés Dios hablaba *cara a cara*: Ex 33,11; Nm 12,8; Dt 34,10.
32. Sobre la grandeza de Moisés, que se cree superior al primer hombre, a los patriarcas, y a toda la obra de la creación cf. *infra* § 8 y Anexo I (pp. 121-124).
33. Cf. **Tanḥ Wa-'etḥannan 3**.

מלפני שלא תכנס לשם. א"ל, אם לא אכנס בחיי אכנס במותי. א"ל, רב"שע כל הכעס הזה עלי למה. אמר לו, על אשר לא קדשתם אותי (דברים לב 51). א"ל מר"עה, כתיב הן כל אלה יפעל אל וכו' (איוב לג 29) ואתה מתנהג עם בריותך במדת רחמים פא' וב' וג' ולי עון א' ואין אתה מכפר לי.

Tierra de Israel, vivir allí dos o tres años y luego morir». El Santo, bendito sea, contestó: «Es un decreto desde mi Presencia que no entrarás allí». «Si no puedo entrar vivo –insistió Moisés–, permíteme entrar muerto.[34] ¿Por qué, Señor del universo, tanta ira contra mí?». Le respondió: *Por cuanto no me habéis santificado [en medio de los hijos de Israel]* (Dt 32,51). Nuestro maestro Moisés –la paz sea con él– dijo: «Está escrito: *He aquí que todas las cosas hace Dios [dos y tres veces*[35] *con un hombre]* (Job 33,29). Tú te comportas con tus criaturas según el atributo de la misericordia una, dos y tres veces; ¿y a mí no me perdonas un solo pecado?».

אמר לו הקב"ה, משה ששה עונות בידך ולא גליתי לך שום א' מהם. בתחלה אמרת לי שלח נא ביד תשלח (שמות ד 13). שנייה מאז באתי אל פרעה לדבר בשמך הרע לעם הזה והצל לא הצלת את־עמך (שמות ה 23). שלישית לא ה' שלחני (במדבר טז 29). רבעית ואם בריאה יברא ה' (במדבר טז 30). חמישית שמעו־נא המרים [המן הסלע הזה נוציא לכם מים] (במדבר כ 10). ששית והנה קמתם תחת אבותיכם תרבות אנשים חטאים (במדבר לב 14). וכי אברהם יצחק ויעקב חטאים היו שאמרת לבניהם כך.

El Santo, bendito sea, dijo: «Moisés, seis pecados tienes en tu mano, y a ti ni uno solo te he echado en cara. La primera vez me dijiste: *Envía tu mensaje por quien quieras enviarlo* (Ex 4,13); la segunda vez: *Desde que me presenté al Faraón para hablarle en tu nombre, él maltrata a este pueblo, y Tú no has librado a tu pueblo en modo alguno* (Ex 5,23); la tercera: *Yhwh no me ha enviado* (Nm 16,29); la cuarta: *Si Yhwh hace una criatura* … (Nm 16,30); la quinta: *Escuchad, rebeldes, [¿es que nosotros podremos sacaros agua de esta roca?]* (Nm 20,10); la sexta: *Y he aquí que surgís en lugar de vuestros padres, ralea de hombres pecadores, [para acrecentar más el furor de la cólera de*

34. Comienza el regateo de Moisés con Dios para que le permita de alguna manera entrar en la Tierra. Cf. **SDt 341 (a Dt 32,52) y 357 (a Dt 34,4)**.
35. Equivalente al modismo español «una y mil veces».

Yhwh contra Israel (Nm 32,14)[36]. ¿Es que fueron Abraham, Isaac y Jacob tan pecadores que tuviste que hablar a sus hijos así?».

Contestó [Moisés] ante Él: «Señor del universo, de Ti aprendí que dijiste: *los incensarios de estos pecadores por sus vidas* (Nm 17,3)». El Santo, bendito sea, le dijo: «Yo no he mencionado a los padres». Arguyó [Moisés]: «Señor del universo, cuántas veces pecaron los israelitas contra Ti, y yo imploré y recé por ellos ante Ti y Tú los perdonaste, ¿y a mí no me vas a perdonar?».[37] Dijo [el Santo, bendito sea]: «No es lo mismo la decisión sobre una comunidad que la decisión sobre un individuo. Además, hasta ahora has tenido tu oportunidad a tu alcance».

אמר לפניו: רב"שע ממך למדתי שאמרת את **מחתות החטאים האלה בנפשותם** (במדבר יז 3). א"ל: אני לא זכרתי אבותם. א"ל: רב"שע כמה פעמים חטאו ישראל לפניך והתחננתי והתפללתי עליהם לפניך ומחלת להם ולי לא תחמול. א"ל: אין דומה גזרת צבור לגזרת יחיד ועוד עד היום היתה השעה מסורה בידך.

§ **6.** Inmediatamente comenzó Moisés a promover oraciones y súplicas[38] –sobre él había dicho Salomón: *Por súplicas habla el pobre* (Prov 18,23).

Contaban una parábola: ¿A qué se parece esto? A un sabio que era el preceptor del hijo del rey y los cortesanos[39] todos le respetaban,[40] y no sólo los cortesanos sino todo el mundo le tenía respeto y hacían su voluntad porque se trataba del preceptor del hijo del rey. Al cabo de poco tiempo murió el hijo del

[ו] מיד התחיל עוד לדבר תפלות ותחנונים ועליו אמר שלמה **בתחנונים ידבר רש** (משלי יח 23). משלו משל, למה הדבר דומה לחכם שהיה מלמד לבנו של מלך והיו כל בני פלטרין של מלך יראים מפניו ולא בני פלטרין בלבד אלא גם כל העולם היו יראים ממנו והיו עושים כל רצונו על שהיה מלמד לבנו של מלך. לאחר זמן מועט מת בנו של מלך כיון שמת אבד רבו כל הטובות שהיו לו מבני פלטרין. התחיל להחזיר על הפתחים. באותן הימים שהיה בנו של מלך חי היה הכל ברשותו של חכם, כיון שמת אבד הכל.

36. En los seis casos Dios acusa a Moisés del descaro y desconfianza para con Dios, y de la desfachatez e insultos con que se dirige a los israelitas (cf. Comentario).
37. **Tanḥ Wa-'etḥannan 6,3**: «Yo soy uno solo, e Israel seiscientos mil. Muchas veces pecaron contra Ti y yo pedí misericordia para ellos, y Tú los perdonaste. ¿A seiscientos mil atendiste y a mí no me atiendes?».
38. Cf. Dt 3,23: *Entonces supliqué* –ואתחנן–*a Yhwh*. Desde aquí hasta el comienzo de § 11 el texto es muy similar a Ms Parma 327,37.
39. Lit., «dos hijos de palacio».
40. El verbo ירא en el sentido de temor respetuoso.

rey; y cuando éste murió, su preceptor perdió todas las atenciones que le tributaban los cortesanos. Entonces comenzó a suplicar en todas las puertas. Mientras el hijo del rey vivió, todo estuvo a disposición del sabio; mas cuando murió, todo lo perdió.

Pues así ocurrió con Moisés, nuestro maestro, la paz sea con él: todo el tiempo que estuvo vivo, disponía de todo –lo de arriba y lo de abajo–, como está dicho: *Subiste a lo alto, cautivaste cautivos, recibiste presentes en hombres* (Sal 68,19); dividió el mar con su mano, hizo brotar agua de la roca,[41] hizo descender el maná,[42] y no sólo esto, sino que decía: *Levántate, Yhwh (...), vuelve, Yhwh* (Nm 10, 35-36); y además: *Si tu rostro no viene con nosotros, no nos sacarás de aquí* (Ex 33,15).

כך מר"עה כל זמן שהיה חי היה הכל ברשותו עליונים ותחתונים שנא' עלית למרום שבית שבי לקחת מתנות באדם (תהלים סח 19) בקע הים בידו הוציא מים מן הסלע הוריד המן ולא עוד אלא שהיה אומר קומה ה' שובה ה' (במדבר י 35-36) ועוד אם אין פניך הולכים אל תעלנו מזה (שמות לג 15).

זהו המשל: כל זמן שהיה משה קיים היה הכל ברשותו כיון שהגיע זמנו ליפטר היה מחזר למי שיבקש עליו רחמים הוי בתחנונים ידבר רש (משלי יח 23) וכתוב לכל זמן ועת לכל חפץ תחת השמים (קהלת ג 1).

Ésta es la interpretación de la parábola: Todo el tiempo que Moisés estuvo con vida, todo estaba en su poder; cuando llegó el tiempo de su muerte, se volvió a quien pidiera misericordia por él –dirás: *por súplicas habla el pobre* (Prov 18,23), y está escrito: *Todo tiene su tiempo y su momento cada cosa bajo el cielo* (Qoh 3,1).

Moisés tuvo un tiempo para bajar a Egipto, emprender la liberación y liberar a Israel, como está dicho: *También el hombre Moisés era muy grande en el país de Egipto* (Ex 11,3), y tuvo un tiempo para interponer la súplica, como está dicho: *Entonces supliqué a Yhwh* (Dt 3,23) diciendo: *Yhwh es Yhwh, Dios [clemente y misericordioso]* (Ex 34,6).

עת היתה למשה לירד למצרים וליטול גאולה ולגאול את ישראל שנא' גם האיש משה גדול מאד בכל ארץ מצרים (שמות יא 3) ועתה היתה לו להפיל תחנה שנא' ואתחנן וכו' בעת ההיא (דברין ג 23) לאמר ה' אלהים וכו' (שמות לד 6). שמות הללו למה הזכירן משה מלמד שאמר משה בב' שמות הללו ברא הקב"ה את עולמו ואת האדם בדין וברחמים שנאמר וייצר ה'

41. Cf. Nm 20,8.
42. Cf. Ex 17,4.

¿Por qué mencionó Moisés estos dos nombres?[43] Esto enseña que Moisés quiso decir: «Con estos dos nombres el Santo, bendito sea, creó al mundo y al hombre, con justicia y con misericordia, como está dicho: *Formó Yhwh Elohim al hombre* (Gn 2,7).[44] ¿De dónde se deduce que estos dos nombres señalan la misericordia y la justicia? De lo que está dicho: *Yhwh es Yhwh, Dios –אל– clemente y misericordioso* (Ex 34,6); he aquí la misericordia y la justicia.

אלהים את האדם (בראשית ב 7) ומנין ששתי שמות הללו הם רחמים ודין שנא׳ ה׳ ה׳ אל רחום וחנון (שמות לד 6) הרי כאן רחמים ודין.

§ 7. Con referencia a esto dice: «*Señor Yhwh*,[45]
—*Tú has comenzado a mostrar*: me mostraste a mí (en mi juventud) tu grandeza en la zarza, y ahora, ya en mi ancianidad, yo te pido misericordia para tu pueblo, el rebaño de tus pastizales, para que tú los perdones y expíes por ellos.
—*a tu siervo*: por favor, te suplico, no me trates como si fueras un rey de carne y sangre; el rey de carne y sangre que tiene un siervo, lo ama mientras es joven y fuerte, pero cuando envejece lo detesta; pero Tú *no me rechaces en el tiempo de mi vejez, [no me abandones cuando me falta la fuerza]* (Sal 71,9).[46]
—*tu grandeza*: éstas son la diez palabras.
—*y tu fuerte mano*: éstas son las diez plagas.

[ז] לזה אמר ה׳ אלקים (דברים ג 24).
—אתה החלות להראות: לי גבורתך בסנה ועתה בזקנותי אני מבקש רחמים על עמך צאן מרעיתך שתסלח ותכפר עליהם.
—את עבדך: בבקשה ממך אל תהיה כמלך בשר ודם, מלך ב״ו כשיהיה לו עבד בעודו קטן והוא גבור הוא אוהבו וכשיזקין הוא שונאו, אבל אתה אל תשליכני לעת זקנה וכו׳ (תהלים עא ט).
—את גדלך: אלו עשר הדברות.
—ואת ידך החזקה: אלו עשר מכות.
—אשר מי אל בשמים ובארץ: אתה בראת הכל ובידך להמית ולהחיות.
—אשר יעשה כמעשיך וכגבורותיך: לעתיד לבוא.

43. Los dos nombres divinos son *Yhwh*, que connota la misericordia, y *Elohim* (Dios), que connota la justicia (cf. Comentario).

44. «Y formó» (וייצר) está escrito en la Biblia con dos *y*, inicial repetida del nombre de Yhwh, lo que sugiere al midrasista que Dios hizo al hombre con la medida de la justicia y la misericordia.

45. Comienza una paráfrasis explicativa de cada uno de los términos de Dt 3,24, como en **SDt 27**.

46. **SDt 27**: "*Porque ¿qué Dios hay en los cielos y en la tierra?* (Dt 3,24). Pues la forma de comportarse del Santo, bendito sea, no es como la de la carne y la sangre ...".

—*Pues ¿qué Dios hay en los cielos y en la tierra ...?*: Tú creaste todo y en tu mano está dar la muerte y la vida.

—*Que ejecute obras como las tuyas y proezas como las tuyas?* (Dt 3,24): en el mundo futuro.

¿Por qué dijo Moisés todo esto?[47] Porque Moisés esperaba que (si vivía), cuando los israelitas estuvieran para cometer aquella perversión,[48] él no iba a estar dispuesto a permitirlo, y a esto se refiere: *en los cielos y en la tierra* (Dt 3,24), que quiere decir: Dios es uno y no hay nadie más fuera de Él.[49] Pero no sólo esto sino que «yo daré a conocer el honor de tu gloria a las generaciones que vendrán y les diré que por mi mano rompiste el mar y diste la Torah a Israel y les hiciste llover pan del cielo durante cuarenta años y les subiste agua del pozo y les sacaste agua de la roca. Y ahora, si te parece bien, *no he de morir, viviré para contar las hazañas de Yhwh* (Sal 118,17)».

ולמה אמר משה כל כך אלא משה היה סבור שאם ישראל ירצו לעשות שום עון אינו מניחם וזהו **בשמים ובארץ** (דברים ג 24) ר״ל אל אחד ואין זולתו, ולא עוד אלא שאודיע הוד כבודך לדורות שיבואו ואומר להם שע״י בקעת הים ונתת התורה לישראל והמטרת להם לחם מן השמים מ׳ שנה והעלית להם מים מן הבאר והוצאת להם מים מן הסלע ועכשו אם טוב בעיניך **לא אמות כי אחי״ ואספר מעשה יה** (תהלים קיח 17).

47. El párrafo que sigue es más expresivo en Ms Parma 327,37: "¿Y por qué Moisés dijo esto? Porque Dios le había dicho: *Morirás en la montaña* (Dt 32,50), y Moisés le respondió: «Mejor sería que yo viviera y no muriera, porque si Tus hijos son tentados al pecado yo podría disuadirlos y decirles que no hay más Dios que Tú en los cielos y en la tierra. Además yo proclamaría la majestad de tu Nombre glorioso a todas las generaciones y les diría: Por mí Él dividió el mar y los hizo pasar por en medio y yo entre ellos; y por mí Él les entregó la Torah; y durante cuarenta años por mí les hizo llover pan del cielo y les hizo brotar un río, y les sacó agua de la roca. Por eso yo te pido: no morir, sino vivir para anunciar tus obras al mundo entero»."
48. Se refiere al pecado de idolatría o el culto del panteón cananeo. En **LAB 19,7** Dios dice a Moisés que no le enseña la Tierra antes de morir porque no quiere que vea las imágenes tras las que el pueblo se extraviará cuando entre.
49. Véanse de las diversas formas de la confesión de fe en el Dios único: Is 45,5.21; 2 Sam 7,22.

§ **8.** Le dijo el Santo, bendito sea: «¡Basta! Si quedas con vida, se extraviarán contigo, harán de ti un dios y te adorarán». Contestó ante Él: «Señor de los mundos, ya me probaste en el asunto del becerro y lo hice fracasar[50], ¿y ahora voy a morir?». El Santo, bendito sea, le dijo: «Moisés, ¿de quién eres hijo?». Le contestó: «Soy hijo de Amram».[51] Le preguntó: «Y Amram ¿de quién es hijo?». Le contestó: «De Yiṣhar». «Y Yiṣhar ¿de quién es hijo?». Le contestó: «De Qahat». «Y Qahat ¿de quién es hijo?». Le contestó: «De Leví». Le preguntó: «¿Y de quién salieron todos?». Le contestó: «Del primer hombre». Le preguntó: «¿Ha quedado alguno de ellos con vida?». Le contestó: «Todos han muerto». El Santo, bendito sea, dijo: «¿Y tú quieres permanecer con vida?».[52] Moisés le replicó: «Señor del universo, el primer hombre robó y comió lo que tú no querías, y tú lo penalizaste con la muerte, pero ¿robé yo algo ante Ti? De mí has incluso escrito: *[No ocurre así con] mi siervo Moisés, el más fiel entre los de mi casa* (Nm 12,7)».

[ח] אמר לו הב"ה: די לך אם תשאר חי יתעו בך ויעשו אותך אלוה ויעבדוך. אמר לפניו: רב"שע כבר בדקת אותי בעשיית העגל ובטלתי אותו ועכשו אמות. א"ל הקב"ה: משה בן מי אתה. א"ל: בן עמרם. א"ל: ועמרם בן מי הוא. א"ל: בן יצהר. ויצהר בן מי הוא. א"ל: בן קהת. וקהת בן מי הוא. א"ל: בן לוי. א"ל: וכולם ממי יצאו. א"ל: מן אדם הראשון. א"ל: נשאר מהם שום אדם חי. א"ל: כולם מתו. א"ל הקב"ה: אתה רוצה להחיות*. א"ל: רב"שע אדם הראשון גנב ואכל מה שלא רצית וקנסת עליו מיתה ואני גנבתי כלום לפניך וכבר כתבת עלי **משה עבדי בכל ביתי נאמן הוא** (במדבר יב 7).

* Se propone leer לִהְיוֹת.

El Santo, bendito sea, dijo a Moisés: «¿Eres tú más justo que el primer hombre y su generación?». Moisés contestó: «Ciertamente sí. Al primer hombre y a Eva los sedujo la serpiente, pero yo por medio de una serpiente hice revivir a los muertos» (cf. Nm 21,9). El Santo, bendito sea, preguntó: «¿Eres tú más grande que Noé y su generación?». Respondió: «Sí. Pues

א"ל הקב"ה למשה: כלום אתה צדיק מאדם הר' ודורו א"ל כן אדם הראשון וחוה פתה אותם נחש ואני החייתי מתים בנחש. א"ל הקב"ה: כלום אתה גדול מנח ודורו. א"ל: כן נח הבאת עליו ודורו מי המבול ונח לא בקש רחמים על דורו ואני אמרתי לך ועתה

50. Cf. Ex 32.

51. La genealogía, en Ex 6,16-20.

52. Lit., «dar vida». Aunque el texto escribe להחיות, es preferible traducir la forma *qal*.

אם תשא חטאתם ואם אין מחיני נא מספרך אשר כתבת (שמות לב 32). אמר לו: כלום אתה גדול מאברהם שנסיתי אותו בעשר נסיונות. א"ל: יצא ממנו ישמעאל שיאבדו בניו בניך וכו'. א"ל: כלום אתה גדול מיצחק. א"ל: יצא מחלציו מי שיחרב ביתך ויהרגו את בניך כהניך ולוויך. אמר לו הב"ה: כלום אמרתי לך להרוג את המצרי. א"ל: ואתה הרגת כל בכורי מצרים ואני אמות בשביל מצרי אחד. א"ל הקב"ה: ואתה דומה אלי אני ממית ומחיה כלום אתה יכול להחיות כמוני.

sobre Noé y su generación hiciste llover las aguas del diluvio, y Noé no pidió misericordia para su generación; pero yo sí te dije: *Ahora bien, ¡si quisieras perdonar su pecado! Pero si no, bórrame de tu libro que has escrito* (Ex 32,32)».[53] El Santo, bendito sea, le preguntó: «¿Eres tú más grande que Abraham, al que probé con diez pruebas?».[54] Le contestó: «Pero de él salió Ismael, cuyos hijos descarriarán a tus hijos etc.»[55] Le preguntó: «¿Eres tú más grande que Isaac?». Le respondió: «Pero de sus lomos saldrá quien exterminará tu casa y matará a tus hijos, tus sacerdotes y tus levitas».[56] El Santo, bendito sea, preguntó: «¿Te dije yo que mataras al egipcio?»[57] Replicó Moisés: «Tú mataste a todos los primogénitos de Egipto, ¿y yo he de morir por un solo egipcio?».[58] El Santo, bendito sea le dijo: «¿Te pareces tú a Mí? Yo doy la muerte y la vida, ¿es que tú puedes dar vida como Yo?».

53. Cf. también en Anexo I el desarrollo midrásico de la superioridad de Moisés respecto a Noé, Abraham, Isaac, Jacob y José; incluso el mismo midrás argumenta la grandeza de Moisés como superior a toda la obra de la creación. Véase *infra* en nuestro comentario **DtR 11,3** y **DtR 9,4**.
54. Cf. **Jub 17,17**. **Jub 19,8** ya afirma que las pruebas fueron diez; **ARN A 33** y **ARN B 36** las enumeran; **PRE 26-31** ofrece de las mismas un amplio desarrollo haggádico; **mAbot 5,3-4** pone en paralelo las diez pruebas de Abraham y las diez tentaciones de Israel a Yhwh (cf. Nm 14,22). Cf. Heb 11,17: *Abraham, puesto a prueba.*
55. Referencia a la dominación árabe.
56. Esaú, identificado en la literatura rabínica con el poder de Roma. El recurso mezquino de desprestigiar a un patriarca por la indignidad de algún sucesor ya se apreció en § 4.
57. Cf. Ex 2,11-12. La pregunta está motivada por la respuesta anterior de Moisés sacando a relucir los crímenes de la descendencia de Isaac: Esaú.
58. Palabras de Moisés de excepcional insolencia, a las que Dios responde tajante: sólo Él da la vida y la muerte. Cf. Dt 32,39, *Ved ahora que soy Yo, Yo mismo, y no existe Dios fuera de Mí. Yo doy la muerte y la vida*; 1 Sam 2,6, *Yhwh da la muerte y da la vida.*

§ 9. »¿No recuerdas cuánto honor yo te hice cuando me decías: 'levántate!', y yo me levantaba, '¡vuélvete!', y yo me volvía?[59]

»También yo por ti invertí el funcionamiento de los cielos y la tierra, pues la función de los cielos es hacer bajar el rocío y la lluvia, y la de la tierra es producir el pan, pero tú me dijiste que no querías que la cosa fuera así, sino que los cielos bajaran el pan y la tierra hiciera brotar el agua, y así lo hice, como está dicho: *He aquí que os voy a llover pan desde el cielo* (Ex 16,4), *¡Brota, pozo! ¡Cantadle!* (Nm 21,17).

»También quise darte vida, pero tú me dijiste que no querías sino morir.[60]

[ט] ולא תזכור כמה כבוד כבדתיך אמרת לי קומה וקמתי שובה ושבתי. גם בשבילך שניתי מעש׳ שמים וארץ שדרכן של שמים להוזיר טל ומטר והארץ להוצי לחם ואמרת לי איני רוצה בזה אלא השמים יוריד לחם והארץ תוציא מים וכן עשיתי שנא׳ הנני ממטיר לכם לחם מן השמים (שמות טז 4) ואומר עלה באר ענו לה (במדבר כא 17). גם הייתי רוצה לעשות ליתן לך חיים ואמרת לי איני רוצה אלא אמות.

»También me dijiste: *Si Yhwh creara una creación*[61] *y la tierra abriera su boca [para tragarla]* (Nm 16,30), yo cumplí tus palabras e hice tu voluntad, como está dicho: *la tierra abrió su boca y los tragó a ellos* (Nm 16,32).

גם אמרת לי ואם בריאה יברא ה׳ ופצתה האדמה את פיה (במדבר טז 30) ואני מלאתי את דבריך ועשיתי חפצך שנא׳ ותפתח הארץ את פיהו ותבלע אותם (במדבר טז 32).

»También dije: *Quien ofrezca sacrificios a los dioses –excepción de sólo a Yhwh– será anatema* (Ex 22,19), sin embargo, cuando los israelitas pecaron con el becerro quise cumplir mi palabra, pero no me dejaste y me pediste: *Perdona, por favor, la iniquidad de este pueblo* (Nm

גם אמרתי זובח לאלהים יחרם בלתי לה׳ לבדו (שמות כב 19) וכשחטאו ישראל בעגל בקשתי להקים את דברי ולא הנחת אותי ואמרת לי סלח נא לעון העם הזה (במדבר יד 19). וסלחתי כדברך. ולא עוד התורה נקראת על שמי שנא׳ תורת ה׳ תמימה (תהלים יט 8) וקראתיה על שמך שנא׳ זכרו תורת משה עבדי (מלאכי ג 22). ג״כ ישראל נקראו על שמי שנא׳ כי לי בני ישראל עבדים עבדי הם (ויקרא כה

59. Cf. Nm 10,35-36.
60. Cf. expresiones como *¡Bórrame de tu libro!* (Ex 32,33), *¡Mátame de una vez!* (Nm 11,15).
61. Se entiende una «nueva creación» o portento extraordinario (cf. en comentario, nota 210). A ello se refiere la gran trepidación que escucha Ezequiel (*infra*, p. 34).

(55 בני בכורי ישראל (שמות ד 22) וקראתים על שמך שנא׳ ויזכור ימי עולם משה עמו (ישעיהו סג 11).

14,19), y yo los perdoné por tu palabra[62].

»Y no sólo esto: la Torah, que es llamada por mi Nombre, como está dicho: *La Torah de Yhwh es perfecta* (Sal 19,8), Yo la llamé por tu nombre, como está dicho: *Acordaos de la Torah de Moisés mi siervo* (Mal 3,22).

»También los israelitas son llamados por mi Nombre, como está dicho: *Porque a Mí me pertenecen como siervos los hijos de Israel, siervos míos son* (Lv 25,55), *Israel es mi hijo primogénito* (Ex 4,22); sin embargo, Yo los llamé por tu nombre: *Recordó los días de antaño, de Moisés, su pueblo* (Is 63,11)».[63]

ולא עוד אלא שדברתי עמך באמירה ובדיבור שנא׳ ויאמר ה׳ אל משה וידבר ה׳ אל משה אף אתת דברת עמי באמירה ובדיבור שנא׳ ויאמר משה אל ה׳ וידבר משה אל ה׳. אני אין לפני אכילה ושתייה ועשית כיוצה בו שנאמר ויהי שם עם ה׳ ארבעים יום וארבעים לילה לחם לא אכל ומים לא שתה (שמות לד 28). ג״כ אני אלהים ואתה אלהים שנא׳ ראה נתתיך אלהים לפרעה (שמות ז ו). ג״כ אני יש לי נביאים ואתה יש לך נביא שנא׳ ואהרן אחיך יהיה נביאך (שמות ז ו). ואני אין בריא יכולה להסתכל כנגדי ואתה ויראו

»Y no sólo esto: Yo hablé contigo con palabra y con discurso, como está dicho: *y habló Yhwh a Moisés* y *dijo Yhwh a Moisés*, y también tú te dirigiste a Mí con palabra y con discurso: *y Moisés habló a Yhwh* y *Moisés dijo a Yhwh*.[64]

»Ante Mí no hay alimento ni bebida, y tú actuaste de la misma manera, según está dicho: Moisés *permaneció allí con Yhwh cuarenta días y cuarenta noches, sin comer pan ni beber agua* (Ex 34,28).

»También: Yo soy Dios y tú eres dios, pues está dicho: *Mira, te he*

62. Cf. **PRE 46,5; ExR 44,2.**

63. Hay quien corrige leyendo *de Moisés su siervo,* pero algunos manuscritos leen *de Moisés y su pueblo.* En todo caso, es esta lectura, la literal del texto masorético, la que lee el midrasista.

64. El midrás observa que tanto para Dios como para Moisés la Torah usa indistintamente los verbos *'amar* («hablar») y *dibber* («decir») con el sujeto gramatical Dios o Moisés: 90 veces se usa en la Biblia Hebrea la expresión וידבר ה׳ אל משה, y 20 veces ויאמר ה׳ אל משה. 5 veces se encuentra en la Biblia Hebrea la expresión ויאמר משה אל ה׳ (Ex 4,10; 19,23; 32,11; Nm 11,11; 14,13), y 2 veces וידבר משה אל ה׳ (Nm 27,15; cf. Ex 6,12: ... לפני ה׳). (cf. Comentario)

constituido como un dios respecto al Faraón (Ex 7,1).[65]

»También: Yo tengo profetas y tú tienes un profeta, según está dicho: *Y Aarón tu hermano será tu profeta* (Ex 7,1).[66]

מגשת אליו (שמות לד 30). אני אמרתי וראית את אחרי ופני לא יראו (שמות לג 23) ובך כתיב והביטו אחרי משה (שמות לג 8).

»También, a mí ninguna criatura puede contemplarme, y tampoco a ti, [como es dicho]: *[Aarón y todos los hijos de Israel miraron a Moisés y sus rostro resplandecía] y temieron acercársele* (Ex 34,30). Yo dije: *Verás mis espaldas, pero mi rostro no se podrá ver* (Ex 33,23), y de ti está escrito: *y seguían con la vista tras Moisés* (Ex 33,8).

»Con veintidós letras honré[67] la Torah y con las mismas te he honrado a ti: te envié al Faraón y sacaste a Israel de Egipto; te ordené los preceptos del sábado[68] y la circuncisión; te di los diez mandamientos; te cubrí con la nube; te di las dos tablas de piedra y las rompiste; te hice único en el mundo; te entregué en herencia mi Torah; te honré más que a los setenta ancianos».[69]

בעשרים ושתים אותיות כבדתי את התורה ובכולם כבדתיך: שלחתיך אל פרעה והוצאת את ישראל ממצרים צויתיך על השבת והמילה נתתי לך עשר הדברות כסיתיך בענן נתתי לך שני לוחות אבנים ושברת אותם עשיתיך יחיד בעולם הנחלתיך תורתי כבדתיך מע׳ זקנים:

§ **10.** Moisés se volvió, dio las gracias por todo y dijo: «Señor de los mundos, me has engrandecido y has hecho tantas cosas buenas por mí que no puedo contar ni una entre mil. Todo el mundo sabe cuánto me has engrandecido y honrado. Todo el mundo sabe

[י] חזר משה והודה על הכל ואמר לפניו: רב״שע גדלתני והרבה טובות עשית לי שאיני יכול לספר אחת מני אלף וכל העולם יודעין מה שגדלתני וכבדתני וג״כ כל העול׳ יודעים שאתא ה׳ אחד יחיד בעולמך ואין זולתך ואין דומה לך אתה בראת עליונים ותחתונים אתה הוא ראשון

65. Las versiones targúmicas se ven obligadas a parafrasear el texto: "Mira que te he nombrado *maestro y príncipe* para el Faraón" (**TgN**); "Mira que te he constituido *maestro* para el Faraón" (**TgOnq**); "Mira que te he constituido *terror* del Faraón *como si fueses* su dios" (**TgPsJ**).

66. **TgN** y **TgOnq** traducen *turgeman/ meturgeman*, «traductor o portavoz».

67. KUSHELEVSKY sugiere leer כתבתי, «escribí», en lugar de כבדתי.

68. Ex 31,13ss.

69. Véase la hiperbólica exaltación de Moisés, incluso por encima de toda la obra de la creación, en Anexo I, pp. 121-124.

ואתה הוא אחרון ומי יכול למלל גבורותיך אלא דבר אחד אני מבקש ממך שאעבור את הירדן.

también que Tú eres el solo Dios, único en tu mundo y nadie hay fuera de Ti ni que se parezca a Ti. Tú has creado los seres superiores y los inferiores, Tú eres el primero y el último, ¿quién podría contar tus grandes obras? Pero yo sólo te pido una cosa: pasar el Jordán».

[יא] אמר לו הב"ה למשה: משה שתי שבועות נשבעתי אחת שלא תכנס לארץ והב' אכלה את ישראל אם רצונך שאעבור על השבועה ותכנס לארץ ג"כ אעבור על השבועה ואכלה את ישראל.

§ **11.** Dijo el Santo, bendito sea a Moisés: «Moisés, dos juramentos Yo he hecho: el primero, que no entrarás en la Tierra;[70] el segundo, que no aniquilaré a Israel[71]. Si tú quieres que yo rompa el primer juramento para que entres en la Tierra, también habré de romper el segundo juramento y aniquilaré a Israel».

[יב] א"ל: רב"שע בעלילה אתה בא עלי תופס חבל משני ראש' יאבד משה ואלף כיוצ' בו ולא יאבד נפש א' מיש'. א"ל: רב"שע מה יאמרו הבריות רגלים שדשו ברקיע וידים שקבלו את התורה והפה שדבר עם ה' ימות ואפי"ה לא מצא תשובה מהש"ית זה משה מה יעשו ויאמרו שאר הבריות.

§ **12.** Respondió Moisés: «Señor de los mundos, vienes a mí con astucia, estirando la cuerda desde los dos cabos, ¡que se pierda Moisés y mil como él, pero que no se pierda ni una sola alma de Israel![72] Señor del universo –continuó Moisés–, ¿qué dirán las criaturas? Los pies que pisaron el cielo,[73] las manos que recibieron la Torah, la boca que habló con Yhwh, ¿va a morir? Si uno como Moisés no encontró respuesta del Nombre, bendito sea, ¿qué harán y dirán las demás criaturas?».[74]

70. Nm 20,12: *Yhwh dijo a Moisés y Aarón: Por cuanto no habéis creído en mí …, por eso no introduciréis esta comunidad en la Tierra que les he dado.* Cf. Nm 27,12-14.
71. Lv 26,44: *No los rechazaré ni detestaré hasta exterminarlos y romper mi alianza con ellos, porque Yo soy Yhwh su Dios.*
72. Hasta aquí el texto que empieza en § 6 es casi idéntico al de Ms Parma 327,37.
73. Cf. Ex 19,20; 20,21.
74. Las dos líneas finales de este párrafo están desordenadas e incompletas, pero son comprensibles. Cf. Comentario.

[III. EL DECRETO DEL ALTO TRIBUNAL. ANUNCIOS DE LA *BAT QOL*]

§ **13.**[75] Dijo R. Yoaḥnán[76] que la muerte de Moisés se menciona diez veces en la Escritura: 1) *He aquí que se acercan los días de tu muerte* (Dt 31,14); 2) *morirás en la montaña [donde hayas subido y te reunirás con tus mayores],* (Dt 32,50); 3) *pues yo voy a morir* (Dt 4,22); 4) *Pues sé que después de mi muerte [os corromperéis]* (Dt 31,29); 5) *Moisés era de edad de ciento veinte años cuando murió* (Dt 34,7); 6) *Murió allí Moisés* (Dt 34,5).[77]

[יג] אר״י עשרה פעמים נכתבה מיתת משה א׳ הן קרבו ימיך למות (דברים לא 14) ב׳ ומו׳ בהר (דברים לב 50) ג׳ כי אנכי מת (דברים ד 22) ד׳ כי ידעתי אחרי מותי (דברים לא 29) ה׳ ומשה בן מאה ועשרים שנה במותו (דברים לד 7) ו׳ וימת שם משה וכו׳ (דברים לד 5).

§ **14.** Diez veces decretó el Santo, bendito sea, la muerte de Moisés y que no entraría en la Tierra, pero no se firmó hasta que se lo reveló el Alto Tribunal diciendo: *No pasarás este Jordán* (Dt 3,25). Y, sin embargo, todo esto pareció tan sin importancia a los ojos de Moisés que no le preocupó, pues se decía: «¡Cuántas veces pecaron los israelitas, y, cuando yo recé por ellos, el Santo, bendito sea, les perdonó y anuló el decreto![78] Y yo, que nunca pequé, ¿no aceptará mi oración cuando rece ante el Santo, bendito sea?». Cuando el Santo,

[יד] עשר׳ פעמים גזר הקב״ה מיתה על משה ושלא יכנס לארץ ועדיין לא נחתם עד שנגלה עליו ב״ד הגדול ואמר לא תעבור את הירדן הזה (דברים ג 25) ודבר זה כולו היה קל בעיני משה ולא היה מעלה על לבו שהיה אומר כמה פעמים חטאו ישראל וכיון שהייתי מתפלל עליהם היה הקב״ה סולח להם ומבטל הגזיר׳ אני שלא חטאתי מעודי כשאתפלל להקב״ה לא יקבל תפלתי כיון שראה הקב״ה שקל בעיני משה ולא רצה להתפלל על עצמו מיד קפץ הקב״ה וגזר וחתם עליו הדין ונשבע בשמו הגדול שלא יכנס לארץ שנאמר לכן לא תביאו את הקהל הזה (במדבר כ 12) כיון שרא׳ משה

75. Los §§ 13-15 reproducen un texto muy similar al de **DtR 11,10**.

76. Sólo con el nombre suele citarse a Yoḥanán bar Nappaḥah, tannaíta del s. III.

77. La lista está incompleta. Se deben añadir Dt 31,27: *Si hoy ... ¡cuánto más lo seréis después de mi muerte!*; Dt 33,31: *Moisés, hombre de Dios, bendijo a los hijos de Israel antes de su muerte*; Jos 1,1: *Después de la muerte de Moisés*; Jos 1,2: *Moisés, mi siervo, ha muerto.* Cf. **CrYeraḥmeel L (2)** (GASTER, p. 134).

78. El ejemplo paradigmático es el caso del becerro de oro: "Cuando los israelitas pecaron con el becerro quise cumplir Mi palabra, pero no me dejaste y me pediste: *Perdona, por favor, la iniquidad de este pueblo* (Nm 14,19), y Yo los perdoné por tu palabra" (*supra*, § 9, pp. 28-29).

שנחת׳ עליו גזר דין גזר תעניו׳ ועמד להתפלל ואמר איני זז מכאן עד שתבטל כל הגזיר׳ מה עשה משה לבש שק ונתפלש באפר ועמד בתפל׳ לפני הקב״ה חמש עשר׳ פעמים עד שנזדעזעו שמים וארץ וכל יצורי בראשית ואמרו שמא הגיע צביונו של הקב״ה לחדש ועולמו.

bendito sea, vio que la cosa era tan sin importancia a los ojos de Moisés que ni siquiera quería rezar por sí mismo, inmediatamente saltó el Santo, bendito sea, se apresuró a firmar la sentencia y juró por su Gran Nombre que Moisés no entraría en la Tierra, como está dicho: *No introduciréis a esta comunidad [en la tierra que les he dado]* (Nm 20,12). Cuando Moisés supo que el decreto del tribunal se había firmado, se impuso un ayuno, se puso en pie para rezar y dijo: «No me muevo[79] de aquí hasta que anules todos los decretos». ¿Qué hizo Moisés? Se vistió de saco, se revolcó en la ceniza y quince veces se levantó ante el Santo, bendito sea, hasta que temblaron los cielos y la tierra y todas las obras de la creación y dijeron: «Quizás es que ha llegado [el momento de cumplirse] el deseo del Santo, bendito sea, de hacer nuevo su mundo».[80]

[טו] יצתא בת קל ואמרה לא הגיע צביונו של עולם אלא אשר בידו נפש כל חי ורוח כל בשר איש (איוב יב 10): איש זה משה שנאמר בו והאיש משה ענו מאד (במדבר יב 3).

מה עשה הקב״ה הכריז בכל הרקיע ובכל בתי דיני של ב״ה שלא יקבלו תפלות משה ואין לשום מלאך להביא לפני תפלת משה לפי שחתמתי גזר דין עליו למיתה.

קרא הקב״ה לכל שרי הרקיע בבהלה ואמר להם רדו ונעלו כל שער ושער כדי שלא תעלת תפלת משה.

§ **15.** Salió una *bat qol* y dijo:[81] «Aún no es llegado su deseo de [rehacer] el mundo, pero *Él tiene en su mano el alma de todo viviente y el espíritu de toda carne de hombre* (Job 12,10)». *Hombre* se refiere a Moisés, según de él está dicho: *Moisés era hombre muy humilde* (Nm 12,3).

¿Qué hizo el Santo, bendito sea? Hizo proclamar en todo el cielo y en todas las cortes de justicia del Alto Tribunal que no aceptaran las

79. **DtR 11,10**: "Cuando Moisés vio que se había firmado el decreto contra él, se impuso un ayuno, trazó un pequeño círculo, se puso en medio y dijo: «De aquí no me muevo hasta que Tú no anules este decreto». Véase la historia de Ḥoni (Onías), el trazador de círculos (**mTaan 3,8; bTaan 23a**).
80. Texto muy similar a § 14 en **CrYeraḥmeel L (2-3)** (GASTER, pp. 134-135).
81. *Bat qol* es literalmente «hija de la voz». La fórmula completa «salió una *bat qol* del cielo» es equivalente a «la voz del cielo» de los textos bíblicos. En la terminología rabínica, «la *bat qol* sale y dice» es equivalente a «el espíritu santo dice».

oraciones de Moisés: «Ningún ángel llevará ante mi presencia la oración de Moisés, porque he firmado el decreto de su muerte».[82]

En aquella consternación, el Santo, bendito sea, convocó a todos los príncipes del cielo y les dijo: «Descended y cerrad todas y cada una de las puertas [de los cielos] de forma que no pueda subir la oración de Moisés».

En aquella hora temblaron los cielos y la tierra y los fundamentos todos de la tierra y las obras todas de la creación, por causa de la oración de Moisés, semejante a una espada que rompe y corta y no se detiene, pues la oración de Moisés es semejante al Nombre inefable, que él había aprendido de boca de su maestro, el ángel Zagziel.[83]

אותה שעה נזדעזעו שמים וארץ וכל מוסדות הארץ ויצורי בראשית כולם מפני תפלות משה שהיתה דומה לחרב שקורע וחותך ואינו מתעכב מפני שתפלתו כעין שם המפורש שלמד מפי רבו זנגזיאל המלאך.

על אותה שעה אמר יחזקאל **ואשמע אחרי קל רעש גדול** (יחזקאל ג 12) שמע רעש גדול זה משה שכתב בו **גם האיש משה גדול מאד** (שמות יא 3): בשעה שראו גלגלי ושרפי מעלה שלא קבל הש"ית תפלתו של משה ולא נשא לו פנים ולא נתן לו חיים מיד פתחו כולם ואמרו **ברוך כבוד ה' ממקומו** (יחזקאל י 12) שאין לפניו לא עולה ולא שכחה ולא משוא פנים בין קטן בין גדול: ומנין שנתחנן משה תקט"ו חנונין כמנין **ואתחנן אל וכו'** (דברים ג 23).

A aquella hora se refería Ezequiel: *Oí detrás de mí el ruido de una gran trepidación* (Ez 3,12). Escucha, la *gran trepidación* se refiere a Moisés, pues de él está escrito: *También el hombre Moisés era muy grande* (Ex 11,3). Cuando los *galgalim*[84] y los serafines de lo alto vieron que el Nombre, bendito sea, no aceptaba la oración de Moisés, ni le concedía su favor ni le daba vida, comenzaron todos a proclamar: «*Bendita la Gloria de Yhwh desde su lugar* (Ez 3,12), porque en su presencia no hay injusticia ni

82. Según **CrYerahmeel L (5)** (GASTER, p. 135) el decreto fue proclamado por el ángel Akhzariel.

83. El nombre se ha transmitido de diversas formas: זנגזיאל/זגזיאל/גנעאל; nosotros transcribiremos siempre «Zagziel». Es identificado como el ángel que se apareció a Moisés en la zarza ardiente y le enseñó el Nombre inefable; es el escriba maestro de los seres celestiales y el que transmitió a Moisés todos los secretos de la Torah (cf. *infra*, § 26, p. 44; § 45, p. 54).

84. En las representaciones de la *Merkabah* o Trono de Dios (esp., Ez 1) se habla de esferas (*galgalim*) y ruedas (*'ofanim*); cf. **DtR 11,10**. En la literatura mística esferas y ruedas se identifican con una categoría de ángeles; cf. **PRE 4,2**.

olvido ni acepción de personas entre el pequeño y el grande».[85] ¿Y de dónde se deduce que Moisés hizo 515 súplicas? Del valor numérico de *Yo supliqué* (Dt 3,23).[86]

§ **16.** Dijo Moisés: «Señor de los mundos, ¡cuántas veces me he sacrificado yo por Israel, hasta que fueran pueblo de tu propiedad y tu heredad. Yo he visto sus angustias, ¿es que no voy a ver su alegría? Tú dejas por mentirosa a tu Torah, pues está escrito: *El mismo día le has de dar su salario* (Dt 24,15),[87] ¿y dónde está ahora mi salario por los cuarenta años que me ocupé de tus hijos y sufrí por ellos en Egipto y en el desierto, y por la Torah y los mandamientos que les fijé? He visto sus desgracias, ¿y no voy a ver su felicidad? ¿Y me dirás que no pasaré el Jordán? Durante cuarenta años hasta ahora ¿no me he ejercitado como maestro en la enseñanza y me he sentado en la *yešibah*?».[88]

[טז] אמר לפניו רבש״ע הרב׳ פעמים נצטערתי בשביל ישראל עד שהיו לך עם סגולה ונחלה וראיתי בצרתן ולא אראה בשמחתם הרינך עושה תורתך פלסתר שכך כתיב ביומו תתן שכרו (דברים כד 15) ועכשו היכן שכרי של מ׳ שנה שיגעתי בשביל בניך ונצטערתי עליהם במצרים ובמדבר ותורה ומצות שקבעתי להם צרתם ראיתי וטובתם איני רואה ותאמר לי שלא אעבור את הירדן הארבעים שנה ועד עכשו לא הייתי מורה הורא׳ ויושב בישיב׳.

§ **17.** Inmediatamente comenzó el Santo, bendito sea, a conformarle diciendo: «Moisés, mi hijo, cuántas cosas te están preparadas para el mundo futuro, pues te saciarás de todas las especies del Jardín del Edén y de todos sus placeres, como está dicho: *para legar riquezas a los que me aman, y colmar yo sus tesoros* (Prov 8,21)». Se refiere a los justos que cumplen la Torah por amor.

[יז] מיד התחיל הקב״ה לפייסו א״ל בני משה הרבה מתוקן לך לע״הב שתשבע מכל מיני גן עדן ועדוניו שנא׳ להנחיל אוהבי יש ואוצרותיהם אמלא (משלי ח 21) אלו הצדיקי׳ המקיימים את התורה מאהבה.

85. Cf. **mAbot 4,22**. **SNm 135**: "Si con Moisés, grande entre los grandes y padre de profetas, no hizo acepción de personas, ¡tanto menos lo hará con el resto de los humanos que violan y quebrantan el derecho!". Cf. **CrYeraḥmeel L (6)**. (p.135).

86. Por gematria ואתחנן = 515 (cf. **DtR 11,10**).

87. Se refiere al jornal del pobre que ha de pagarse cada día antes de ponerse el sol.

88. «Maestro (de la Ley)» y «sentarse en la *yešibah*» son expresiones propias de las escuelas talmúdicas. Moisés es el maestro por excelencia y el legislador que ha dado la Torah; su queja es por ello tanto más sangrante.

Šemuel[89] interpretó que éstos son las trescientas diez miríadas de mundos de justos en el mundo futuro, pues el Santo, bendito sea, repartirá entre todos y cada uno de los justos tales mundos.

Le dijo el Santo, bendito sea: «Moisés, tus días se extinguen, pero tu luz no se apaga, y no necesitarás nunca más ni de la luz del sol ni de la luz de la luna y las estrellas, ni alimento ni bebida, ni cubierta ni vestido, ni aceite para tu cabeza, ni sandalias para tus pies, pues yo con mi Gloria te alumbraré, con mi Gloria te vestiré, con mi Majestad te cubriré, con el resplandor [de mi rostro] purificaré tu rostro, con mis delicias deleitaré tu paladar; con las carrozas de mi séquito montaré tu séquito, y [te daré] mi cetro, donde está grabado el Nombre Inefable, con el que en el principio creé el mundo, del que ya te he dado una copia[90] en este mundo; mi cetro, que es uno de los ocho mil setecientos sesenta de cientos de miles del mundo futuro».

אמר שמואל אלו שלש מאות ועשר רבוא עולמות צדיקים של עולם הבא שעתיד הקב״ה ליתן לכל צדיק וצדיק עולמות.

אמר לו הקב״ה משה ימיך בטלים ואורך אינו בטל שלא תהא צריך לעולם לא לאור החמה ולא לאור הלבנה וככבים ולא אכילה ושתיה ולא כסות ומלבוש ולא שמן לראשיך ולא מנעלי׳ לרגליך שאני כבודי מאיר לך ומכבודי אשים לבושך ומהדרי אשית כסותך מזוהרי אטהר פניך וממתקי ארוה גרונך וממרכבות רכובי אשים רכוביך ומשרביט שלי שחקוק עליו שם המפורש שבו בראתי העולם תחלה שממנו נתתי לך דוגמא בעולם הזה שרביט שלי א׳ משמונת אלפים ושבע מאות וששים רבוא מאותו של עולם הבא.

§ 18. El Santo, bendito sea, le dijo: «En este mundo he hecho muchas señales y prodigios, y por tu mano saqué a Israel de Egipto, y rompí para ellos el mar, y les hice llover pan, y cambié las aguas amargas en dulces,[91] y les di la Torah y los mandamientos conforme a los miembros del cuerpo y los días del

[יח] א״ל הקב״ה בעולם הזה עשיתי הרבה אותות ומופתים ועל ידך הוצאתי את ישראל ממצרים וקרעתי להם הים והמטרתי להם המן והפכתי מי מרה למתוק ונתתי להם תורה ומצות כנגד אברי האדם וכנגד ימות השנה ומלחמות נצחתי על ידך דייך משה רב לך הגיע יומו של יהושע לפרנס את ישראל ועתיד אני לכתוב על ידי שלמה

89. R. Šemuel bar Naḥmani, citado al comienzo del midrás. Cf. Comentario.

90. La vara de Moisés es una muestra o copia (*dugma'*, griego δείγμα) del cetro de Dios.

91. Ex 15,23-25.

año,[92] y vencí batallas por tu mano. Es suficiente para ti, Moisés, ya tienes bastante. Ha llegado el día de Josué para dirigir a Israel, y Yo haré escribir por medio de tu discípulo Salomón: *Sale el sol y el sol se pone* (Qoh 1,5)». Dijo Moisés: «Señor de los mundos, si yo ya no voy a guiar a Israel, entren mis hijos o los hijos de mi hermano Aarón a ocupar mi puesto».[93] Dijo el Santo, bendito sea: *Él* [Josué] *les dará la posesión de la Tierra* (Dt 3,28).

תלמידך וזרח השמש ובא השמש (קהלת א 5). אמר משה רבש"ע אם איני מפרנס את ישראל יכנסו בני תחתי או בני אהרן אחי וימלאו מקומי. אמר הקב"ה והוא ינחיל אותם את הארץ (דברין ג 28).

§ **19.** Cuando comprendió que la sentencia había sido promulgada, de inmediato *fue Moisés y les habló* (Dt 31,1). Desde el 22 de Tišrí al primero de Šebat, son 95 días desde el momento en que el Santo, bendito sea, comenzó a anunciarle hasta diez veces que había de morir. Moisés esperó hasta el primero de Šebat y fue y convocó a todo Israel y les explicó la Torah a los seiscientos mil[94] en setenta lenguas, como está dicho: *Explicó bien* (Dt 27,8),[95] y añade: *y fue Moisés y habló* (Dt 31,1). ¿De dónde sabemos que fue el día primero de Šebat cuando Moisés explicó la Torah a Israel? De lo que

[יט] כיון שראה שנגזרה גזרה עליו מיד וילך משה וידבר (במדבר לא 1) אליהם. מעשרים וב׳ בתשרי עד א׳ בשבט תשעים וה׳ ימים מעשרה פעמים שאמר לו הקב"ה שימות והיה ממתין עצמו עד א׳ בשבט הלך וקרא לכל ישראל ופירש להם את התורה לששים רבוא בשבעים לשון שנא׳ באר היטב (דברים כז 8) ואמר וילך משה וידבר (דברים לא 1). ומנין שבא׳ בשבט באר משה התורה לישראל שנאמר ויהי בארבעים שנה בעשתי עשר חדש בא׳ לח׳ דבר משה (דברים א 3) מאחד בשבט עד ז׳ באדר לו׳ ימים ובאותם ימים פירש התורה לישראל.

92. Los 613 preceptos de la Torah corresponden a los 248 miembros del cuerpo más 365 días del año. Cf. **TgPsJ Ex 24,12**; **bMakk 23b**; **PRE 41,6**; **mOho 1,8**.

93. **SDt 305**: "Moisés se entristecía en su corazón de que ninguno de sus hijos le sucediera. Díjole el Santo, bendito sea: «¿Por qué te entristeces en tu corazón de que ninguno de tus hijos te suceda? ¿Pues no son los hijos de tu hermano Aarón como hijos tuyos? También el hombre a quien Yo ponga sobre Israel vendrá y estará en pie a la puerta de Eleazar»."

94. El número de los israelitas que salieron de Egipto: Ex 12,37; Nm 11,21.

95. Lectura midrásica del texto hebreo: *b'r*, «grabar, esculpir» en hebreo bíblico, de donde «inculcar» y «explicar» en hebreo medieval.

está dicho: *Y sucedió que en el año cuarenta, el mes undécimo,*[96] *el primero del mes, habló Moisés* (Dt 1,3). Desde el día uno de Šebat hasta el 7 de Adar,[97] treinta y seis días; durante esos días explicó la Torah a Israel.

§ **20.** El 7 de Adar murió, y el mismo día de su muerte lo supo Moisés, pues salió una *bat qol* y dijo: «Cuídate, Moisés, pues sólo te queda este día de vida en este mundo».

[כ] בז׳ באדר נפטר ובאותו יום שמת היה יודע שהיתה בת קול יוצאת ואומרת הזהר משה בעצמך שאין לך חיים בעולם כי היום הזה לבד:

§ **21.** Decía R. Ḥelbo:[98] El mismo día que murió, nuestro maestro Moisés –la paz sea con él– escribió trece Torás y envió los libros a todas y cada una de las tribus antes del mediodía. Después convocó a todas y cada una de las tribus y les dio la Torah y los preceptos; y el libro de la Torah más excelente de todos lo puso en el Arca;[99] y amonestó y aleccionó a todos y cada uno, a mujeres

[כא] אמר ר׳ חלבו באותו היום שמת מרע״ה כתב י״ג מדות [תורות] ושלח משה ספרים לכל שבט ושבט ועדיין לא הגיע חצי היום ואחר כך קרא לכל שבט ושבט ונתן להם התורה והמצות ואותו ספר תורה מובחר שבכולם הניחו בצד הארון והזהירם והוכיחם לכל א׳ וא׳ בפני עצמו אנשים לבד ונשים לבד ואמר להם הזהרו בכבוד התורה והמצות.

96. Šebat es el mes undécimo del antiguo calendario judío que empieza en Nisán.
97. **TgPsJ Dt 32,48**: "Y habló Yhwh con Moisés el siete del mes de Adar –ese preciso día– diciendo …"; **TgPsJ Dt 34,5:** "El día 7 del mes de Adar había nacido Moisés, maestro de Israel, y el día 7 del mes de Adar fue reunido de en medio del mundo". Moisés fue llorado durante 30 días (Dt 34,8) y después de tres días ordenó Josué cruzar el Jordán (Jos 1,11), de donde se deduce que el 10 de Nisán, 33 días tras la muerte de Moisés, entraron los israelitas en la Tierra (cf. **TgPsJ Dt 34,8**). Por el principio de que los justos mueren el día de su cumpleaños, se identifica el 7 de Adar como el día del nacimiento de Moisés (cf. **SOR 10.3**; **tSot 11,7**; **bQid 38a**).
98. Amoraíta de final del s. III.
99. El texto dice literalmente que escribió trece *middot*, lo que haría pensar en las trece reglas de R. Yismael, o los trece atributos de Dios mencionados en la literatura midrásica. Pero contexto y paralelos ofrecen el sentido más lógico: "Escribió trece Torás, doce para las doce tribus y una que depositó en el Arca, para que si alguien intentara falsificar algo, siempre pudieran encontrar la del Arca" (**DtR 9,9**). Cf. Josefo, **Ant. IV, 8.44**: "Entregó los libros a los sacerdotes junto con el Arca, en la que también puso los 10 mandamientos escritos en dos tablas."

y hombres por separado, y les dijo: «Cuidad de la Gloria de la Torah y de los preceptos».

Hay quienes dicen que Gabriel bajó, tomó la Torah de las manos de Moisés y la subió hasta el Alto Tribunal para dar a conocer la justicia de Moisés, y fue llevándola por todos los cielos,[100] como está dicho: *Dio cumplimiento a la justicia de Yhwh, y a sus juicios para con Israel* (Dt 33,21). Y no sólo esto, sino que las almas de los justos leen el libro de la Torah de nuestro maestro Moisés –la paz sea con él– el primero y el quinto día y en las fiestas.

ויש אומרים שירד גבריאל ונטל התורה מידו של משה והעלה אותו לב"ד הגדול של מעלה להודיע צדקתו של משה והיה מוליכו בכל רקיע ורקיע שנא' **צדקת ה' עשה ומשפטיו עם ישראל** (דברי לג, 21). ולא עוד אלא שנשמתן של צדיקים קורים בספר תורה של מרע"ה בשני ובחמישי ומועדים.

§ **22.** Dijo R. Yošiyah:[101] En aquella hora rindió Moisés a Josué grande gloria y honor ante Israel, y un heraldo salió delante de él recorriendo el campamento de Israel y proclamando: «Venid y escuchad las palabras de un nuevo profeta que hoy surgirá sobre nosotros». Todo Israel vino para honrar a Josué. Después Moisés hizo traer un trono de oro, una corona de perlas, un yelmo regio y una veste de púrpura. Moisés en pie ordenaba y disponía las filas y los asientos del Sanedrín, de los jefes de los escuadrones y de los sacerdotes. Después se acercó Moisés a Josué, lo vistió, le puso la corona, lo sentó en el trono de oro y puso junto a él un traductor para hacer la interpretación ante todo

[כב] א"ר יאשיה באותה שעה עשה משה ליהושע כבוד גדול ופאר רב בפני ישראל והיה כרוז יוצה מלפניו בכל מחנה ישראל לאמר בואו ושמעו דברי הנביא חדש שיקו' עלינו היום עלו כל ישראל לכבודו של יהושע. ואחר צוה משה להביא כסא של זהב ועטר' של מרגליות וכובע של מלכות ולבוש ארגמן והיה משה עומד ומסדר ומערך מערכות וספסלים של סנהדרין ושל ראשי גדודין ושל כהנים ואחר כך הלך משה ליהושע והלבישו ונתן עליו העטר' והושיבו על כסא של זהב והעמיד עליו תורגמן לדרוש בפני כל ישראל ומי היה תורגמן כלב בן יפונה ויהושע דורש בפני כל ישראל ובפני משה רבו.

100. Esta observación contradice el § 15: «Ningún ángel llevará ante mi presencia la oración de Moisés, porque he firmado el decreto de su muerte» (posible descuido del autor en la ordenación de sus fuentes).

101. Tannaíta del s. II.

Israel. ¿Quién era el traductor? Caleb, hijo de Yefunneh.[102] Josué enseñaba ante todo Israel y en presencia de su maestro Moisés.

[כג] ומהו המדרש שדרש יהושע: עורו רנו שמי השמים העליונים העירו מוסדות הארץ התחתונים עורו וסלסלו סדרי בראשית עורו והרנינו הררי עולם הִילְלוּ והללו גבעות אדמה עורו ופצחו צבאות רקיע ושירו וספרו כל אהלי יעקב שירו כל מסכנות ישראל שירו והאזינו כל אמרי לבכם שמו לבבכם לכל דבר קבלו בשמח' עליכם ועל נפשותיכם מצות אלהיכם פתחו פיכם ולשונכם ותנו כבוד לאל מושיעכם ותהיו מודים לפני אדוניכם ותנו עליו בתחונכם כי הוא אחד ואין שני לו אין כמוהו באלהים ואין כערכו במלאכים ואין זולתו באדונים אשר לשבחו אין קץ ולתהלתו אין אחרית וסוף לנפלאותיו אין חקר ואין מספר לעלילותיו שישמור לנו שבועת אבותינו ויקיים לנו הברית והחסד והשבועה אשר נשבע להם על ידי משה רבינו שגאלנו ברוב פלאים ושהוציאנו מעבדות לחירות ושקרע לנו את הים ושנתן לנו תרי״ג מצות.

§ 23. ¿Qué enseñanza impartía Josué? «Despertad y cantad, los más altos cielos; despertad, los fundamentos más profundos de la tierra; despertad y aclamad, órdenes de la creación; despertad y prorrumpid en cantos, montes eternos; dad gritos de aleluya, valles de la tierra; despertad y gritad de júbilo, ejércitos del cielo; cantad y proclamad, tiendas todas de Jacob; cantad, todos los graneros de Israel; cantad y haced oír todas las palabras de vuestro corazón; poned vuestro corazón en toda palabra; recibid con alegría sobre vosotros y por encima de vuestras almas los mandamientos de vuestro Dios; abrid vuestra boca y soltad vuestra lengua para dar gloria al Dios que os salva; alabad a vuestro Señor y depositad en Él vuestra confianza, porque Él es Uno y no hay dos, nadie hay como Él entre los dioses y nadie comparable entre los ángeles, ni nadie fuera de Él entre los señores. Pues su alabanza no tiene fin y para su gloria no hay límite ni final, sus prodigios son insondables, no hay quien cuente sus obras. Mantenga

102. Caleb perteneció al grupo de espías enviado por Moisés a inspeccionar la tierra de Canaán. Mientras sus compañeros informaron negativamente del proyecto, sólo Caleb lo defendió e hizo callar al pueblo en defensa de Moisés. Su voz potente, según una tradición midrásica, fue oída por todo el pueblo hasta una distancia de doce millas; sus gritos llegaron a aterrorizar a los gigantes (descendientes de Anaq: Nm 13,21.33) que les acechaban en la tierra de Canaán. Caleb es conocido como el portavoz/traductor de Moisés. En la sinagoga el *meturgeman* traducía al arameo el texto bíblico o repetía en voz alta para el público las palabras del maestro.

para nosotros el juramento que juró a nuestros padres, y cumpla con nosotros la alianza, la misericordia y el juramento que les juró por medio de nuestro maestro Moisés, quien nos liberó con sus grandes maravillas y nos sacó de la esclavitud a la libertad, partió para nosotros el mar y nos dio los 613 preceptos».[103]

[כד] אמר משה ל״ו שנה היה יהושע משרת אותי במדבר שנאמר **ומשרתו יהושע בן נון נער** (שמות לג, 11) וכשהגיע גזרת של משה וא״ל הקב״ה **הן קרבו ימיך למות קרא את יהושע** (דברים לא, 14) **וצו את יהושע** (דברים ג, 28) היה משה הצדיק דן מעצמו שמא מפני שעת יהושע תלמידי אני מת שהוא עתיד לפרנס את ישראל ולבוא בראשם ובשביל זה היה עלי גזר דין שלא אכנס לארץ ולא לאכול מפרותיה. שכרה למה לי כי לא ידרכו רגלי בארץ ישראל מוטב שאחיה שיהיה יהושע פרנס ואני אכנס לא״י. מה עשה בא׳ בשבט עד ששה באדר היה הולך שחרית וערבית ומשמש ליהושע כתלמיד לרב ואותם ל״ו יום עלו למשה יום לשנ׳.

כיצד היה משה משמש את יהושע בכל יום היה משה עומד מחצות לילה והולך לפתחו של יהושע ונוטל המפתח ופותח את הדלת ונכנס ונוטל חלוק ומנערה ומניחה אצל מראשותיו ונוטל מנעליו ומתקנן ומניחן בצדי המטה ונוטל טליתו וכסותו וסודרו וכובע של זהב ועטרת מרגליות ומבחנן ומצרפן ומזקקין ומסדרן לפניו על סילון של זהב:

§ **24.** Dijo Moisés: «Josué me ha servido durante treinta y seis años en el desierto», como está dicho: *Su servidor era Josué, hijo de Nun, un niño* (Ex 33,11). Cuando llegó el decreto de [la muerte de] Moisés, el Santo, bendito sea, le dijo: *Se acercan los días de tu muerte, llama a Josué* (Dt 31,14), *y da órdenes a Josué* ... (Dt 3,28). Moisés, el justo, reflexionaba para sí mismo: «¿Es posible que yo tenga que morir porque a mi discípulo Josué le ha llegado la hora de dirigir a Israel y ponerse al frente? Por ello se decretó la sentencia de que yo no entraría en la Tierra y no comería de sus frutos. ¿Qué gano yo, si mis pies no van a pisar la Tierra de Israel? Mejor me es vivir, ¡y que Josué haga de guía con tal de que yo entre en la Tierra de Israel!». ¿Qué hizo? Desde el primer día de Šebat hasta el sexto de Adar estuvo mañana y tarde sirviendo a Josué como discípulo al maestro. Aquellos 36 días se le contaron a Moisés en razón un año por día.[104]

¿Cómo servía Moisés a Josué? Cada día Moisés se levantaba en mitad de la noche e iba a la puerta de Josué, tomaba la llave y abría la

103.Cf. § 18, nota 92 (p. 37)

104. Así se corresponde a los 36 años que supuestamente Josué sirvió a Moisés.

puerta, entraba, tomaba una camisa, la sacudía y la colocaba a la cabecera; tomaba las sandalias, las limpiaba y las colocaba junto al lecho; tomaba el talit, el manto, el turbante, el yelmo de oro y la corona de perlas, los examinaba, los limpiaba, los abrillantaba, los ordenaba delante de él y los disponía ante el trono de oro.

Volvía y traía un jarrón de agua y una fuente de oro y las colocaba delante del trono. Todavía no había despertado Josué de su sueño, cuando Moisés ordenaba limpiar y honrar la tienda de Josué, semejante a la tienda de Moisés, y hacía entrar el trono de oro y tapizarlo con paño de lino y paño de lana y con toda clase objetos valiosos y preciosos, según la usanza de los reyes.

Después despachaba a un heraldo para anunciar: «Moisés está en pie en la tienda de Josué y dice: Todo el que quiera rendir homenaje a Josué, venga y lo haga, pues del Santo, bendito sea, ha venido la palabra sobre Josué: él es el guía de Israel».

שוב היה מביא קיתון של מים וקרעה של זהב ומניחן לפני הסילון ועדין יהושע לא היה ניעור משנתו ואחר כך היה מצוה משה לנער ולכבד בית אהלו של יהושע מעין אהלו של משה ומשלח ומכניס כסא הזהב ופירש סדין של בוץ וסדין של מילת וכל כלי יקרים ונאי' שלו כמנהג המלכי'.

ואחר היה מוציא כרוז משה עומד באהלו של יהושע ואומר כל המבקש להקביל פניו של יהושע יבוא ויקביל שנפל דבר ביהושע מאת הקב"ה להיות פרנס על ישראל:

§ **25.** En aquella hora todos y cada uno de los israelitas que escuchaban al heraldo, se llenaban de temor y se echaban a temblar diciendo: «Me duele la cabeza», para no ir, pues lloraban y decían: «¡Ay de ti, [Israel], que tu rey es un niño!».[105]

Una *bat qol*[106] respondía: *Cuando Israel era niño, Yo lo amé* (Os 11,1). También la tierra abrió su boca y dijo: *Niño fui y ya soy viejo* (Sal 37,25).

[כה] באותה שעה כל יחיד ויחיד שבישראל שהיה שומע הכרוז היה מפחד ומזעזע ואומר אני חושש בראשי כדי שלא ילך ובוכה ואומר אוי לך שמלכך נער.

ובת קול אומרת כי נער ישראל ואוהבהו (הושע יא 1) גם הארץ פתחה פיה ואמר' נער הייתי גם זקנתי (תהלים לז 25)

§ **26.** Se reunen los ancianos de Israel, todos los jefes de los escuadrones y las cabezas de las tribus, los jefes de mil, de ciento y de

105. Qoh 10,16: *¡Ay de ti, país, cuyo rey es un muchacho!*

106. 3ª *Bat qol.* La respuesta de la *bat qol* es un rechazo del terror de los israelitas.

[כו] ומתקבצי׳ זקני ישראל וכל שרי הגדודים וראשי השבטים שרי האלפים והמאות והעשרות כשבאו אצל משה צוה עליהם משה והיה משיב כל אחד ואחד כגדולתו וכיון שרוא׳ משה שיהושע ניעור משנתו היה נכנס ונוטל חלוקו ונותנה לו בידו כיון שהיה יהושע מכיר היה מתבייש ונוטל חלוקו ומכסה גופו ולובש בזעזעות נפשו ונופל על רגליו של משה ואומר לו אל תהרגני רבי בחצי ימי מפני השררה שבאה עלי מפני הקב״ה.

אמר לו משה בני אל תתיירא אין לך עון בזה במדה שמדדת לי אמדד לך ששמשתני בסבר פנים יפות כך שמשתיך למדתיך ואהבת לרעך כמוך (ויקרא יט 18) לא כך שניתי לך «יהי כבד תלמידך חביב עליך כשלך» (אבות ד 12).

לסוף לא הניחו ליהושע עד שישב על סילון של זהב כדרך מלכי העולם ועל כרחו עמד לו ומשמשו לכל צרכו ועל כרכו הניח עליו קרני ההוד. למעלה מכולם מצוי עליו זגנזיאל רבו מלאך סופר כל בני מרום בעולם בשעה שסיים ממנו כל סתרי תורה. כיון שנתעטף יפה באו ואמרו להם כל ישראל מאחרים לכם.

diez. Vienen a Moisés y éste les ordena sentarse según el rango de su importancia. Cuando Moisés comprueba que Josué ya ha despertado de su sueño, entra, toma su camisa y la pone en su mano. Josué lo reconoce, se avergüenza, toma la camisa, cubre su cuerpo, se viste con gran azoramiento[107] y cae a los pies de Moisés diciendo: «Maestro mío, no me hagas morir[108] en la mitad de mis días por la autoridad que sobre mí ha venido de parte del Santo, bendito sea».

Le contestó Moisés: «No temas, hijo mío. No tienes culpa alguna en esto. Con la misma medida con que me mediste, te mediré yo a ti. Me serviste con cariño y así yo te sirvo. Yo te enseñé: *amarás a tu prójimo como a ti mismo* (Lv 19,18), ¿y no te transmití también: «sea la gloria de tu discípulo tan querida para ti como la tuya propia» (mAbot 4,12)?».[109]

Finalmente no dejó a Josué hasta que éste tomó asiento en el trono de oro, según la usanza de los reyes del mundo. Moisés se mantuvo en

107. Lit., «con estremecimiento de su alma».

108. Lit., «no me mates». Josué teme que dejarse servir por Moisés pueda merecerle el castigo de una muerte prematura (también sería posible entender que Josué teme que Moisés, por celos, pretenda quitarle la vida; aunque nos parece un dramatismo excesivo; cf. §§ 42-43).

109. El texto del Levítico se presenta como enseñanza (*lmd*) de Moisés, mientras que el de la Misnah como transmisión (*šnh*). Sutil diferencia para mostrar que la Ley escrita y la oral proceden de Moisés por la vía de la lectura (*miqra'*) y de la transmisión oral (*mišnah*).

pie a su lado sirviéndolo en todo lo necesario, a pesar de que Josué se resistía;[110] contra la voluntad de Josué, dispuso Moisés sobre él los rayos de la majestad.[111] Por encima de todos estaba sobre Moisés su maestro Zagziel, el ángel escriba de todos los seres celestiales[112] del universo, hasta que Moisés concluyó la transmisión a Josué de todos los secretos de la Torah. Cuando Josué se hubo vestido convenientemente, vinieron a decirles: «Todos los israelitas os están aguardando».

§ 27. Inmediatamente Moisés tomó a Josué y lo sacó de su tienda; al llegar los dos a la puerta de la tienda, Moisés lo hizo caminar delante de él, pero Josué se resistía. Cuando Los israelitas vieron que Josué caminaba al frente, todos se estremecieron[113] y se pusieron en pie. Ambos fueron hasta el lugar de honor[114] donde se levantaba el trono de oro, en el que Moisés lo hizo sentar a la fuerza. Los israelitas, al verlo, todos lloraron. También Josué lloró y dijo: «¿Por qué tanta grandeza y gloria para mí?».

[כז] מיד תפש משה את יהושע והוציאו מתוך אהלו כיון שהגיעו שניהם לפתח האהל הוליכו לפניו משה בעל כרחו כיון שראו ישראל יהושע הולך בראש נזדעזעו כולם ועמדו על רגליהם והלכו שניהם עד מקום גדולים אצל כסא הזהב והושיבו בעל כרחו כשראו ישראל כך בכו כולם וגם יהושע בכה ואמר גדולה וכבוד למה לי.

§ 28. Salió una *bat qol* y dijo a Moisés: «Te quedan sólo cinco horas de vida». Inmediatamente Moisés levantó la voz y dijo a Josué: «Siéntate como un rey ante el pueblo». Y los dos se pusieron conjuntamente a enseñar[115] ante todo Israel. El rostro de Moisés era como el del sol y el rostro de Josué como el de la luna. Moisés

[כח] יצתה בת קול ואמרה למשה אין לך חיים אלא חמש שעות בלבד מיד צעק משה ואמר ליהושע שב כמלך בפני העם ודרשו שניהם בפני כל ישראל כאחד פני משה כפני חמה ופני יהושע כפני לבנה משה פירש [קורא]* ויהושע מפרש מקרא שהיה משה קורא היה מפרש יהושע ולא היה עליהם חלוקא זה על זה בדבר זה ונמצאו

110. Lit., «contra su voluntad». Suplo nombres propios que el hebreo sobreentiende.
111. Se trata de transmitir a Josué el mismo resplandor que tenía el rostro de Moisés (Ex 34,30-35).
112. Lit., «los hijos de lo alto del mundo».
113. El verbo זעזע describe en § 25 el temor desconfiado de los israelitas ante Josué.
114. Lit., «de los grandes», *i.e.*, de las autoridades.
115. Se usa el verbo *drš*, que señala el estudio y la enseñanza de la Escritura.

דברים מכוונים כאחד כמרגלית של מלכים עליהם אמר שלמה דברי חכמים כדרבונות (קהלת יב יא) על אותם היושבים בגנים.

* Entiende Jellinek que debe leerse קורא

leía y Josué explicaba. La Escritura que Moisés leía, la iba explicando Josué, y no había entre ellos discrepancia resultando que las palabras de ambos concordaban como perlas [en la corona] de los reyes. Sobre ellos había dicho Salomón: *Las palabras de los sabios son como aguijones* (Qoh 12,11),[116] refiriéndose a los que moran en los huertos.[117]

[כט] עדין היו יושבים יהושע וישראל לפני משה יצתה בת קול ואמרה אין לך חים אלא ד׳ שעות אמר משה לפני הקב״ה רבון העולמים אם מפני תלמידי אתה דוחה אותי אני נוהג כתלמיד לפניו הוא ככהן גדול ואני ככהן הדיוט הוא כמלך ואני כעבד.

§ **29**. Todavía estaban sentados Josué y los israelitas delante de Moisés, cuando salió una *bat qol* y dijo: «Te quedan sólo cuatro horas de vida». Dijo Moisés ante el Santo, bendito sea: «Señor del universo, si es por mi discípulo [Josué] que Tú me rechazas, yo me comportaré con él como su discípulo; fuera él como un sumo sacerdote, yo sería como un simple sacerdote; fuera él como un rey, yo sería como un siervo».

[ל] אמר הקב״ה נשבעתי בשמי הגדול ששמים ושמי השמים לא יכלכלוהו (מלכים-א ח 27) שלא תעבור את הירדן הזה. אמר משה רבון העולמים תן לי רשות ואהיה כעוף הפורח באויר בכח שם המפורש או עשה אותי כדג ואשא שתי זרועותי כשני סנפירים וכל שערותי החזיר אותם כקשקשים ואקפוץ את הירדן ואראה את הארץ. אמר לו הקב״ה אם אעשה לך כך הרי אני עובר על השבוע.

§ **30**. Dijo el Santo, bendito sea: «He jurado por mi Gran Nombre –que *los cielos y los cielos de los cielos no pueden contener* (1 Re 8,27)– que tú no pasarás este Jordán». Dijo Moisés: «Señor de los mundos, concédeme ser como un pájaro que vuela por el aire con la fuerza del Nombre Inefable; o hazme como un pez para levantar mis brazos como dos aletas o haz que

116. La imagen representa la agudeza de la enseñanza y discusiones de los Sabios.

117. Fraseología tomada de Cant 8,13 (*¡Oh tu, la que moras en los huertos!*), que **CantR 8.13.3.1** (ed. española de L.F GIRÓN BLANC, BM 11, p. 324) aplica a los sabios que coinciden en sus decisiones halákicas. Cf. **QohR a Qoh 12,11** (ed. bilingüe de *Midrás Qohelet Rabbah*, por MARÍA DEL CARMEN MOTOS LÓPEZ, BM 22, pp. 520-521). Cf. Bibliografía.

mis cabellos se conviertan en escamas para saltar al otro lado del Jordán y contemplar la Tierra».[118] Le contestó el Santo, bendito sea: «Si yo actuara así, estaría rompiendo mi juramento».

Le dijo: «Señor del universo, condúceme sobre las alas de las nubes como a una altura de tres parasangas por encima del Jordán, las nubes por debajo y yo por arriba, y contemplaré toda la Tierra». Le contestó: «Esto sería para mí tanto como romper mi juramento».

Le dijo: «Señor del universo, trocéame miembro a miembro, arrójame al otro lado del Jordán y luego dame vida para contemplar la Tierra». Le contestó: «Eso sería como romper mi juramento».

Le dijo: «Muéstrame la Tierra en un golpe de vista». Le contestó: «En esto sí te puedo atender, pues está dicho: *En verdad, de lejos verás la Tierra, pero en ella no entrarás* (Dt 32,52; cf. Dt 34,4).

אמר לו רבש"ע הניחני על כנפי העננים כשיעור ג' פרסאות של מעלה מן הירדן ויהיו עננים מלמטה ואני מלמעלה ואראה את כל הארץ. אמר לו חשוב עלי כאלו עברתי שבועתי.

אמר לפניו רבש"ע חתוך אותי אבר אבר והשליכני אחר הירדן והחייני ואראה את הארץ. אמר לו כאלו עברתי על שבועתי.

אמר לו הראני את הארץ במראית העין. אמר לו בדבר הזה אני שומע לך שנא' **כי מנגד תראה את־הארץ ושמה לא תעבור*** (דברים לב 52).

* Texto bíblico: לא תבוא.

§ **31**. El Santo, bendito sea, le mostró la Tierra, cuatrocientas parasangas por cuatrocientas parasangas, como el tamaño de un parterre en medio de un jardín; le agudizó la vista para que viera todo lo escondido puesto en lo más alto, lo secreto como si fuera manifiesto, y lo lejano hecho cercano. Y le dijo: *Ésta es la tierra que juré a Abraham* … (Nm 32,11).

[לא] והראהו הקב"ה את הארץ ד' מאות פרסה על ד' פרסה כשיעור ערוגה בתוך פרדס ונתן כח בעיניו כדי שיראנה כולה הטמון בגבוה והסתר בגלוי והרחוק בקרוב כדי שיראנה כולה וא"ל זה הארץ אשר **נשבעתי לאברהם וכו'** (במדבר לב 11).

§ **32**. Entre tanto, se había pasado una hora y salió una *bat qol* y dijo: «No te angusties más, pues sólo te quedan tres horas de vida

[לב] עד כאן עלת' לו שעה יצתה בת קול ואמרה לא תצער עצמך שאין לך חיים בע"הז אלא ג' שעות. אמר משה רבש"ע

118. Cf. § 34. Peticiones de este tipo se recogen en **CrYeraḥmeel L (9)**.

הניחני אצל בני ראובן ובני גת ותהיה נפשי כאחד מהם ויהושע ימלוך ויכנס לא"י עם ישראל.

אמר לו הקב"ה רוצה אתה עושה תורתי פלסתר שכתוב בה שלש פעמים בשנה יראה כל זכורך וכ' (שמות כג 17). כשיראו ישראל שאינך עולה לרגל מה יאמרו ומה משה שנתנא תורה ע"י והמצות אינו עולה לרגל אנו עאכ"ו. נמצא אתה מבטל מצותי ועוד כתבתי ע"י מקץ שבע־שנים תעשה שמטה (דברים טו 1) בבוא כל־ישראל לראות את־פני יהוה אלהיו* (דברים לא 11). אתה מבטל שעתו של יהושע בפני כל ישראל וכשיהיה יהושע דורש בהג לעיני כל ישראל מה ישראל אומרים כשאנו לומדים ושומעים תורה מפי התלמיד אנו הולכים לשמוע מפי הרב ולומדי' ממנו ונמצא מאבד אתה תורתי:

* En el texto bíblico אלהיך.

en este mundo». Dijo Moisés: «Señor del universo, llévame junto a los hijos de Rubén y los hijos de Gad para que mi vida[119] sea como la de uno de ellos, ¡y que reine Josué y entre en la tierra de Israel con los israelitas!».

Le dijo el Santo, bendito sea: «Tú quieres dejar por mentirosa a mi Torah, pues en ella está escrito: *Tres veces al año comparecerá la totalidad de tus varones [ante el Señor Yhwh]* (Ex 23,17).[120] Si los israelitas ven que tú no subes a las fiestas de peregrinación, ¿qué van a decir? Si Moisés, por cuya mano fue entregada la Torah y los preceptos, no sube a la fiestas de peregrinación, tanto menos vamos a subir nosotros. Te encuentras, pues, con que estás anulando mis preceptos. Además, por tu mano escribí: *Al cabo de cada siete años harás un año de remisión* (Dt 15,1), *cuando venga todo Israel a comparecer ante el rostro de Yhwh su Dios* (Dt 31,11). Tú estarías devaluando la autoridad[121] de Josué ante todo Israel: cuando Josué hiciera la lectura en la fiesta[122] ante los ojos de todo Israel, ¿no dirían los israelitas: Para aprender y obedecer la Torah de boca del discípulo, preferimos obedecerla de boca del maestro y de él aprender? Y así te encuentras anulando mi Torah».

[לג] עד כאן עלתה לו שעה א' יצתה בת קול וא"ל עד מתי אתה מצער עצמך שאין לך עוד אלא ב' שעות. וסמאל ראש לשטנים היה מצפה מתי יגיעה שעה שיפטר

§ **33**. Entre tanto, se había pasado otra hora y salió una *bat qol* y le dijo: «Moisés, ¿hasta cuándo vas a estar angustiándote? ¡Sólo te quedan dos horas!». Sammael, el

119.Lit., «mi alma».
120.Cf. Dt 16,16-17.
121.Lit, «la hora».
122.*Sukkot* (cf. Comentario)

משה אולי יקבל נשמתו כשאר בני אדם כאדם שהמצפה לשמח׳ גדולה.

כיון שראה מיכאל שר ישראל את ס״מ הרשע היה מצפה למיתת משה נטל קולו ובכה והיה ס״מ שמח וצוחק. א״ל מיכאל רשע אני בוכה ואתה צוחק.

ויש אומרי׳ שאמרו לו ה״פ אל־תשמחי איבתי לי כי נפלתי קמתי [כי־אשב בחשך יהוה אור לי] (מיכה ז 8). נפלתי כמש׳ קמתי בגדולתו של יהושע בשעה שנפלו בידו ל״א מלכים כי־אשב בחשך זה חורבן בית א׳ ובית שני יהוה אור לי בימות המשיח.

jefe de los acusadores,[123] estaba al acecho de cuándo llegaba la hora de la muerte de Moisés; acechaba como quien espera una gran alegría por si acaso pudiera recibir el alma de Moisés como la del resto de los hijos del hombre.

Cuando Miguel, príncipe de Israel, vio al malvado Sammael acechando la muerte de Moisés, lanzó un grito y lloró, mientras Sammael se alegraba y reía. Miguel le dijo: «Malvado, ¿yo lloro y tú ríes?».

Hay quienes dicen que cinco veces se le dijo a Sammael: *No te alegres de mi suerte, oh enemiga mía, pues si caí, me levantaré; [porque si moro en tinieblas, Yhwh será mi luz]* (Miq 7,8). *Caí* se refiere a Moisés; *me levantaré* se refiere a la grandeza de Josué cuando cayeron en su mano treinta y un reyes;[124] *porque si moro en tinieblas* se refiere a la destrucción del primer y del segundo Templo; *Yhwh será mi luz* se refiere a los días del Mesías.

[לד] ע״כ עלתה לו שעה: יצתה בת קול ואמרה לו אין לך חיים בע״הז אלא שעה א׳. אמר לנפיו רבש״ע הנה אוותר ואפרח כעוף הפורח בד׳ רוחות העולם ומלקט מזונותיו על הארץ ושותה מים מהנהרות ולערב חוזר לקנו. א״ל הק״ה רב לך.

§ **34.** Entre tanto, había pasado otra hora y salió una *bat qol* y dijo: «No te queda más que una hora de vida en este mundo». Dijo Moisés ante Él: «Señor del universo, déjame que vuele, por los cuatro vientos del mundo, libre como un pájaro que recoge su alimento de la tierra, bebe el agua de los ríos, y a la tarde vuelve a su nido».[125] Le contestó el Santo, bendito sea: «¡Basta ya!».

[לה] אמר לפניו רבש״ע הצור תמים פעלו (דברים לב 14) ונתן קולו בבכי ובכה ואמר

§ **35.** Dijo Moisés ante Él: «Señor de los mundos, *Él es la Roca, perfecto es Su obrar, [Sus caminos son*

123. Lit., «de los satanes». Sammael es el ángel de la muerte.

124. Cf. Jos 12,7-24.

125. Repite la petición inicial de § 30.

justos] (Dt 32,4)», y alzó la voz en llanto y lloró y dijo: «¿A quién iré que pida misericordia para mí?». Se dirigió a todas las obras de la creación y les dijo: «Pedid para mí misericordia». Le contestaron: «Hasta ahora no podemos pedir misericordia», según lo escrito: *Todo lo hizo bello a su tiempo* (Qoh 3,11), y al final está escrito: *Todo camina a un mismo lugar* (Qoh 3,20), y está escrito: *Ciertamente los cielos se disiparán como humo, y la tierra se deteriorará cual vestido* (Is 51,6).

למי אלך שיבקש עלי רחמים. הלך לכל מעש׳ בראשית ואמר להם בקשו עלי רחמים. א״ל ע״ע אין אנו יכולין לבקש רחמים ככתוב את־הכל עשה יפה בעתו (קהלת ג 11) ולבסוף כתיב הכל הולך אל־מקום אחד (קהלת ג 20) וכתיב כי־שמים כעשן נמלחו והארץ כבגד תבלי (ישעיהו נא 6).

§ **36**. Al ver Moisés que no podía escapar de la muerte, llamó a Josué en presencia de todo Israel y le dijo: «Hijo mío, todo este pueblo que yo te entrego es un Pueblo de Dios. Son aún como niños de pecho que no saben ocuparse de los mandamientos. Cuida de no decirles nada que no sea apropiado, pues son hijos del Santo, bendito sea, y Él les llama: *mi hijo primogénito Israel* (Ex 4,22), y les ama más que a ningún otro pueblo».

En aquella misma hora el Santo, bendito sea, dijo a Josué: «Josué, tu maestro Moisés te ha puesto en su lugar, toma la vara y golpéales la coronilla,[126] como está dicho: *No retires del niño la corrección* (Prov 23,13), pues *un niño es Israel y yo lo amo* (Os 11,1)».

Dijo Josué: «Moisés, maestro mío, ¿qué será de mí? Acaso yo les dé una heredad en la montaña, pero ¿y si ellos me dicen: 'dánosla en la

[לו] כיון שראה משה שאינו יכול להמלט מהמיתה קרא ליהושע בפני כל ישראל. אמר לו בני הנה את כל העם הזה אשר אני מוסר לך עם ה׳. תנוקותיהם עדין לא תתעסקו במצות הזהר בהם שלא תאמר להם דבר שאינו הגון שהם בניו של הקב״ה וקראם בני בכרי ישראל (שמות ד 22) ואוהבם מכל אומה.

באותה שעה אמר הקב״ה ליהושע יהושע משה רבך הניחך במקומו טול מקל והך על קדקוד שנאמר אל־תמנע מנער מוסר (משלי כג 13) כי נער ישראל ואהבהו (הושע יא 1)

אמר יהושע משה רבי מה תהי עלי שמה אתן להם נחלה בהר והם אומרים תן לנו בשפלה. א״ל מרב״ע אל תירא כי הקב״ה הבטיחני שיתן שלום בחלק הארץ.

126. Expresión talmúdica: **bSanh 8a**. La vara de Moisés es signo de la autoridad con la que Josué debe continuar la labor del maestro.

llanura'?». Le contestó Moisés: «No temas, pues el Santo, bendito sea, me ha asegurado que Él pondrá paz en el reparto de la Tierra».

Continuó Moisés: «En todas las dudas que tengas, pregúntame a mí ahora, pues yo voy a ser tomado de junto a ti y no me volverás a ver». Josué le dijo: «Maestro mío, ¿cuándo te dejé yo, ni de día ni de noche, como para tener dudas?» (y, porque no preguntó nada, se le olvidaron tres mil *halakot* sobre asuntos leves y graves,[127] y Moisés lo llevó al *bet ha-midraš* de Yaabets)[128]. Le dijo: «Aunque no tienes nada que preguntar, ven, te voy a dar un beso». Fue hacia él, lo besó y lloró sobre su cuello y lo bendijo por segunda vez: «Que tengas paz, que mi pueblo Israel tenga paz. Nunca, en todos los días de mi vida, los israelitas encontraron en mí descanso de espíritu[129] por las reprimendas y correcciones con que los castigaba».

א"ל משה כל טעות שיש לך לשאול שאל ממני שאני ניטל ממך ולא תראני עוד. אמר לו רבי היכן הנחתיך בין ביום בין בלילה ויש לי לטעות. ועל שלא שאל נשתכחו ממנו ג' אלפים הלכות קלות וחמורות ובבית מדרשו של יעבץ הניחו. אמר לו אע"פי שאין לך טעות לשאול בא ואנשקך. הלך לו ונשקו ובכה על צוארו וברכו שנית. היותך בשלום וישראל עמי בשלום לא מצאו ממני קורת רוח מעולם כל ימי מפני אזהרות ותוכחות שהייתי מוכיהם.

§ 37.[130] Entonces comenzó Moisés a bendecir a todas las tribus una por una. Al advertir que el tiempo se le acababa, las incluyó a todas en una sola bendición y les dijo: «Mucho os he presionado con la Torah y con los mandamientos. Perdonadme». Le respondieron: «Maestro nuestro y señor nuestro, te está perdonado. También nosotros te hemos causado dolor y mucha pena. Perdónanos». Les dijo: «Os está perdonado».

[לז] התחיל לברך משה כל שבט ושבט בפני עצמו. כיון שראה שקצרה שעתו כללה כולם בברכה אחת וא"ל הרבה צערתי אתכ' בתורה ומצות מחלו לי. אמרו לו רבינו אדונינו מחול לך גם אנחנו הרב' הכעסנוך והרבינו עליך טורח מחול לנו. אמר להם מחול הוא לכם.

127. Cf. **bTem 16a**.

128. Entre paréntesis señalamos lo que parece inserción del narrador en la historia.

129. קורת רוח, expresión tomada de **mAbot 4,17**.

130. Comienza aquí el paralelo con *Midraš Peṭirat Mošeh* B.

§ **38.** [131]Vinieron y le dijeron: «Ha llegado la hora en que vas a ser sacado del mundo». «¡Bendito el Nombre del que vive y permanece para siempre! –dijo Moisés a Israel–. Os pido que cuando entréis en la Tierra de Israel os acordéis de mí y de mis huesos». Exclamaron: «¡Ay del hijo de Amram,[132] que corría delante de nosotros como un corcel[133] y sus huesos cayeron en el desierto!».[134]

[לח] באו ואמרו לו הגיע השעה שאתה נפטר מהעולם. ברוך שם חי וקיים לעולם אמר משה לישראל בבקשה מכם כשתכנסו לא״י זכרו אותי ואת עצמותי. ואמרו אוי לי לבן עמרם שרץ לפנינו כסוס ונפלו עצמותיו במדבר.

§ **39.** Le dijeron los israelitas: «Maestro nuestro, si tú te separas de nosotros, ¿qué será de nosotros?». Les contestó: «Cuando yo estaba con vosotros, el Santo, bendito sea, estaba con vosotros. Acaso diréis que todos los signos y prodigios que se hicieron por mi mano en mi favor se hicieron; pero no se hicieron sino en favor de vosotros y por Su misericordia y gracia.[135] Si vosotros confiáis en Él, Él hará vuestra voluntad». Comenzaron los israelitas a decir: «Yhwh es Dios, Yhwh es Dios,[136] *Yhwh es nuestro refugio y nuestra fuerza* (Sal 46,2)».

[לט] אמרו לו ישראל רבינו אם אתה פורש ממנו מה יהיה עלינו. א״ל כשהייתי עמכם היה הב״ה עמכם שמא תאמרו כל הנסים והנפלאות שנעשו על ידי בשבילי לא נעשו אלא בשבילכם ובעבור רחמיו וחסדיו ואם יהיה בטחונכ׳ עליו ודאי יעשה חפצכם. פתחו ישראל ואמרו ה׳ האלהים ה׳ הוא האלהים אלקים לנו מחסה ועוז. (תהלים מו 2).

§ **40.** Salió una *bat qol* y dijo: «Moisés, ¿por qué te angustias? Sólo te queda media hora de vida en este mundo».[137]

131. Texto B inserta: «Salió una *bat qol* y dijo: Sólo te queda media hora de vida en este mundo».
132. Cf. § 8.
133. Cf. § 4.
134. Texto B añade: «En aquella hora los israelitas lloraron amargamente».
135. Texto B añade: «como está dicho: *Bueno es Yhwh para con todos y su misericordia cubre sus obras* (Sal 145,9)».
136. Cf. Dt 4,35.39: יהוה הוא האלהים.
137. Texto B: «Sólo te queda un cuarto de hora en este mundo (...). Inmediatamente Moisés se puso en pie y bendijo a todo Israel y les dispuso bendiciones y amonestaciones separadamente».

Cuando Moisés contempló[138] el estado del mundo y las grandes salvaciones y consolaciones que el Santo, bendito sea, iba a hacer en favor de Israel, les dijo: «*¡Bendito Israel! ¿Quién como tú, pueblo salvado por Yhwh?* (Dt 33, 29)». Y se levantó y los bendijo con la paz, y alzó su voz y lloró y dijo a Israel: «En paz os veré en la resurrección de los muertos». Y se apartó de ellos con gran llanto, y también los israelitas lloraron y lanzaron grande y amargo grito.[139]

[מ] יצתה בת קול ואמרה משה למה תצער עצמך אין לך חיים בעולם אלא חצי שעה. כיון שראה מדת העולם ותשועות גדולות ונחמות שעתיד הקב"ה לעשות לישראל אמר להם **אשריך ישראל מי כמוך עם נושע בה'** (**דברים לג** 29) ועמד וברכן בשלום ונתן קולו ובכה ואמר לישראל בשלום אראה אתכם לתחיית המתים. ויצא מלפניהם בבכיה גדולה וגם ישראל בכו וזעקו גדולה ומרה.

§ **41**. Moisés se levantó, rasgó su camisa, tomó su manto y se tapó la cabeza como quien está de duelo; entró en su tienda y estuvo llorando y lamentándose: «¡Ay de mis pies, que no caminaron por la Tierra de Israel! ¡Ay de mis manos, que no han cosechado sus frutos! ¡Ay de mi paladar, que no ha gustado los frutos de la Tierra que mana leche y miel!».

[מא] עמד משה וקרע את חלוקו ונטל מעליו וכסה את ראשו כאבל ונכנס לתוך אהלו והיה בוכה ואומר אוי לרגלי שלא דרכו בארץ ישראל אוי לידי שלא קטפו מפירותיה אוי לגרוני שלא אכל מפירות ארץ זבח חלב ודבש:

§ **42**. Salió una *bat qol* y dijo a Moisés: «Sólo te queda minuto y medio». ¿Qué hizo Moisés? Tomó el rollo en su mano y escribió en él el Nombre inefable y el libro *del cántico*.[140]

[מב] יצתה בת קול ואמרה למשה אין לך חיים אלא רגע א' ומחצה. מה עשה משה. נטל את המגילה בידו וכתב עליה שם המפורש וספר הישר*. הלך משה לאהלו של יהושע למסור לו המגילה והיה יהושע

138. Texto B: + «en el espíritu santo».
139. Texto B: + «hasta que su llanto llegó a los más altos cielos».
140. El texto escribe *sefer ha-yašar*, «El libro del Justo»; mención de este libro en Jos 10,13 y 2 Sm 1,18; un midrás de este nombre, también llamado *Toledot Adam* (datado entre los ss. XI-XII) recuenta la historia desde Adam hasta la salida de Egipto. Pero muy probablemente estamos ante un error del copista: el texto debería decir ספר השיר, *sefer ha-šir* («libro del cántico») refiriéndose al cántico de Moisés en Dt 32,1-43, que, seguido de las bendiciones de Moisés (Dt 33), cierra la Torah que escribió Moisés.

יושב ודורש משה מעומד ויהושע מיושב וכפף קומתו והניח ידו על ראשו ונתעלמו עיניו של יהושע ולא היה רואהו כדי שימאוס נפשו:

* Preferimos corregir el texto por השיר

Fue Moisés a la tienda de Josué para entregarle el rollo.[141] Josué estaba sentado y enseñando. Moisés de pie y Josué sentado, Moisés en profunda inclinación con la mano sobre su cabeza, pero los ojos de Josué se habían nublado y no lo veía, como para despreciarse a sí mismo.[142]

[מג] הלכו ישראל אצל משה לאהלו ואמרו היכן מרע״ה. אמרו להם בפתחו של יהושע. הלכו ומצאוהו שהיה עומד ויהושע יושב. אמרו ליהושע מה עלה על לבך שמשה עומד ואתה יושב. כיון שראהו יהושע מעומד צעק ואמר רבי רבי אבי אבי למה אתה מעניש אותי. א״ל ישראל רבינו למדנו תורה. א״ל אין לי רשות. אמרו לו אין אנו מניחין אותך.

§ **43**. Vinieron los israelitas a la tienda de Moisés y preguntaron: «¿Dónde está nuestro maestro Moisés, sobre él la paz?». Les dijeron: «A la puerta de Josué». Fueron y encontraron a Moisés de pie y a Josué sentado. Dijeron a Josué: «¿Cómo se te ha ocurrido?[143] ¡Moisés de pie y tú sentado!». Cuando Josué lo vio de pie, gritó diciendo: «Maestro mío, maestro mío, padre mío, padre mío, ¿por qué tú me condenas?».[144] Los israelitas dijeron (a Moisés): «Maestro nuestro, enséñanos la Torah». Les dijo: «Ya no tengo autorización». Le dijeron: «Nosotros no te vamos a dejar».

[מד] יצתה בת קול ואמרה למדו מיהושע קבלו מיהושע יהושע יושב בראש. א״ר שמואל בר נחמני א״ר יונתן בשעה שאמר יהושע ברוך שבחר בצדיקים ניטלו אוצרות החכמה וניתנו ליהושע ולא היה יודע משה מה היה יהושע אומר. לאחר שעמד יהושע

§ **44**. Salió una *bat qol* y dijo: «Aprended de Josué, recibid de Josué, Josué se sienta a la cabeza». Decía R. Šemuel bar Naḥmani que R. Yonatán[145] decía: En la hora que Josué dijo: «Bendito sea el que

141. Texto B: + «y no terminó de escribir hasta que llegó la hora en que había de morir».

142. KUSHELEVSKY ofrece otra versión haciendo sujeto a Moisés: "[For God brought this to pass] in order that [Moses on account of this disrespectful treatment], might himself wish for death", más concorde con el paralelo de **Tanḥ** que citamos en comentario.

143. Lit., «¿Qué ha subido a tu corazón?».

144. Cf. § 26, notas 107 y 108 (p. 43).

145. Maestro de Šemuel Bar Naḥmani.

escoge a los justos», los tesoros de la sabiduría le fueron quitados a Moisés y entregados a Josué, y Moisés ya no entendía lo que Josué enseñaba. Cuando Josué se levantó, dijeron los israelitas a Moisés: «Complétanos la Torah». Les dijo: «No sé qué contestaros». Moisés había tropezado y caído.

אמרו ישראל סיים לנו את התורה. אמר להם איני יודע מה אשיב לכם. והיה משה נכשל ונופל.

§ **45**. En aquella hora dijo Moisés: «Señor del universo, hasta ahora he estado pidiendo vida, pero ahora, mira, mi alma está en tu mano». Cuando entregó su alma a la muerte, dijo el Santo, bendito sea, a Gabriel:[146] «Sal y tráeme el alma de Moisés». Dijo Gabriel: «¿Cómo podría yo tener la arrogancia de presentarme ante aquél que vale como seiscientas mil personas[147] y tomar su alma?». Después el Santo, bendito sea, habló del mismo modo a Miguel, y Miguel se echó a llorar. Se dirigió a Zagziel del mismo modo, y éste contestó ante Él: «Señor del universo, yo fui su maestro y él mi discípulo,[148] ¿cómo voy yo a tomar su alma?».

[מה] באותה שעה אמר משה רבש״ע עד עכשו בקשתי חיים ועכשו הרי נפשי נתונ׳ בידך. כיון שהשל׳ נפשו למות אמר הקב״ה למיכאל* צא והבא לי נשמתו של משה. אמר גבריאל מי ששקול כנגד ששים רבוא היאך אני יכול ליטול נשמתו ולהיות חצוף לילך לפניו. אחר כך אמר למיכאל כך ובכה מיכאל. אמר לו לזנגזיאל כך אמר לפניו רבש״ע אני הייתי רבו והוא תלמידי היאך אטול נשמתו.

* Debe corregirse por «Gabriel»: גבריאל.

§ **46**. Entonces se dirigió a Sammael.[149] Con rapidez Sammael salió con gran alegría de la presencia del Santo, bendito sea, armado con espada y ceñido de crueldad, y fue donde Moisés con grande rabia. Cuando Moisés fue avistado por Sammael, Moisés se

[מו] ואחר כך אמר לס״מ מיד יצא ס״מ בשמחה גדול׳ מלפני הקב״ה ולבש חרבו וחגר אכזריות והלך לפני משה בחמ׳ גדול׳. כיון שנסתכל בו והוא היה כותב שם המפורש וזקוקין של אש יוצאים מפיו וזוהר פניו ומאמרו מבהיקים כשמש ודומה למלאך ה׳ צבאות היה ס״מ מתיירא ומזדעזע ממנו.

146. El texto hebreo dice por error «Miguel». Texto B: «Gabriel».

147. El número de los israelitas que salieron de Egipto, al frente de los cuales iba Moisés. Cf. **Mek a Ex 15,1** (inicio): "Moisés valía tanto como Israel e Israel valía tanto como Moisés cuando entonaron la canción". Cf. **CantR a Ex 15,1**.

148. Cf. § 15, nota 83; § 26, p. 44.

149. Véase en comentario a §§ 46-47 (p. 101) la amplia inserción del texto B.

וכשנטל עיניו משה וראה ס"מ ומשה ידע שבא אליו ס"מ ומיד חשבו עיניו של ס"מ מזיו פניו של משה ונפל על פניו ואחזתו כחיל יולדה ולא יכול לדבר בפיו.

encontraba escribiendo el Nombre inefable, llamas de fuego salían de su boca, su rostro brillaba y sus palabras resplandecían como el sol: se parecía a un ángel de Yhwh Sebaot. Sammael se llenó de miedo y se echó a temblar.[150] Cuando Moisés alzó la vista y vio a Sammael, supo que venía por él. Inmediatamente los ojos de Sammael se eclipsaron ante el resplandor del rostro de Moisés, cayó sobre su rostro y le agarró un dolor como de parturienta, tal que no podía hablar con su boca.

[מז] עד שפתח פיו משה תחלה ואמר ס"מ ס"מ **אין שלום אמר ה' לרשעים** (ישעיהו נז 21). למה אתה עומד לנגדי. א"ל הגיע זמנך ליפטר מן העולם תן לי נשמתך. א"ל מי שלחך אלי. א"ל מי שברא העולם והנשמות ובידי נמסרו כל הנשמות משנברא העולם והנשמו' בידי. א"ל משה יש בי כח מכל באי עולם שיצאתי מהול ממעי אמי וביום שנולדתי דברתי לאבי ולאמי ואפילו משדי אמי לא ינקתי אלא בשכר ובשלש שנים נתנבאתי והייתי עתיד לקבל את התורה ונטלתי כתר פרעה מעל ראשו ובן פ' שנה עשיתי אותות ומופתים והוצאתי ששים רבוא ממצרים וקרעתי להם הים י"ב שבילין והפכתי מי מרה למתוק ופסלתי לוחות אבנים ועליתי לרקיע והייתי תופס' במלחמ' וקבלתי חציהם בענן ודברתי פנים בפנים עם אדון העולם

§ 47. Moisés fue el primero en abrir la boca y dijo: «Sammael, Sammael, *no hay paz, dice mi Dios, para los malvados* (Is 57,21). ¿Por qué estás contra mí?». Le contestó: «Ha llegado tu tiempo de salir de este mundo. Entrégame tu alma». Le dijo: «¿Quién te ha enviado a mí?». Le contestó: «Quien creó el mundo y las almas. Todas la almas me han sido entregadas desde la creación del mundo y están en mi mano». Dijo Moisés: «Yo tengo más fuerza que todos los que vienen al mundo, pues ya salí circuncidado del vientre de mi madre;[151] el día que nací ya hablé a mi padre y a mi madre;[152] del pecho de mi madre mamé como por salario,[153] cuando tenía tres años ya

150. Texto B: + «Dijo en su corazón: Verdad dijeron los ángeles que no pudieron tomar su alma».

151. **ARN A 2,10**; **ExR 1,20.24**. Cf. **LAB 9,15**; **TgPsJ Ex 2,2** (cf. nota en la versión española de TgEx). Según **PRE 48,3**, fue circuncidado a los 8 días. Texto B: + «yo soy hijo de Amram».

152. **DtR 11,9; bSot 12b**.

153. Su madre fue contratada por la hija del faraón para dar el pecho a Moisés: **Jub 47,5**. Cf. **ExR 1,25**.

ונצחתי פמליא של מעל' וקבלתי התורה וכתבתי מפי הקב"ה תרי"ג מצות ולמדתים את בני ישראל ועשיתי מלחמה עם ב' מלכים ילידי הענק שבשעת המבול לא הגיע המים לקרסוליהם והעמדתי חמה ולבנה ברום עולם וכי יש בעולם גבור כמוני רשע ברח מלפני. כיון שראה ס"מ נשמתו של משה תמה וברה ברח.

profeticé;[154] estuve destinado a recibir la Torah; quité la corona de la cabeza del Faraón;[155] a los ochenta años hice signos y milagros; saqué a seiscientas mil personas de Egipto; rompí para ellos el mar en doce sendas;[156] convertí las aguas amargas en dulces;[157] esculpí las tablas de piedra; subí al cielo[158] y experimenté la guerra;[159] recibí sus flechas en la nube; hablé cara a cara con el Señor del mundo;[160] vencí a la familia celestial; recibí la Torah, escribí de la boca del Santo, bendito sea, los seiscientos trece preceptos y los enseñé a los hijos de Israel; hice la guerra con dos reyes descendientes de Anaq a los que las aguas del diluvio no llegaban ni a sus tobillos:[161] detuve el sol y la luna en lo alto del mundo.[162] ¿Hay en el mundo un héroe como yo? Malvado, ¡escapa

154. **DtR 11,9**.
155. JOSEFO, **Ant. II,9.7**; cf. ***La crónica de Moisés* 6** (trad. de L. GIRÓN); ***Sefer ha-yašar*** LXX, 2-3 (M.M. NOAH, p. 205).
156. **PRE 42,2**: "El día en que se juntaron las aguas (cf. Gn 1,9), en ese mismo día se helaron y se formaron doce senderos correspondientes a las doce tribus; entre sendero y sendero había paredes de agua y ventanales, de forma que unos veían a otros y todos veían caminar por delante al Santo, bendito sea …"
157. Ex 15,23-25.
158. Ex 19,20; 20,21. Texto B: + «y vi la *Šekinah*». **TgPsJ Ex 20,21**: "… Moisés se acercó hacia la niebla donde estaba la Gloria de la *Šekinah* de Yhwh".
159. Se refiere al enfrentamiento con los ángeles: **PRE 46,3.5**.
160. Ex 33,11; Nm 12,8; Dt 34,10.
161. Se refiere a Og y Siḥón (así explícitamente **DtR 11,10**). "Cuando vio Moisés que Siḥón y Og habían caído ante él, pidió al Santo, bendito sea, que le permitiese entrar en la Tierra" (**SDt 26**). Según **TgPsJ Gn 14,13 y Dt 3,11**, Og se salvó del diluvio. Anaq es tenido por el padre de los gigantes: Nm 13,33; Dt 2,10-11. Cf. **SNm 101**.
162. La tradición está recogida en **TgPsJ Dt 2,25**: "Hoy he comenzado a poner tu temor y tu miedo delante de todos los pueblos que están debajo de los cielos, que oirán la fama de tus méritos –cómo se pararon el sol y la luna por causa tuya y cesaron de decir el cántico por espacio de día y medio y estuvieron en su morada hasta que entablé batalla con Siḥón …". La historia original del milagro es referida a Josué, aunque más bien parece ser un canto antiguo: *El día en que Yhwh entregó a los amorreos en las manos de los israelitas, Josué habló a Yhwh y dijo a la vista de Israel: «Sol, detente en Gabaón; y tú, luna, en el valle de Ayyalón». Y el sol se detuvo y la luna*

de mi presencia!». Cuando Sammael vio el alma de Moisés íntegra y resplandeciente, huyó.

[מח] יצתה בת קול ואמרה אל תצער עצמך אין לך חיים בעולם אלא חצי רגע. חזר ס"מ לפני הקב"ה וא"ל היכן מה הבאת. א"ל איני יכול. א"ל צא והביא נשמתו. קצף עליו הקב"ה. א"ל ס"מ רבש"ע אם אתה אומר לי להפוך גיהנם ממדרג' עליונה לתחתונ' יכול אני להפוך ובן עמרם איני יכול לו ואפילו לעמוד לפניו שאור פניו דומה לשרפי מרכבה וזקוקין יוצאים מפיו של אש ולא עוד אלא שזיו פניו דומה לשכינה בבקשה ממך אל תשלחני אליו שאיני יכול לעמוד בפניו. א"ל הקב"ה רשע מאש של יהנם נבראת ולאש של גיהנם אתה חוזר בתחלה יצתה מלפני בשמחה גדולה וכשראית גדולתו חזרת בבושתך לך והביא נשמתו.

§ **48**. Salió una bat *qol* y dijo: «No te angusties más, te queda sólo medio minuto[163] de vida». Volvió Sammael ante el Santo, bendito sea[164], y éste le dijo: «¿De dónde vienes? ¿Qué traes?». Le contestó: «No puedo nada».[165] Le dijo: «¡Sal y tráeme su alma!». El Santo, bendito sea, se irritó con él. Le dijo Sammael: «Señor del universo, si tú me mandas volver del revés el infierno, desde el escalón más alto al más bajo, yo puedo hacerlo. Pero con el hijo de Amram no puedo, ni siquiera mantenerme en pie ante él, pues la luz de su rostro se asemeja a los serafines de la *Merkabah*, y son chispas de fuego las que salen de su boca; además el resplandor de su rostro se asemeja a la *Šekinah*. Te ruego, pues, no me envíes donde él, ya que no puedo ni mantenerme en pie en su presencia». Le dijo el Santo, bendito sea: «Malvado, del fuego del infierno fuiste creado y al fuego del infierno volverás. Al principio saliste de mi presencia con gran alegría y cuando has visto la grandeza de Moisés vuelves avergonzado.[166]
¡Ve y tráeme su alma!».

se paró hasta que el pueblo se hubo vengado de sus enemigos. ¿Acaso no está escrito en el libro del Justo: «Y paróse el sol en medio del cielo y no se dio prisa a ponerse casi un día entero»? No hubo cono aquel día ni antes de él ni después de él cuando Yhwh atendió a la voz de un hombre, pues Yhwh peleaba por Israel (Jos 10,12-14).

163. Texto B: «un minuto». Los §§ 48-49 están más abreviados en **CrYeraḥmeel L (13)**.

164. Texto B: «ante el Todopoderoso –*Geburah*».

165. Frente a Moisés.

166. Texto B: «Es patente y manifesto ante Mí que has de volver a pedirlo con mucha educación –*bebaqašah*».

[מט] מה עשה ס"מ באותה שעה שלף חרבו מתערה ובא לפני משה ע"ה. מיד עמד משה עליו בחמה וקצף ונטל מטה האלהים בידו שהיה חקוק בו שם המפורש ופגע בס"מ וגער בו בגערה עד שרץ וברח מלפניו ורץ משה אחריו בשם המפורש ותפס אותו והכה אותו במטה ועור פניו בקרני הודו. עדין עלתה לו חצי רגע:

§ **49**. ¿Qué hizo Sammael? En aquella hora desenvainó su espada y fue donde Moisés –la paz sea con él. Inmediatamente se levantó Moisés contra él con rabia y con ira, tomó la vara de Dios en su mano donde estaba grabado el Nombre inefable y golpeó a Sammael y lo castigó duramente hasta que huyó de su presencia. Moisés corrió tras él con el Nombre inefable, lo atrapó y lo golpeó con la vara, mientras su rostro deslumbraba con los rayos de su gloria. Había pasado medio minuto.

[IV. ÚILTIMA *BAT QOL*. MUERTE Y SEPULTURA DE MOISÉS]

§ **50**. Salió una *bat qol* y le dijo: «Moisés, ¿por qué te angustias? Ha llegado el momento final. Moisés se puso en pie en oración y dijo: «Señor del universo, recuerda que te me revelaste en la zarza y recuerda que me subiste al cielo y estuve sin comer ni beber cuarenta días y cuarenta noches. Tú, *el Clemente y Misericordioso,*[167] no me entregues en manos de Sammael». Respondió el Santo, bendito sea: «He recibido tu oración. Yo mismo cuidaré de ti y te daré sepultura».[168]

Inmediatamente (Moisés) se purificó a sí mismo como los serafines de la gloria, y El Santo, bendito sea, se reveló desde los más altos cielos para recibir el alma de Moisés –sobre él paz. Cuando Moisés vio al Santo, bendito sea, cayó sobre su rostro y dijo: «Señor del universo, con la medida de la gracia y de la misericordia creaste tu mundo, y con la medida de la misericordia conduces a tu mundo; condúceme a mí[169] con la medida de la misericordia».

[נ] יצתה בת קול ואמרה לו משה למה תצער עצמך הגיע סוף השעה. עמד משה בתפלה ואמר רבש״ע זכור שנגלת עלי בסנה זכור שהעלת אותי לרקיע ולא אכלתי ושתיתי מ׳ יום ומ׳ לילה. **רחום וחנון** אל תמסרני ביד ס״מ. אמר הב״ה קבלתי תפלתך אני בעצמי אטפל ואקבור אותך. מיד קדש עצמו כשרפי ההוד ונגל׳ הב״ה משמי שמים העליונים לקבל נשמתו של משה ע״ה. כיון שראה משה להקב״ה נפל על פניו ואמר רבש״ע במדת חסד ומדת רחמים בראת עולמך ובמדת רחמים אתה מנהג עולמך מנהג עמי במדת רחמים.

§ **51**. Le contestó el Santo, bendito sea:[170] «Yo iré delante de ti». Tres ángeles fueron con el Santo, bendito sea: Miguel, Zagziel y Gabriel. Gabriel preparó el lecho de Moisés, Miguel extendió un vestido de púrpura y Zagziel dispuso vestiduras de lana a la

[נא] א״ל הקב״ה אני אלך לפניך. וג׳ מלאכ׳ באו עם הקב״ה וזה המה מיכאל וזגזיאל וגבריאל. גבריאל הציע מטתו של משה מיכאל פירס מילת ארגמן וזגזיאל הניח כלי מילת מראשותיו. זגזיאל במרגלותיו מיכאל מימינו וגבריאל משמאלו. אמר לו הקב״ה הקף שתי ידיך והניח על החזה העצים שני עיניך. ועשה כן.

167. Ex 34,6.
168. El texto bíblico dice: *y lo enterró en valle de Moab, frente a Bet Pe'or* (Dt 34,6), donde se supone que Dios es el sujeto implícito (cf. Comentario).
169. El texto puede leerse también como «conduce a mi pueblo».
170. Texto B inserta: "Salió una *bat qol* y dijo: «Moisés, no temas, porque tu justicia irá delante de ti, la Gloria de Yhwh te acompañará»".

cabecera del lecho. Zagziel a los pies del lecho, Miguel a su derecha y Gabriel a su izquierda. Le dijo el Santo, bendito sea: «Cruza tus manos y ponlas sobre el pecho; cierra tus ojos». Y así lo hizo.[171]

§ **52**. Inmediatamente el Santo, bendito sea, llamó a su alma y le dijo: «Hija mía, Yo decreté que moraras en el cuerpo de este justo ciento veinte años. No tardes, hija mía».[172] El alma respondió: «Tú eres el que sabes y el Dios de los espíritus, en tu mano está el alma de todo viviente. Tú me creaste y me pusiste en el cuerpo de este justo, ¿hay en el mundo un cuerpo tan inocente, puro y santo como éste, en el que nunca se vieron moscas ni putrefacción?[173] Prefiero estar aquí».

Le dijo el Santo, bendito sea: «No tardes, hija mía. Tu fin ha llegado. Te voy a sentar conmigo en el trono de mi gloria,[174] junto al

[נב] מיד קרא הקב״ה לנשמתו א״ל בתי מאה ועשרים שנה קצבתי לך שנותיך להיות בגוף הצדיק ואל תאחרי בתי. השיבה הנפש אתה הוא היודע ואלהי הרוחות ובידך נפש כל חי. בראתני ונתתני להיות בגופו של צדיק זה וכי יש גוף נקי וטהור וקדוש בעולם כמו זה שמעולם לא נראו זבובים עליו ולא היה צר עין מעולם טוב לי לשבת כאן.

אמר לה הקב״ה אל תאחרי בתי הגיע קצך ואשיבך עמי בכסא כבודי אצל כסא שרפים ואופנים ומלאכים וכרובים. אמר׳ לפניו רבש״ע טוב לי לשבת בזה הצדיק כי המלאכים עזא ועזאל ירדו מן השמים והשחיתו דרכ׳ ומשה זה שהיה בשר ודם מיום שנגלית עליו בסנה פירש מאשתו. הניחני במקומי.

171. Tal fue la muerte de Aarón según la tradición (**SDt 339**; **ARN A 12,4**; **ARN B 25,2**. Cf. textos en comentario), la misma muerte que Moisés deseó (cf. Dt 32,50).

172. Texto B: + «pues ha llegado el momento de tu partida».

173. Lit., «estrecho de ojo» (צר עין), que algunos interpretan como equivalente a *'ayin ra'*, «mezquino, tacaño o envidioso»; de aquí que la ausencia de moscas y tacañería se pueda interpretar como imagen de limpieza y hospitalidad (KUSHELEVSKY parafrasea: "... on which no fly has ever rested, nor has it ever been an inhospitable dwelling"); pero cf. nuestro comentario. Sería posible corregir צר עין por צרעת «lepra» (como hace GINZBERG; pero Ex 4,6 y **bŠab 97a** sí mencionan lepra o putrefacción en Moisés). En **bBB 17a** se cuenta a Moisés entre las 7 personas donde no tuvo dominio ni gusano ni lombriz (רמה ותולעה); en **DtR 11,10**: «... donde no se percibe en él «hediondez (רוח סרוחה) ni gusano ni lombriz».

174. Texto B: + Cuando Moisés vio que su alma se resistía a salir, le dijo: «Dirás que el ángel de la muerte dominará». Le contestó: «No lo permitirá el Santo, bendito sea», pues *libraste mi alma de la muerte* (Sal 116,8; cf. Sal 56,13). «Dirás que seré arrojada al infierno». Le contestó: ... *y mis pies de la caída* (id.). Le preguntó: ¿A dónde vas a ir? Le contestó: *Caminaré en la presencia de Yhwh en las tierras de la vida*

trono de serafines, *ofanim*, ángeles y querubines». Dijo ella delante de Él: «Señor del universo, prefiero quedarme en este justo, pues los ángeles 'Uza y 'Azael bajaron de los cielos y corrompieron sus caminos, pero este Moisés, siendo de carne y sangre, desde el día en que te revelaste a él en la zarza se mantuvo alejado de su mujer. Déjame en mi sitio».

§ **53**. Cuando el Santo, bendito sea, vio esto, tomó el alma con un beso de su boca, como está dicho: *Murió, pues, allí Moisés, servidor de Yhwh, [en el país de Moab,] por boca de Yhwh* (Dt 34,5).

[נג] כיון שראה הקב"ה כך נטל נשמתו בנשיקת פה שנאמר וימת שם משה עבד־יהוה [בארץ מואב] על־פי יהוה (דברים לד 5).

§ **54**. Lloró sobre él el Santo, bendito sea, y comenzó las lamentaciones, según está dicho: *¿Quién contra los perversos se alzará a favor mío? ¿Quién por Mí se mantendrá entre los malhechores?* (Sal 94,16).[175] Y los ángeles servidores lloraban y clamaban: *¿Dónde se encuentra la Sabiduría?* (Job 28,12). Y los cielos decían: *Ha desaparecido de la tierra el piadoso* (Miq 7,2). Y la tierra decía: *No existe hombre recto en la humanidad* (*ibid.*).[176] Y las estrellas y las constelaciones, el sol y la luna, y el espíritu santo dicen: *No se levantó más en Israel profeta cual Moisés* (Dt 34,10).

[נד] בכה עליו הקב"ה והתחיל לקונן עליו שנאמר מי יקום לי עם מרעים מי יתיצב לי עם־פועלי און (תהלים צד 16). ומ"ה בוכים ואומרים והחכמה מאין תמצא (איוב כח 12). והשמים אמרו אבד חסיד מן־הארץ (מיכה ז 2). והארץ אומרת וישר באדם אין (מיכה ז 2). וכוכבים ומזלות וחמה ולבנה ורוח הקדש אומרים ולא־קם נביא עוד בישראל כמשה (דברים לד 10).

§ **55**. Josué buscó a Moisés y no lo encontró.

Se presentó Metatrón ante el Santo, bendito sea, y dijo: «Señor del universo, Moisés fue tuyo en

[נה] ויהושע בקש משה ולא מצאו.

בא מטטרון לפני הקב"ה ואמר רבש"ע משה בחייו שלך ובמותו שלך. אמר הקב"ה למ"ט אני לא על משה בלבד אני מתנחם אלא

(Sal 116,9). Cuando la escuchó hablar así, le dio la autorización y le dijo: *Vuelve, alma mía a tu descanso [porque Yhwh te ha premiado]* (Sal 116,7)."

175. Texto B: + «Cuando vengan pecadores ¿quién pedirá para ellos misericordia?».

176. Texto B: + «Y todos los órdenes de la creación lloraban y decían: El justo perece, *y nadie presta atención* (Jr 12,11). Y Josué abrazaba a Moisés y gritaba llorando: *Salva, Yhwh, que se acabó el piadoso* (Sal 12,2). Y todo Israel lloraba diciendo: *Dio cumplimiento a la justicia de Yhwh* (Dt 33,21)».

עליו ועל ישראל שהרב׳ פעמים הכעיסוני והתפלל עליהם ומרצה אותי שנאמר צדקת יהוה עשה ומשפטיו עם־ישראל (דברים לג, 21) ואמר לפני כי יהוה הוא אלהים בשמים ממעל ועל־הארץ מתחת (יהושע ב 11) גם אני מעיד עליו ולא־קם נביא עוד בישראל כמשה אשר ידעו יהוה פנים אל־פנים וכו לכל־האותות והמופתים ... היד החזקה ... אשר עשה משה לעיני כל־ישראל (דברים לד 10-12).

su vida y es tuyo en su muerte». Contestó el Santo, bendito sea, a Metatrón: «Yo me compadezco no sólo de Moisés, sino también de Israel, pues cuantas veces ellos me irritaron, él rezó por ellos y me aplacó, como está dicho: *Dio cumplimiento a la justicia de Yhwh y a sus juicios para con Israel* (Dt 33,21), y porque dijo delante de Mí: *Porque Yhwh es Dios en el cielo por arriba y en la tierra por abajo* (Jos 2,11), Yo testifico en favor suyo[177]: *No se levantó nunca en Israel profeta cual Moisés, a quien conoció Yhwh cara a cara en signos y prodigios … en razón de toda la fuerte mano [y todo el gran terror] que Moisés desplegó a los ojos del todo Israel* (Dt 34,10-12).

Final de la Muerte de Moisés, nuestro Maestro –la paz sea con él.
תם מדרש פטירת מרע״ה.

177. Texto B: «El Santo, bendito sea, elogiaba a Moisés diciendo (...) Tú dijiste de Mí que tampoco había otro [como Yo], como está escrito: *Se te ha mostrado para que sepas que Yhwh es Dios y no hay otro fuera de Él* (Dt 4,35); por eso Yo he escrito en mi Torah: *Nunca hubo en Israel profeta como Moisés* (Dt 34,10)».

COMENTARIO

[I. PÓRTICO]

§ **1**. *Moisés, hombre de Dios*

Se trata de una interpretación homilética de Dt 33,1[178] a cargo de dos rabinos amoraítas, quienes resaltan la personalidad de Moisés en sus aspectos divino y humano; quedan así enmarcadas las justas demandas de Moisés, su libertad para rebelarse y discutir con Dios, y su exaltación final: Moisés es humano, *un hombre,* pero *un hombre de Dios.*[179] La humanidad de Moisés se mostró cuando, después de matar al egipcio, se llenó de miedo y huyó del Faraón (Ex 2,14-15); su rasgo divino, cuando, a la llamada de Dios, subió a la montaña sagrada (Ex 19,20). Moisés es, pues, tan fuerte como la soga de tres cuerdas trenzadas, proverbio sapiencial (Qoh 4,12) que en la literatura rabínica expresa la fuerza del que se comporta conforme a la Biblia, la Misnah y las buenas costumbres (**mQid 1,10**; cf. **PRE 15,3 final; 28,2**).

Este pórtico se puede leer más enriquecido en **DtR 11,4**, posible fuente de nuestro midrás: "... cuando fue arrojado al río de Egipto era humano, cuando el río se convirtió en sangre (por la intervención de Moisés), era divino. Otra interpretación: Cuando huyó de delante del Faraón, era humano; cuando arrojó al Faraón al mar, era divino. Otra interpretación: Cuando subió al cielo, era un hombre. ¿En qué sentido era un hombre? En comparación con los ángeles, que son todo fuego. Pero cuando bajó del cielo, era divino. ¿De dónde se deduce? De la Escritura que dice: *He aquí que la piel de su rostro resplandecía tanto que temieron acercársele* (Dt 34,30). Otra interpretación: Cuando subió al cielo, era divino: como los ángeles no comen ni beben, tampoco él comía ni

178. **SDt 342 a Dt 33,1**: "Éste es uno de los diez que son llamados «hombre de Dios»": Moisés (Sal 90,1), Elqanah (1Sm 2,27); Samuel (1 Sm 9,6); David (Neh 12,24), Semaya (1 Re 12,22), Iddo (1 Re 13,1), Elías (2 Re 1,13), Eliseo (2 Re 4,9), Miqueas (1 Re 20,28), Amós (2 Cr 25,7). Listas paralelas en **ARN B 37,4**; **Midrás Tannaim** *ad loc*, **SOR 20.29**.

179. Cf. FLUSSER, D., "Moses, the man of God" (hebrew), *Maḥanayim* 115 (1967) 16-19. Muy interesante el capítulo dedicado al *Man of God* (un tratamiento en un más amplio contexto) en la tesis doctoral de MATHEWS, DANNY: *Major Motifs in the Pentateuchal Portrayal of Moses as a Proto-Monarch*, pp. 183-188, Union Theological Seminary and Presbyterian School of Christian Education. Richmond, Virginia 2008.

bebía. ¿De dónde se deduce esto? De lo que está escrito: *Moisés permaneció allí cuarenta días y cuarenta noches, sin comer pan ni beber agua* (Dt 34,28). Otra interpretación: ¿Qué significa *hombre de Dios*? Dijo R. Abín: De la mitad hacia abajo era humano, de la mitad hacia arriba era divino."

Es notable que mientras LXX y Vulgata traducen literalmente ἄνθρωπος τοῦ θεοῦ y *homo Dei,* los targumim arameos (N, PsJ, Onq y Fragmentarios) traducen *profeta de Dios*, como para evitar aplicar a Moisés la divinidad, como en el mundo pagano llegó a ser costumbre aplicarla a personajes extraordinarios, e incluso en el mundo cristiano, donde Jesús es el hombre-Dios: *verus Deus et verus homo.* La divinidad exclusiva de Dios está afirmada en Dt 4,39: *Yhwh es el único Dios allá arriba en el cielo y aquí abajo en la tierra; no hay otro.*[180]

§ **2**. *Moisés y el féretro de José*

Es una escena introductoria que puede titularse «midrás del féretro de José». El objetivo es explicar por qué Dios se *ocupó* personalmente de la sepultura de Moisés (cf. §§ 50-51 y comentario; Dt 34,6). La razón es simple: porque Moisés se *ocupó* personalmente de llevar los restos del patriarca José a su sepultura definitiva en la Tierra de Israel (Ex 13,19), cumpliendo así el juramento que José les hizo jurar a los israelitas (Gn 50,5-6);[181] efectivamente José fue sepultado en Sikem (Jos 24,32). Esta tradición aparece en textos tannaíticos: **mSot 1,9**; **tSot 4,8**.[182] Reproduzco el texto de **Mek a Ex 13,19**: "Para enseñarte que con la

180. Cf. GOLDIN, "The Death of Moses: An exercise in Midrashic Transposition", p. 184, n. 48.

181. La salida de Egipto con el féretro de José está narrada sucintamente en la ***Crónica de Moisés* 19**: "Moisés se dirigió rápidamente a Sijor y desenterró el féretro de José y lo llevó con él; y los jefes de las tribus de Israel tomaron cada uno el ataúd de su patriarca". Pero una variante (que puede ser una nota posterior) modifica el comienzo de la siguiente manera: "Al salir de Egipto recordó Israel el juramento que les había exigido José cuando dijo: «Dios ciertamente os visitará; entonces llevaos de aquí mis huesos con vosotros» [Gn 50,25]. Moisés escribió el Nombre de Dios y lo echó al Nilo y escribió *'aly šwr 'aly šwr* [Gn 49,22: «sobre el muro, sobre el muro»] y emergió el féretro y tomaron con ellos el féretro de José ..." (cf. L. GIRÓN, "La crónica de Moisés" en *Sefarad* XLVIII 2, [1988], p. 422).

182. Cf. también O. RUIZ MORELL, "Recreaciones bíblicas en Tosefta Sotah", MEAH , sección hebreo, 47 (1998) 5-18: a popósito de Moisés ante la tumba de José (pp. 16-17).

medida que mide el hombre le miden a él [...] ¿Quién puede ser para nosotros más grande que José, de quien no se ocupó otro que Moisés? Moisés tuvo el privilegio de ocuparse de los huesos de José porque no había en Israel ninguno más grande que él [...] ¿Quién puede ser para nosotros más grande que Moisés, de quien no se ocupó otro que el Santo, bendito sea, ya que se dice: *Y lo enterró en el valle* (Dt 34,6)?" El midrás empieza, pues, como acabará: con dos relatos que temáticamente se corresponden, y dejan ver la importancia que el rabinismo concede a la última obra de misericordia, enterrar a los muertos: "Bendito sea el Nombre del Señor del mundo que nos enseñó su recto camino [...] Nos enseñó a enterrar a los muertos cuando Moisés, pues se apareció junto a él en su Palabra acompañado de bandadas de ángeles servidores ..." (**TgPsJ Dt 34,6**)[183]; "¿De dónde hemos aprendido nosotros las obras de misericordia para con los difuntos? Del Santo, bendito sea: porque Él hizo una obra de misericordia con su siervo Moisés sepultándolo con su propia mano. Si esto no estuviera escrito, nos sería imposible decirlo; pero está escrito que *lo enterró en el valle* (Dt 34,6)" (**PRE 17,1**).[184]

En este primer relato, que cronológicamente se sitúa en los días de la partida de los israelitas de Egipto, cuando todos andan *ocupados* en recoger cuanto de valor pudieran llevarse (Ex 12,35-36), se enfatiza la *ocupación* de Moisés en cumplir el juramento que José les hizo hacer. Lo que une a todos los personajes de la historia (Dios, Moisés, los israelitas, Seraḥ) es que todos están *ocupados* en algo (adviértase el uso del verbo hebreo עסק, «ocuparse»); les diferencia la prioridad que cada uno da a su ocupación. También esta tradición es tannaíta, como muestra **Mek a Ex 13,19**: "*Moisés tomó consigo los huesos de José* (Ex 13,19). Para dar a conocer la sabiduría y piedad de Moisés, porque todos los

183. Cf. *infra*, el cortejo fúnebre de Moisés (comentario a §§ 50ss).

184. Cf. comentario a §§ 50-51. "The portrayal of God personally «burying» Moses is equally as powerful. The stark anthropomorphism of this verse is striking in the way it invites us to identify with this sacred act of kindness. The *mitzvah* of burying the dead, in fact, comes from this text. According to *halacha*, burial of the dead is one of our most sacred *mitzvot* in Jewish tradition, since it is performed with the knowledge that it cannot possibly be «repaid by the recipient» (RABBI BRANT ROSEN, *God's Kiss*: http://rabbibrant.com/2007/10/05/gods-kiss/).

israelitas estaban ocupados con el botín, mientras Moisés estaba ocupado con el deber de rescatar los huesos de José. De él dice la Escritura: *El sabio de corazón acoge los preceptos* (Prov 10,8)" (cf. **ExR 20,17**).

La leyenda de Seraḥ, *ocupada* en ayudar a Moisés a encontrar el féretro de José en las profundidades del Nilo, tiene su explicación. Seraḥ, hija de Ašer, sólo es nombrada en la Biblia dos veces: en Gn 46,17 entre los israelitas que se establecieron en Egipto, y en Nm 26,46 entre los israelitas que salieron de Egipto ¡cuatrocientos años después! Seraḥ es, pues, el vínculo que enlaza a los que bajaron a Egipto con la generación que se estableció en la Tierra de Israel; así **SOR 9.9**: "Seraḥ, la hija de Ašer, formaba parte de los que llegaron a la Tierra y era de los que habían bajado a Egipto". La leyenda sobre la intervención de Seraḥ en la invención del féretro de José se encuentra también en **Mek a Ex 13,19**: "¿Cómo sabía Moisés dónde estaba enterrado José? Se dice que Seraḥ, hija de Ašer, había sobrevivido de aquella generación y ella le mostró a Moisés la tumba de José. Le dijo: «Los egipcios le hicieron un arca de metal y lo sumergieron en el Nilo». Fue Moisés y se puso junto al Nilo, tomó una tablilla de oro y grabó en ella el Nombre Inefable y la arrojó dentro y dijo en voz alta: «José, hijo de Jacob, ha llegado el tiempo de cumplir el juramento que juró el Santo, bendito sea, a nuestro padre Abraham: que redimiría a sus hijos. Si subes, bien; y si no, libres estamos nosotros de tu juramento». En el acto flotó el ataúd de José y Moisés lo cogió ...". En **DtR 11,7** se lee un texto similar al de nuestro midrás (aunque menos cuidado), con la diferencia del nombre de Segulah en lugar de Seraḥ[185]; cf. también **bSot 13a-b.**[186]

La versión de **TgPsJ Ex 13,19** recoge la tradición tannaítica: "Y Moisés subió del medio del Nilo el arca de los huesos de José y los llevó con él, porque había hecho jurar a los hijos de Israel diciendo: Yhwh se ha de acordar de vosotros y subiréis mis huesos de aquí con vosotros". La versión de **CrYeraḥmeel LI, 1-3** (GASTER, pp. 141-42) repite la tradición midrásica conocida en *Peṭirat Mošeh* y **DtR 11,7**.

185. Cf. texto en Antología.

186. Cf. M. REMAUD, *Évangile et tradition rabbinique*, Bruxelles (Lessius) 2003, 59-63. La tradición sobre el sarcófago de José se encuentra, islamizada, en *el Relato de José de los Qisas al-Anbiya'* de AL-KISA'I; también aquí una mujer, Sarit, hija de Bašir, hijo de Jacob, interviene para encontrar el féretro.

[II. LA IRREVOCABLE DECISIÓN DIVINA: MOISÉS MORIRÁ SIN ENTRAR EN LA TIERRA LA ARGUMENTACIÓN DE MOISÉS ANTE DIOS. JOSUÉ, EL SUCESOR]

§ **3**. *Moisés contesta la decisión divina. La elección de Josué y la reacción de Moisés*[187]

Dios ha dicho a Moisés: *He aquí que se acercan los días de tu muerte* (Dt 31,14), *no pasarás este Jordán* (Dt 31,29). La reacción de Moisés es inicialmente de sorpresa y se limita a pedir explicaciones en un tono humilde; progresivamente la sorpresa se torna en un regateo dialéctico, a veces arrogante frente a Dios, cuando no en simple rebeldía.

En un primer momento Moisés afirma que él sólo quiere entrar en la Tierra para *contar las hazañas de Yhwh*. Tan desinteresada y laudable intención es recurrente en la literatura rabínica. R. Meír contaba: "El ángel de la muerte fue a donde estaba Moisés y le dijo: «El Santo, bendito sea, me ha enviado a ti, porque hoy vas a salir de este mundo». Moisés le replicó: «Márchate de aquí, porque yo voy a alabar al Santo, bendito sea». ¿De dónde se deduce esto? De lo que está escrito: *No he de morir, viviré para contar las hazañas de Yhwh* (Sal 118,17)" (**DtR 11,5**).

Otra interpretación benevolente para enjuiciar la actitud de Moisés aprovecha la particula *na'* –נא– en Dt 3,25: "*¡Pueda yo, por favor, pasar y contemplar!*[188] **SDt 28**, aprovechando la petición humilde y respetuosa de Moisés en Dt 3,25 comenta: "¿Es posible que Moisés pidiera ante el Lugar entrar en el país? ¿Acaso no estaba ya dicho: *ciertamente no pasarás este Jordán* (Dt 3,27)? Es semejante a un rey que tenía dos siervos y prohibió a uno de ellos beber vino durante treinta días. Éste dijo: «Por qué me ha prohibido beber vino durante treinta días? ¡Pues ahora no lo probaré durante un año e incluso dos!». ¿Por qué se expresó así el siervo? Para minusvalorar las palabras de su señor. Igualmente el rey prohibió al segundo siervo que bebiera vino durante treinta días. Éste dijo: «¿Pero podré yo estar sin vino siquiera una hora?». ¿Por qué se

187.Cf. GINZBERG, *Legends of the Jews*, Philadelphia (The Jewish Publication Society) 2003: "Moses and Joshua": 790-91.810-812.815.818.827. BIALIK-RAVNITZKY, ספר האגדה (versión inglesa, *The Book of Legends*, por W. G. BRAUDE): "Moses and Joshua", I,5.101 (citamos siempre la versión inglesa).

188.**Mek 'Amalek II a Ex 17,4**: "La expresión *na'* no es más que una expresión de súplica." (cf. Antología)

expresó así el siervo? Para valorar (su obediencia a) las palabras de su señor. De la misma manera Moisés valoró las palabras del Lugar y pidió delante de Él que le dejase entrar en el país, como está dicho: *¡Pueda yo, por favor, pasar y contemplar!*".[189]

Moisés añade otro motivo convincente: está dispuesto a ceder su liderazgo a Josué; si el problema es que Josué debe tomar el mando, Moisés se convertirá gustosamente en su discípulo: "Dijo Moisés ante Él: «Señor del Universo, tome Josué mi liderazgo, con tal que yo viva». Le contestó el Santo, bendito sea: «Trátale a él como él se te trató a ti». Inmediatamente madrugó Moisés y fue donde Josué ..." (**DtR 9,9**).[190]

Las argumentaciones anteriores pertenecen a la tradición clásica midrásica:

—en **Tanḥ Wa-'etḥannan 6,4**: "Señor de los mundos, levántate del trono de la justicia y siéntate en el de la misericordia en favor de mí (...) y no me entregues a la espada[191] del ángel de la muerte. Si actúas así, yo proclamaré tu alabanza a todos los que vienen al mundo, como dijo David: *No he de morir, viviré para contar las hazañas de Yhwh* (Sal 118,17)".[192]

— *id.*: "Le dijo (Moisés): «Señor mío, si es por causa de Josué que yo tengo que morir, mejor iré y seré discípulo suyo». Le respondió: «Si quieres hacerlo así, ve y hazlo»". Moisés quiere decir: no es necesario que yo muera para que él sea el líder, pues yo puedo voluntariamente ser su discípulo. Parece que Moisés inteligentemente ha ganado para su causa a Josué: «todo lo que me ordenes yo lo aceptaré con tal de ver tu rostro» –le dice Josué.[193]

189. E. CORTÉS comenta en su traducción: "El primer siervo valora poco las palabras de su señor por cuanto las cree muy fáciles y por cuanto hace más de lo que se le ordena. El segundo siervo –Moisés– las ama y respeta –מחבב– en tanto que las siente difíciles y, temiendo no poder cumplirlas, obedece con exactitud." (vol I, p. 84)

190. Véase la interpretación de este texto en R.D. AUS, *The Death, Burial ...*, pp. 39-40.

191. *ḥereb*, pero en **Tanḥ Wa-'etḥannan 6,3** se lee *ḥebel*, «lazo, trampa». Cf. KUSHELEVSKY, p. 260.

192. Cf. también **DtR 11,8**.

193. Un comentario talmúdico descubre una cierta falsedad en la aparente sumisión de Moisés: pues Moisés fue castigado por Dios por la arrogancia de ofrecerse aún para resolver cualquier asunto difícil (Dt 1,17); cf. comentario de R. Ḥanina en **bSanh 8a**.

En § 3, el último cuadro de la escena: la columna de nube desciende a la puerta de la Tienda del Encuentro (Dt 31,15) y Josué queda dentro de la Tienda y Moisés fuera. «Fuera de la Tienda» representa el segundo plano en que ha quedado Moisés. Hasta entonces sólo Moisés era el que entraba a la Tienda del Encuentro para escuchar a Dios (Ex 33,7-8). Josué es ahora el interlocutor de Dios. Moisés reacciona avergonzado de sus propios sentimientos: «¡Cien muertes antes que un ataque de celos!».[194] El grito de Moisés está contextualizado con mayor dramatismo en **DtR 9,9**: "Entraron en la Tienda del Encuentro y descendió la columna de nube y se interpuso entre ellos. Cuando la columna de nube se retiró fue Moisés donde Josué y le preguntó: «¿Qué Palabra[195] se te ha revelado?». Le respondió Josué: «Cuando a ti se te revelaba la Palabra, ¿sabía yo lo que hablaba contigo?». En aquel momento Moisés dijo a voz en grito: «¡Cien muertes antes que un ataque de celos!». Salomón lo expresó claramente: *Fuerte es el amor como la muerte, cruel es la pasión como el abismo* (Cant 8,6)."

La aceptación del liderazgo de Josué es una pesada carga digna de Moisés; así se desprende de la tradición transmitida en el Talmud: "*¿Quién hay para nosotros más grande que Moisés?* (Dt 34,10). Me dijo Yhwh: *¡Basta ya!* (Dt 3,26). Con la palabra «basta» él hizo un anuncio, y con la palabra «basta» le hicieron un anuncio (a Moisés).[196] Otra interpretación de «*¡Ya te basta!*» Ya tienes un maestro. ¿Quién? Josué. Otra interpretación de «*¡Ya te basta!*». Para que no puedan decir: «Cuanto más difícil es el maestro más rebelde es el discípulo». ¿Cómo así? En la escuela de R. Yismael se ha enseñado: Según el camello así es la carga" (**bSot 13a**).

§ 4. *La arrogancia de Moisés*

Moisés exige a Dios que le muestre qué pecado ha cometido para merecer la muerte. El descaro de Moisés es señalado abundantemente en la tradición midrásica; *Deuteronomio Rabbah* y *Tanḥuma* pudieran ser las fuentes de nuestro midrás:[197] "Señor del mundo, hay treinta y séis

194. Así lo ha entendido también GOLDIN ("The Death of Moses", p. 179) : "The master cannot endure being replaced by his disciples. Here it is Moses who begs to die; God does not deprive him of this!"

195. דיבור, «*dibbur*». Lit., puede traducirse «Qué te ha dicho la Palabra».

196. Nm 16,3.

197. Cf. Antología.

transgresiones, cada una de las cuales conlleva la pena de muerte.[198] ¿Es que cometí alguna de estas transgresiones? ¿por qué decretas la muerte contra mí?" (**DtR 9,8**). Moisés no duda en compararse con Adán, tal como arguye en **Tanḥ Wa-'etḥannan 6,2**: "Mi Señor, el primer hombre mereció morir, pues transgredió un mandamiento leve que le ordenaste, y por eso es justo que muera", pero Moisés ha estado en la cercanía de Dios, ha pisado el Arafel, ha hablado con Dios cara a cara, ha defendido a Israel cabalgando a su frente por el desierto: "Señor del mundo, ¿en vano mis pies pisaron el Arafel, en vano corrí delante de tus hijos como un corcel para que mi final sea ser un gusano?" (**Tanḥ**, *ibid.*). Puede, pues, Moisés argüir que, si muere, no se cumple el principio divino de medida por medida: "Todas tus medidas se corresponden, pero conmigo ¿por qué medida mala por medida buena, medida escasa por medida completa, medida estrecha por medida ancha?" (**DtR 11,9**).

Una primera respuesta, de tipo sapiencial, se ofrece en **DtR 9,2**: "¿Qué significado tiene *No gana la carrera el que más corre* (Qoh 9,11)? R. Tanḥuma dice: Esta escritura se refiere a Moisés. ¿Cómo así? El que subía a los cielos como un águila, hoy intenta pasar el Jordán y no es capaz, como está dicho: *ciertamente no pasarás este Jordán* (Dt 3,27). *Ni vence la batalla el más fuerte* (Qoh 9,11): aquél ante quien ayer los ángeles temblaban en su presencia, hoy confiesa: *porque tuve miedo ante la cólera y furor...* (Dt 9,19)".[199]

En nuestro midrás la respuesta de Dios está llena de ironía: precisamente el primer hombre tiene que morir por haberse creído *uno de nosotros, conociendo el bien y el mal.* Por eso mismo –dice Dios– Moisés tiene que morir y beber la copa de la muerte[200] por haberse creído tan

198.Cf. **mKer 1,1**.

199.Cf. también respuesta de tipo sapiencial en **bŠab 55b**.

200.La expresión exacta «copa de la muerte» no aparece ni en la Biblia Hebrea ni en el NT (sí en **TgN Dt 32,1**, en relación con Moisés: «hombres que han de morir y gustar la copa de la muerte –כסא דמותה–», y en **TgN Gn 40,23**: «carne que gustará la copa de la muerte»). En la Biblia hebrea el término כוס se usa tanto como «copa de la salvación, de consuelo ...» (Sal 116,13; Jer 16,7; etc.) y como «copa del furor, de la ira, del castigo ...» (Is 51,17; Jer 49,12; Ez 23,33; etc.). En el NT es frecuente el término ποτήριον (copa, cáliz) para señalar la muerte de Jesús: *Aparta de mí este caliz, pero no sea como yo quiero sino como tú* (Mc 14,36; cf. Mc 10,35; Mt 20,22-23); Jn 18,11, *El cáliz que me ha dado mi padre, ¿no lo voy a beber?* Escribe AUS, "It is another

alto. La argumentación de *Peṭirat Mošeh* usa el texto de Gn 3,22 (*He aquí –הן– al hombre que ha llegado a ser como uno de nosotros...*), y la de **Tanḥuma** usa Dt 10,14 (*He aquí –הן– que de Yhwh, tu Dios, son los cielos...*), ambas equiparando el sentido con Dt 31,14 (*He aquí –הן– que se acercan los días de tu muerte*) y todas expresando la misma intención irónica. Un argumento similar y más desarrollado se encuentra en **CrYeraḥmeel L (1)**: "*He aquí que se acercan los días de tu muerte* (Dt 31,14). R. Aybo relató que Moisés se dirigió a Dios de la siguiente manera: «Con la misma palabra que yo te alabé en la Torah en presencia de sesenta miríadas de los que santifican tu Nombre, tú me has sentenciado a muerte, como está dicho: *He aquí que se acercan los días de tu muerte* (Dt 31,14). Todos tus dones y castigos se imponen medida por medida, cada uno en correspondencia, pero ahora me impones lo malo por lo bueno». Dios replicó: «Incluso el término que yo te dirigí es una señal de bondad, como, en *He aquí –הנה– que yo envío un ángel delante de ti [para guardarte en tu camino]* (Ex 23,20). *He aquí* significa que los justos son premiados en la tierra; *He aquí –הנה– que yo os enviaré al profeta Elías* (Mal 3,23), y como tú me has proclamado ante sesenta miríadas, yo te exaltaré ante 55 miríadas de un pueblo justo». Por eso Dios usó el término הן / הנה, cuyo valor numérico es 55".[201]

También Tanḥ explota, incluso con sarcasmo, la grandeza de Moisés con la cita de Job 20,6: *Aunque su altura llegue a los cielos y su cabeza toque las nubes, como su excremento perece para siempre.*[202]

Dios pasa al ataque y comienza a nombrarle los méritos de los Patriarcas, todos los cuales, pese a todo, han muerto. La respuesta de Moisés es mezquina mencionando la indignidad de algunos de sus descendientes; es una respuesta que en dos casos se inicia y se interrumpe con un etc. –וכו'–, quizás porque se está tomando de un

use of «cup» which is the general background for Jesus' cup and Moses' cup of death" (p. 76).

201. Podría añadirse que con el término הנה suman 60, lo que ya corresponde exactamente a la proclamación que Moisés hace ante las sesenta miríadas de ángeles.

202. **Tanḥ Wa-'etḥannan 6** (cf. Antología). Con la cita de Job 20,6 empieza *Midraš 'Asifat Mošeh* (cf. KRUPP, "Nuevos textos...". p. 121; cf. Antología). Compara la claridad de la argumentación de Tanḥuma usando la partícula הן para enlazar los textos con la difícil y concisa argumentación del Ms. 521 de KRUPP.

texto conocido que pudiera ser Tanḥ, cuyas palabras citamos: «De Abraham salió Ismael, cuyo linaje te ha enfurecido tanto, como está dicho: *Tranquilas están las guaridas de los salteadores* (Job 12,6)»; «De Isaac salió Esaú, que habría de destruir el Santuario y quemar tu Templo».

Las dos últimas intervenciones de Moisés son menos arrogantes: no quiere que las generaciones posteriores duden de su justicia por no haberse librado de la muerte. Parecen tomadas de **Tanḥ Wa-'etḥannan 6,3**: "Señor del mundo, para que las futuras generaciones no puedan decir que si no hubiera sido por las maldades encontradas en Moisés no lo habrían sacado del mundo (...); porque acaso las futuras generaciones dirán que en mi juventud sí cumplía tu voluntad, pero en mi vejez ya no la cumplí". Un dato de la preocupación narcisista de Moisés (cf Introducción, p. 8).

§ **5.** *Dios desvela los pecados de Moisés*

Sigue el regateo[203] de Moisés con Dios para que se le permita entrar en la Tierra («vivir allí dos o tres años y luego morir» o «si no puedo entrar vivo permíteme entrar muerto»). De este primer intento tenemos testimonio en **SDt 341**: "Dijo Moisés ante el Santo, bendito sea: «Si no entro como rey, entre yo como particular; si no entro vivo, entre yo muerto». Le dijo el Santo, bendito sea: *pero no entrarás en la Tierra* (Dt 32,52). No pasarás ni como rey ni como particular, ni vivo ni muerto»".[204]

La Biblia señala repetidamente la falta de fe en el poder de Dios como la causa de la muerte de Moisés y de su exclusión de la Tierra prometida. Dt 32,51-52 son palabras dirigidas a Moisés y Aarón (que ya ha muerto): *Por no haber tenido fe en Mí* –מעלתם בי–[205] *en medio de los hijos de Israel, en la fuente de Meribá, en Cadés, en el desierto de Sin, y no haberme santificado* –קדשתם אותי– *en medio de los hijos de Israel, por eso verás de lejos la tierra, pero no entrarás en la Tierra que voy a dar a los hijos de Israel.* La historia está contada en Nm 20,10, donde las palabras de Moisés y Aarón se

203. Otras estrategias de Moisés, en §§ 10, 12, 14, 28, 29, 30, 31, 33, 34.

204. Cf. comentario a §§ 29-31.

205. Los verbos קדש y מעל se contraponen como santidad y profanación, consagración e infidelidad. **TgN** traduce: «Porque os rebelasteis –סרבתון– contra el Nombre de mi Palabra»; **TgPsJ**: «porque habéis mentido –שקרתון– a mi Palabra»

interpretan como incredulidad[206] ante lo que Dios les manda hacer: *¿Es que nosotros podremos sacaros agua de esta roca?* A estas palabras de Moisés parece referirse Sal 106,32-33: *Lo irritaron junto a las aguas de Meribá (...) le habían amargado el alma y desvariaron sus labios.* La conexión entre el hecho de Meribá y la muerte de Moisés es constante en la Biblia: Nm 20,9-12; 27,12-14; Dt 1,37; 3,26-27; 4,21; Sal 106,32-33, y en los tannaim: **SNm 137**: "*Por cuanto os rebelasteis contra Mí en el desierto de Meribá, en el desierto de Sin* (Nm 27,14).[207] R. Simón ben Elazar comentaba: También Moisés y Aarón murieron prematuramente,[208] según está dicho: *ya que no me santificasteis* (Dt 32,51)". Cf. **SDt 26** (a Dt 3,23).

Seis pecados más le rebuscan a Moisés los rabinos en la Biblia. Están formulados muy sintéticamente, con citas abreviadas que necesitan breve explicación (cf. **Tanḥ B wa-'etḥannan 6**).

—Primer pecado. Moisés ha ido poniendo excusas a la misión de volver a Egipto que Dios le confía desde la zarza; finalmente Moisés responde literalmente: *Haz el envío por mano de quien envíes* (Ex 4,13), un modo de descartarse para decir que envíe a quien le apetezca, pero no a él.[209] Dios entiende que el sentido de la respuesta no es positivo: *Entonces se encendió la ira de Yhwh contra Moisés* (Ex 4,14).

—Segundo pecado. Moisés acusa a Dios de maltratar al pueblo, de permitir que lo maltraten y de no salvarlo: *Señor mío, ¿por qué maltratas a este pueblo? ¿para qué me has enviado? Desde que vine al Faraón para hablar en tu Nombre, él hace daño a tu pueblo y Tú no haces nada para salvar a tu pueblo* (Ex 5,22-23).

—Tercer pecado. Moisés pone en duda que Dios le haya enviado y exige determinadas condiciones: *Si estos hombres mueren como muere cualquier mortal, según el destino de todo hombre, es que Yhwh no me ha enviado* (Nm 16,29).

206. Posiblemente en este caso no sólo es incredulidad, sino desobediencia, pues Dios exigió: *Diréis a la roca que brote agua* (Nm 20,8), pero Moisés nada dijo a la roca, sino que *alzó su mano y golpeó la roca con su vara dos veces* (Nm 20,11). Cf. LOEWENSTAMM, "The Death of Moses", 141 (También GOLDIN, p. 176, comparte esa opinión); más explicaciones de por qué Moisés murió antes de entrar en la Tierra, en LOEWENSTAMM, pp. 137-145.

207. En la **EdPr de SNm** la cita de Nm 27,14 no es literal.

208. Lit., «por exterminio», que se entiende de muerte prematura o antes del tiempo previsto (cf. **mKer 1,1**)

209. La tradición targúmica entiende «el que debe ser enviado», Elías o el Mesías.

—Cuarto pecado. Moisés sigue poniendo en duda el poder de Dios: *Si Yhwh creara algo portentoso,*[210] *si la tierra abriera su boca y los tragara* ... (Nm 16,30).
—Quinto pecado. Moisés insulta a su pueblo llamándoles rebeldes: *¡Escuchad, rebeldes!* (Nm 20,10).
—Sexto pecado. Moisés llamó a los patriarcas, los padres de Israel, «hombres pecadores»: *Y ahora os alzáis a imitación de vuestros padres, ralea de hombres pecadores* (Nm 32,14).

J. GOLDIN ("The Death of Moses", p. 176), ha hecho notar que el informe de los exploradores sobre la tierra de Canaán causó terror en el pueblo y la cólera de Yhwh, quien juró que ninguno de ellos, excepto Caleb y Yefunné y sus hijos, entrarían en el país (Dt 1,22-36). Y también Moisés culpó a aquella rebelión de su propio destino: *También contra mí se irritó Yhwh por culpa vuestra diciendo: «Tampoco tú has de entrar allá»* (Dt 1,37; cf. 3,25-26 y 4,21). La queja de Moisés es por compartir la pena de una culpa que no ha sido la suya.

Una excelente parábola ofrece una razón insólita de por qué Moisés y Aarón no entraron en la Tiera prometida: **NmR a Ex 20,12**: "El Santo, bendito sea, dijo a Moisés: «¿Con qué cara te atreves a pedir entrar en la Tierra?». Una parábola: Se parece a un pastor que salió a pastorear el ganado del rey, pero el rebaño fue robado como botín. Cuando el pastor intentó volver al palacio real, el rey le dijo: «Si tú entras ahora, ¿qué dirá la gente?, pues tú has sido la causa de que yo perdiera mi ganado». Pues de la misma manera dijo el Santo, bendito sea, a Moisés: «Tu gloria es que sacaste de la esclavitud a seiscientas mil personas para sepultarlas en el desierto,[211] ¿e introducirás en la Tierra a otra nueva generación? Ahora se dirá que la generación del desierto no tendrá parte en el mundo futuro. Pues no, quédate junto a ellos y entrarás con ellos, como está dicho: *Pues la porción del legislador está reservada y entrará con los jefes del pueblo, pues hizo la justicia de Yhwh y cumplió su mandatos»* (Dt 33,21)".

210. La fórmula bíblica אם־בריאה יברא, literalmente «si creara una creación», se entiende como idiomatismo para señalar «algo portentoso» (**TgN**: «Si Yhwh creara una creatura nueva»). En la Biblia hebrea el término בְּרִיאָה sólo se lee en Nm 16,30 (y en Sira 16,16). En hebreo rabínico, «creación/criatura», –pl. בְּרִיּוֹת, «humanidad».

211. Ninguno de los que salieron de Egipto, excepto Caleb, entró en la tierra prometida (cf. Dt 1,34ss; Sal 94,11)

Otra parábola aporta **Tanḥ B Wa-'etḥannan** (Adición del Ms. de Oxford) p. 14: "[א] ¿Y por qué se irritó el Santo, bendito sea, con Moisés? Porque había reprendido a Israel. Una parábola: ¿A qué se parece esto? A un rey que tenía un hijo y lo entregó al pedagogo, pero el pedagogo se irritaba con el hijo y lo golpeaba. Lo oyó el rey y dijo: «Te lo juro por mi reino, que no volverás a entrar más en mi palacio». Pues así dijo Moisés a Israel: *Escuchad, rebeldes* (Nm 20,10). Y el Santo, bendito sea, le contestó (a Moisés y Aarón): *No entraréis a esta comunidad en el país [que les he dado]* (Nm 20,12)".[212]

§§ **6-7.** *Oraciones y súplicas de Moisés. Dt 3,23-24*

§ **6** comenta la súplica de Moisés: *Entonces supliqué –wa-etḥannan– a Yhwh diciendo* (Dt 3,23) con dos textos sapienciales: *por súplicas –ba-taḥnunim– habla el pobre* (Prov 18,23) y *Todo tiene su tiempo y su momento cada cosa bajo el cielo* (Qoh 3,1). El tiempo de Moisés ya ha pasado. En la parábola aducida la figura del hijo del rey y su muerte no tienen una referencia precisa en lo que se está narrando. Es obvio que no se trata de una parábola creada por el narrador de la historia, sino tomada con toda probabilidad de versiones anteriores del mismo tema. Dos variantes de la parábola conocemos en DtR: "¿A qué se parece esto? A un rey que tenía un valido[213] que nombraba duques, gobernadores y generales. Pasados los días vieron que solicitaba al guardián de la puerta entrar en palacio y éste no lo dejaba. Todos se admiraban y decían: «Ayer nombraba duques, gobernadores y generales, y hoy solicita entrar en palacio y no lo dejan». Dijeron: «Su hora ha pasado»" (**DtR 2,3**). Otra variante: "¿A qué se parece esto? A una matrona que dio a luz a un hijo. Mientras su hijo vivió, ella entraba en palacio con autoridad. Pero cuando su hijo murió, comenzó a pedir con súplicas que la dejaran entrar. Pues, de igual modo, mientras Israel vivía en el desierto Moisés entraba a la presencia del Santo, bendito sea, con autoridad: *¿Por qué, Yhwh, se enciende tu ira contra tu pueblo?* (Ex 32,5); *Perdona la culpa de este pueblo* (Nm 14,19). Cuando los israelitas murieron en el desierto,[214]

212. Cf. Antología. Una argumentación similar ofrece el párrafo que sigue en la antología: Dios llamó rebeldes a los israelitas y a continuación les dice que no morirán (Nm 17,25), pero porque Moisés les dice: *Escuchad, rebeldes* (Nm 20,10), ya se le impide también a Moisés entrar en la tierra prometida (Nm 20,12).

213. אהוב, «favorito».

214. Cf. nota 211.

Moisés comenzó a pedir con súplicas que le dejaran entrar en la Tierra de Israel: *Entonces supliqué a Yhwh* (Dt 3,23)" (**DtR 2,4**).

La parábola se presenta como ilustración de las súplicas de Moisés: *Entonces supliqué a Yhwh* (Dt 3,23). Una vez que Dios le ha hecho reconocer sus pecados, no puede exigir justicia; sólo le queda suplicar misericordia. Todo tiene su tiempo y su momento: ha pasado la hora de Moisés,[215] cuando ejercía su poder en cielo y tierra, cuando pisaba el Arafel y hablaba con Dios cara a cara, cuando era poderoso en Egipto y dirigía victorioso a Israel.[216] Pero ahora ha quedado como el pobre que sólo puede pedir y esperar misericordia. Esto es lo que la parábola ejemplifica. El targum palestinense (**TgN y TgPsJ a Dt 3,23**) sintetiza la tradición rabínica traduciendo *supliqué* (ואתחנן) por «pedí misericordia» (בעיתי רחמין).

Una sentencia de los tannaim dice: "En todos los sitios donde se dice Yhwh se alude al atributo de la misericordia, pues se dice: *Yhwh, Yhwh, Dios clemente y misericordioso* (Ex 34,6). Siempre que se dice Elohim se significa el atributo de la justicia, porque se dice: *Llegue la causa de ambos hasta Elohim* (Ex 22,8), y también: *No blasfemarás de Elohim* (Ex 22,8)" (**SDt 26, a Dt 3,24**),[217] y se repite con fecuencia: "Dondequiera que (en la Biblia) se dice *Yhwh* se connota el atributo de la misericordia; dondequiera que se dice *Elohim* se connota el atributo de la justicia" (R. Šemuel bar Naḥmani, **GnR 33,3**). En **ExR 3,6** se da la explicación de los diversos nombres de Dios: "Dijo Yhwh a Moisés: Tú deseas conocer mi nombre; pues bien, Yo soy invocado según mis obras: a veces soy invocado *El Šadday*, a veces *Ṣeba'ot*, a veces *Elohim*, a veces *Yhwh*. Cuando juzgo a las criaturas soy llamado *Elohim*; cuando entablo la guerra con los malvados soy llamado *Ṣeba'ot*; cuando suspendo (el juicio) sobre los pecados del hombre soy llamado *El Šadday*; cuando me compadezco del mundo, soy llamado *Yhwh*, pues *Yhwh* significa el atributo de la misericordia, como está dicho: *Yhwh, Yhwh, Dios clemente y misericordioso* (Ex 34,6)". *Yhwh Elohim* –el Dios justo y misericordioso– es el creador del hombre (Gn 2,7). Moisés dirigió su súplica al Dios de la misericordia: *Entonces supliqué a Yhwh* (Dt 3,23). **SDt 26 (a Dt 3,23)**:

215. *Sale el sol y se pone el sol* (Qoh 1,5). Ahora es el tiempo de Josué (cf. *infra*, § 18).

216. Cf. **DtR 9,2**: "Ayer subía al cielo como un águila..." (en comentario a § 4).

217. Cf. notas de E. CORTÉS Y T. MARTÍNEZ SÁIZ a su versión española de Sifre Deuteronomio.

"Dos buenos jefes defendieron a Israel, Moisés y David rey de Israel, que podían sostener el mundo con sus buenas obras, pero no pidieron al Omnipresente que no les diera sino gracia (שיתן להם אלא חנם)".[218] El término חנם explica por paronomasia el término bíblico ואתחנן.

§ **7**. Releyendo Dt 3,24 conforme a la paráfrasis del Sifre, Moisés puede aún postularse para sobrevivir y cantar al pueblo las grandes hazañas de Yhwhh:
—"*tu grandeza*: Éste es el referente[219] de todos los lugares que hay en la Torah donde aparece «grande»."
—"*y tu mano poderosa*: Designa las diez plagas que el Santo, bendito sea, llevó contra los egipcios ..." (*ibid.*).
—"*Porque ¿qué Dios hay en los cielos y en la tierra?* (Dt 3,24). Pues la forma de comportarse del Santo, bendito sea, no es como la de la carne y la sangre. La forma de comportarse la carne y la sangre es: un prefecto que se sienta en su prefectura teme a sus asesores, no sea que revoquen sus decisiones. Tú, que no tienes consejeros, ¿por qué no tienes que perdonarme? Un rey de carne y sangre que se sienta en su trono teme a su sucesor, no sea que lo desautorice. Tú, que no tienes sucesor, ¿por qué no has de perdonarme?" (**SDt 27**).

§ **8**. *Sólo Dios da la muerte y la vida. La insolencia de Moisés*

Vuelve Moisés a la argumentación del § 4: él se cree superior al primer hombre –Adán– y a todos los patriarcas y justos, y, consiguientemente, exento de la muerte. La Recensión B del *Midraš Peṭirat Mošeh* (cf. Amexo I, *La grandeza de Moisés*) inicia con la comparación con Adán: "Adán y Moisés, ¿a quién se parecen? A dos grandes médicos. A uno de ellos le picó una serpiente y, no conociendo ningún remedio para curarse a sí mismo, murió; el otro sabía curar a todo el que era picado por la serpiente. ¿Quién de los dos es el más grande? ¿No será el que curaba a todos? Pues así con el primer hombre. ¿Qué está escrito de él? La serpiente lo tentó, él comió y murió por la seducción de la serpiente.

218. Versión y notas de Sifre Deuteronomio por E. CORTÉS Y T. MARTÍNEZ.
219. Literalmente *Binyan 'ab* –בנין אב–, 3ª regla de las 13 de R. Yismael: texto referencial para crear una familia de textos.

Pero Moisés hizo una serpiente de bronce y todo aquél al que picaba la serpiente miraba a aquella serpiente y quedaba curado, como está dicho: *y todo el que haya sido mordido y la mire vivirá* (Nm 21,8). Mira, pues, que Moisés es más grande que el primer hombre" (La recensión B –Apéndice I– continúa la comparación con Noé, Abraham, Isaac, Jacob, José, las obras de la creación).[220]

La literatura rabínica ha gustado siempre de resaltar esta superioridad de Moisés:

DtR 11,3: "*Ésta es la bendición [con que Moisés, hombre de Dios]* (Dt 33,1). Quiere decir: *Muchas hijas han realizado hazañas, pero tú sobrepasas a todas ellas* (Prov 31,29). ¿Qué significa *tú sobrepasas a todas*? Se refiere a Moisés, que fue exaltado por encima de todos. ¿Cómo? El primer hombre dijo a Moisés: «Yo soy superior a ti, pues fui creado a la imagen del Santo, bendito sea». ¿De dónde se deduce tal cosa? De lo que está dicho: *Creó Dios al hombre a su imagen* (Gn 1,27). Moisés le replicó: «Yo soy superior a ti, pues el honor que a ti se te dio te fue quitado, según está dicho: *El hombre –'adam– no perdura en el honor, [se asemeja a las bestias que perecen]* (Sal 49,13), pero conmigo permanece el resplandor del rostro[221] que el Santo, bendito sea, me concedió». ¿De dónde se deduce tal cosa? *No se había debilitado su vista ni se había perdido su vigor* (Dt 34,7).

Otra interpretación: Noé dijo a Moisés: «Yo soy superior a ti, pues me salvé de la generación del diluvio». Le respondió Moisés: «Yo soy superior a ti, pues tú te salvaste a ti mismo y no tuviste fuerza para salvar a tu generación, pero yo me salvé a mí mismo y salvé a mi generación cuando fueron condenados al extermino por el asunto del becerro».[222] ¿De dónde se deduce tal cosa? De lo que está dicho: *Y Yhwh se arrepintió del mal que había dicho que haría a su pueblo* (Dt 32,14). ¿A qué se parece esto? A dos barcos en el mar con sus dos pilotos; un piloto se salvó, pero no salvó a su barco; el otro piloto se salvó a sí mismo y a su barco. ¿A quién se debe aplaudir? A quien se salvó a sí mismo y a su barco. Pues de modo similar Noé sólo se salvó a sí

220.Cf. GINZBERG, *Legends*, pp. 837-839 y notas.
221.Cf. Ex 34,29-30 y las versiones targúmicas.
222.Cf. Ex 32.

mismo, pero Moisés se salvó a sí mismo y a su generación. Has de reconocer: *tú sobrepasas a todos* (Prov 31,29).

Otra interpretación. Abraham dijo a Moisés: «Yo soy superior a ti, pues yo acogía a todos los que pasaban». Le contestó Moisés: «Yo soy superior a ti, pues tú acogías a los incircuncisos, pero yo acogía a los circuncisos; además tú los acogías en tierra habitada, pero yo los acogía en el desierto».

Isaac dijo a Moisés: «Yo soy superior a ti, pues dispuse mi cuello sobre el altar y contemplé el rostro de la *Šekinah*. Le contestó Moisés: «Yo soy superior a ti, pues tú contemplaste el rostro de la *Šekinah*, pero tus ojos se debilitaron. ¿De dónde se deduce esto? De lo que está escrito: *Sucedió que Isaac se hizo viejo y sus ojos se debilitaron hasta dejar de ver* (Gn 27,1). ¿Qué significa *dejar de ver*? Que dejó de ver la *Šekinah*. Pero yo hablaba con la *Šekinah* cara a cara y mis ojos no se debilitaron. ¿De dónde se deduce esto? De lo que está dicho: *Pero Moisés no sabía que la tez de su rostro se había puesto radiante mientras hablaba con Él* (Ex 34,29).

Jacob dijo a Moisés: «Yo soy superior a ti, pues luché con el ángel y lo vencí». Le contestó Moisés: «Tú luchaste con el ángel en tu territorio,[223] pero yo subí hasta ellos en su territorio y ellos se asustaron ante mí». ¿De dónde se deduce esto? De lo que está dicho: *Los ángeles*[224] *de los ejércitos huyen, huyen* (Sal 78,13). Ésta es la razón por la cual Salomón dice: *Muchas hijas han realizado hazañas, pero tú sobrepasas a todas ellas* (Prov 31,29. Dijo el Santo, bendito sea: Puesto que es superior a todos, él bendecirá a Israel: *Ésta es la bendición [con que Moisés, hombre de Dios, bendijo a los hijos de Israel]* (Dt 33,1)."

En **DtR 9,4** escuchamos la respuesta divina a la autoexaltación de Moisés: "Le dijo Moisés: «Señor del mundo, después que mis ojos han contemplado tanta gloria y poder, es que voy a morir?». Le respondió el Santo, bendito sea: *¿Quién es varón tan poderoso que vivirá y no verá la muerte?* (Sal 89,49). ¿A quién se refiere *quién es varón tan poderoso que vivirá …*? R. Tanḥuma dijo: «Varón tan poderoso es Abraham, que descendió al horno de fuego y fue salvado, pero después *expiró y murió Abraham* (Gn 25, 8); varón tan poderoso es Isaac, que dispuso su cuello sobre el altar, pero después dice: *mira que soy viejo y no sé el día de mi muerte* (Gn 27,2);

223. פירכורין (περίχωρα).

224. El texto hebreo escribe מלכי (reyes), pero el midrasista lee מלאכי.

varón tan poderoso es Jacob, que luchó con el ángel, pero después *los días de Israel se acercaron a la muerte* (Gn 47,29); varón tan poderoso es Moisés, que hablaba con su Creador cara a cara (Cf. Ex 33,11; Dt 34,10), pero después *he aquí que se acercan los días de tu muerte* (Dt 31,14)»." Moisés, pues, está sometido a la muerte como todos los poderosos que le han precedido.

Dios parece leer el pensamiento de Moisés, que tan libre se cree de la muerte que se cree con derecho a matar por su cuenta: «¿Te dije yo que mataras al egipcio?». La respuesta de Moisés a Dios colma su insolencia: «Tú mataste a todos los primogénitos de Egipto, ¿y yo he de morir por un solo egipcio?». Y Dios deja claro que sólo Él es el dueño de la vida: «¿Te pareces tú a Mí? Yo doy la muerte y la vida, ¿es que tú puedes dar vida como Yo?».

§§ **9-10**. *El contraste entre Dios y Moisés*

La «humildad» en el hablar de Dios contrasta con el tono orgulloso y desafiante de Moisés. Mientras Moisés se considera superior a todos –desde Adán hasta Isaac–[225], el mismo Dios, el que da la muerte y la vida, se abaja como hasta ponerse a las órdenes de Moisés, hacerse obediente a Moisés y permitir que Moisés reciba tratamiento divino.

Dios se desdice del anatema que había decretado (cf. Ex 22,19). El gravísimo pecado del becerro de oro es paradigmático: la súplica de Moisés fue escuchada cuando pidió a través de la intercesión de los patriarcas: *Acuérdate de Abraham, de Isaac y de Israel, tus siervos ... Y Yhwh se arrepintió del mal que había indicado* (Ex 32,13-14). **ExR 44,2**: "Moisés estuvo cuarenta días y cuarenta noches suplicando al Santo, bendito sea, para que perdonara a Israel aquella acción que cometieron y le suplicaba por su propio mérito, y Dios no se dejaba aplacar; pero cuando invocó a los muertos (por el mérito de los patriarcas) inmediatamente fue respondido, como está escrito: *Y Yhwh se arrepintió*". **bBer 32a**: "*Y Moisés suplicó ante Yhwh su Dios* (Ex 32,11). R. Elazar comentó: Esto enseña que Moisés se mantuvo en oración ante el Santo, bendito sea, hasta que le hizo arrepentirse". Cf. **TgPsJ Ex 32,11.14**.

Del uso indistinto de los verbos *'amar* y *dibber* con sujeto/objeto Dios/Moisés se formula el siguiente *mašal*: "Se parece –משל ל– a una

225. Cf. §§ 4 y 8.

cueva junto a la orilla del mar: sube el mar y la llena y de allí no se retira, sino continuamente se van penetrando la cueva y el mar. Así ocurre con *dijo Yhwh a Moisés* y *habló Moisés a Yhwh*" (**ExR 44,3**). Este *mašal* muestra la fluidez de la comunicación entre Dios y Moisés, y esta misma condescendencia de Dios con Moisés es la que resalta nuestro midrás.[226]

Finalmente, la actitud de Dios pone de manifiesto lo que hay de narcisismo, fatuidad y rebeldía en la actitud de Moisés. Y consecuencia del tono divino es la respuesta más obsequiosa de Moisés en § 10: él sólo pide pasar el Jordán.

§§ **11-12**. *Los dos juramentos de Dios. Moisés contra las cuerdas*

"Moisés le pidió al Santo, bendito sea: «Señor del universo, júrame que has de hacer todo lo que yo te pida que hagas; no sea que yo pronuncie una palabra delante del Faraón y tú no la cumplas y entonces me mate». Le juró cumplirle todo lo que pidiera, a excepción de dos cosas: entrar en la tierra y [anular] el día de su muerte" (**PRE 45,1**).

La interdependencia entre los dos juramentos es tema recurrente en el midrás. **DtR 31,7**: "*Yhwh no os ha dado corazón para comprender* (Dt 29,3). Dijo R. Šemuel Bar Naḥmani: Moisés dijo esto con referencia a sí mismo. ¿Cómo así? Dos decretos decretó el Santo, bendito sea, uno contra Israel y otro contra Moisés: contra Israel, cuando cometieron aquella acción innombrable[227], como está dicho: *Déjame que lo aniquile* (Dt 9,14); contra Moisés, cuando Moisés pidió entrar en la Tierra de Israel y el Santo, bendito sea, le dijo: *ciertamente no pasarás este Jordán* (Dt 3,27). Moisés pidió al Santo, bendito sea, anular los dos decretos diciendo ante Él: «Señor del mundo, *perdona, por favor, la iniquidad de este pueblo según la magnitud de tu misericordia* (Nm 14,19)», y fue anulado el decreto de Dios cumpliéndose la petición de Moisés. ¿De dónde se deduce esto? De lo que está dicho: *Lo he perdonado conforme a tu palabra* (Nm 14,20). Cuando (Moisés) estaba para entrar en la Tierra de Israel, comenzó a decir: «*Permíteme pasar para que contemple esta hermosa tierra* (Dt 3,23)». Le contestó el Santo, bendito sea: «Moisés, ya anulaste mi

226. Muy distinta de esta interpretación es la muy habitual de *dibber* como referencia a palabras duras o de reproche, y *'amar* como referencia para palabras suaves o benevolentes: **SNm 99,1 a Nm 12,1; Tanḥ Ṣaw 13; ExR 45,3**.

227. Se refiere a la historia del becerro de oro (Ex 32).

(primer) decreto y Yo cumplí tu petición cuando Yo dije *déjame que lo aniquile* (Dt 9,14) y tú me pediste *perdona, por favor* (Nm 14,19), cumpliéndose lo que pediste. Ahora, pues, deseo cumplir mi (otro) decreto y anular tu (otra) petición». Continuó el Santo, bendito sea: «Moisés, tú no sabes lo que haces; tú estiras la cuerda por los dos cabos: si prefieres que se cumpla *déjame pasar*, has de anular *perdona, por favor*; y si prefieres que se cumpla *perdona, por favor*, has de anular *déjame pasar*»."

Que Dios se obligue a no aniquilar a Israel viene argumentado con un poética representación del Cantar: "*El rey está atado a sus trenzas* (Cant 7,6) quiere decir que el Santo, bendito sea, es cautivo del juramento de que hará habitar su *Šekinah* bajo los techos de Jacob" (**LvR 31,4**).[228]

Los dos juramentos de Dios ponen a Moisés contra las cuerdas. Se encuentra en una encrucijada: por una parte, no puede perder a nadie de su pueblo, por otra parte su orgullo le plantea lo que dirán de él las futuras generaciones si no entra con su pueblo en la Tierra de Israel. Aunque la última parte del texto parece corrompida, su sentido es claro atendiendo a la lectura de lugares paralelos: Moisés morirá sin entrar en la Tierra. "*Y morirás en el monte a donde vas a subir* (Dt 32,50). Dijo ante Él: «Señor del mundo, ¿por qué he de morir? ¿No es mejor que digan 'Moisés es bueno' por propio conocimiento, a que digan 'Moisés fue bueno' por oídas? ¿No es mejor que digan 'Éste es el Moisés que nos ha sacado de Egipto y ha hendido para nosotros el mar, el que ha hecho bajar para nosotros el maná y ha obrado para nosotros milagros y hazañas', a que digan 'Así y así fue Moisés, así y así hizo Moisés'?»" (**SDt 339**). Cf. respuesta de Dios en **DtR 9,4** (en comentario a § 8, *supra*, p. 79).

228. La interpretación juega con los sentidos de *'asur* («atado, vinculado, obligado»), y la vocalización de *reḥaṭim* («trenzas») y *rehiṭim* («vigas, artesonado, techos»), en equivalencia con las tiendas de Jacob.

[III. EL DECRETO DEL ALTO TRIBUNAL
ANUNCIOS DE LA *BAT QOL*: LA GRAN TREPIDACIÓN]

§§ **13-14**. *El Alto Tribunal decreta la Muerte de Moisés*[229]

La firma del decreto del Alto Tribunal marca un salto en la narración. Moisés presiente que el juego con Dios toca a su fin y pone en marcha una serie de gestos extraordinarios para presionar a Dios: ayuno, saco y ceniza, encerrarse en un círculo sin moverse hasta conseguir la anulación del decreto...[230] Parece crearse una conmoción universal, como si Dios fuera a crear un mundo nuevo.

Estos parágrafos señalan una transición a las escenas siguientes, cada vez más apremiantes (repetida escucha de la *Bat Qol*) y más dramáticas (insistentes peticiones de Moisés, a veces humilde y a veces rebelde).

§ **15**. *Primera Bat qol. La gran trepidación*

La *Bat Qol* podía escucharse como el anuncio de un nuevo mundo, una nueva creación. Se trata de un anhelo muy vivo en nuestro midrás, como ya se formulaba en § 14: "Quizás es que ha llegado el momento de cumplirse el deseo del Santo, bendito sea, de hacer un mundo nuevo".[231] Sin embargo, no es el propósito de la *Bat Qol* el anuncio de un mundo nuevo, sino cerrar todas las puertas del cielo a las súplicas de Moisés por entrar en la Tierra de Israel. A tal fin la *Bat Qol* convoca a todas las cortes del Alto Tribunal y a toda jerarquía de ángeles. Se produce una conmoción cósmica, «la gran trepidación» (Ez 3,12), porque Moisés era un hombre *humilde* (Nm 12,39 y a la vez *grande* (Ex 11,3), y, sin embargo, el Dios justo, donde no hay acepción de personas, no escucha las oraciones de Moisés que se presumían tener la eficacia del Nombre Inefable.

§ **16**. *Las lamentaciones de Moisés*

La queja de Moisés es conmovedora y convincente: quien ha sufrido tanto por y con su pueblo ¿por qué no ha de participar en su recompensa? ¿Por qué se le niega a él el salario que a todo jornalero le

229.Los §§ 13-15 tienen un paralelo llamativo en **CrYeraḥmeel L (3-4)** (Cf. Antología).
230.Cf. § 14 del texto, nota 79, p. 33.
231.Véanse citas de Nm 16,30 (*Si Yhwh creara una nueva creación*) en §§ 5 y 9.

corresponde antes de ponerse el sol? ¿No es Dios mismo quien está dejando por mentirosa a su misma Torah? Estas argumentaciones se repiten en el midrás: "En aquella hora dijo Moisés ante el Santo, bendito sea: «Señor del mundo, son manifiestas y sabidas en tu presencia cuántas angustias y cuántos dolores he tenido que sufrir por Israel para que creyeran en tu Nombre; cuánto dolor hube de padecer con ellos por los mandamientos hasta que les fijé la Torah y los preceptos. Me he dicho: 'Puesto que ya he participado en su dolor, participaré también en su felicidad'. Y, sin embargo, ahora, cuando llega la felicidad de Israel, Tú me dices: *No pasarás este Jordán* (Dt 31,2). Tú dejas por mentirosa a tu Torah, pues está escrito: *El mismo día le has de dar su salario y no se pondrá el sol dejándole pendiente* ... (Dt 24,15). ¿Es ésta la paga por el trabajo de 40 años que sufrí para que éstos fueran un pueblo santo y fiel?, como está dicho: *Pero Judá todavía está con Dios y es fiel con los santos* (Os 12,1)" (**DtR 11,10**, **y** de modo muy similar en **CrYeraḫmeel L 7**).

La lamentación de Moisés es recurrente: "... Así yo me he fatigado con este pueblo, los he sacado de Egipto con tu Palabra, les he enseñado tu Ley, les he construido la tienda para tu Nombre, y cuando ha llegado el tiempo de pasar el Jordán para heredar la Tierra, soy castigado a morir. ¡Si fuera preferible ante Ti, suspéndeme [la sentencia] hasta que pase el Jordán y vea el bienestar de Israel. Después de esto moriré!" (**TgPsJ Dt 32,50,** conclusión de la amplia y conmovedora parábola del padre que preparó con esmero la boda de su hijo y el mismo día de las nupcias del hijo el padre fue condenado a muerte. Cf. texto completo en Antología, pp. 183-184).

"Venid todos los que habéis entrado en el mundo y ved los dolores de Moisés, maestro de Israel, que ha trabajado duramente y no ha disfrutado" (**TgPsJ Dt 34,5**).[232]

La lamentación de Moisés es tanto más intensa cuando se compara con su pueblo: "Moisés les dijo: Considerad cuál fue mi pecado y cuántas oraciones hice; y, pese a todo, no se me perdonó. Y considerad cuántos fueron vuestros pecados, y, sin embago, el Omnipresente os dijo: haced penitencia y os aceptaré" (**SNm 136**); "Les dijo Moisés: «Mirad qué diferencia hay entre vosotros y yo, que hice muchas

232.Cf. texto completo en Antología (p. 184s): «Dolores y coronas de Moisés, y el beso de Dios».

plegarias y muchas peticiones y súplicas pidiendo gracia y, pese a todo, me prohibió entrar en el país. Pero vosotros, que lo irritásteis durante cuarenta años por el desierto, como está dicho: *Cuarenta años he abominado esta generación* (Sal 95,10), y no sólo esto, sino que vuestros magnates se postraron ante Pe'or, y, sin embargo, Su diestra os estaba extendida para recibir a los que se convertían»" (**SDt 30**). Moisés se verá obligado a reconocer que Dios es justo, pero él no puede comprender sus caminos.[233]

§ **17**. *Respuesta de Dios: Rab lak* –רב־לך (Dt 3,26)*: Lo mucho que le dará*

«¡Basta ya!» o *«¡Ya te basta!»* es el sentido que en el contexto tiene la expresión *rab lak*: Dios corta tajantemente las súplicas de Moisés, *¡Basta ya! No vuelvas a hablarme de tal asunto* (Dt 3,26).

Pero literalmente también *rab lak* puede entenderse como «mucho hay para ti» o «mucho es lo que tienes por delante». Y así lo entiende el § 17: Dios conforma a Moisés presentándole las riquezas del mundo futuro. Es una relectura que ya se encuentra en los midrasim más antiguos: "*Ya te basta.* Le dijo [Dios]: «Muchas cosas tengo en mis manos para ti en el mundo venidero»" (**SDt 29**); "*¡Ya te basta!* Lo que le dijo fue: «Mucho es lo que hay guardado para ti, mucho es lo que hay reservado para ti, según está dicho: *¡Cuán grande es tu bondad, que has reservado para los que te temen!*» (Sal 31,20)»" (**SNm 135**).[234] *Abot de R. Natán* (**ARN A 12,4**) pone en contraste lo mucho que Moisés ya ha tenido con lo mucho más que le espera: "Finalmente le dijo el Santo, bendito sea: «Moisés, tú has tenido bastante en este mundo. Mira, el mundo venidero te está aguardando, pues tu lugar te estaba ya preparado desde los seis días de la creación»"

La lectura de Prov 8,21 por parte de R. Šemuel cobra sentido recogiendo la interpretación talmúdica: "El Santo, bendito sea, dará a cada justo trescientos diez mundos en el mundo futuro, como está dicho: *Para legar riquezas –יש– a los que me aman* y *colmar sus tesoros* (Prov 8,21)" (**bSanh 100a**), donde יש es por gematría 310.

Moisés gozará de la luz, la gloria, la majestad, el séquito, y el cetro del mismo Dios, que ya se le ha anticipado en este mundo: "No se debe usar el cetro de un rey de carne y sangre, pero el Santo, bendito sea, ya

233. Cf. GOLDIN, p. 182.

234. La misma sentencia en **Tanḥ.B wa-'etḥannan 6**, p. 14 (Cf. Antología, Oxford, [א]).

donó su cetro a Moisés, como está dicho: *Y tomó Moisés en su mano el cayado de Dios* (Ex 4,20)" (**ExR 8,1**).[235]

§§ **18-19**. *Rab lak: Lo mucho que Dios ha dado a Moisés. «Sale el sol y se pone el sol». La hora de Josué*

Se retorna a interpretar *rab lak* como lo mucho que Yhwh ha dado a Moisés en este mundo con una enumeración detallada. «Es suficiente para ti, Moisés, ya tienes bastante». Ha llegado un momento final, lo que es ley de la naturaleza. Con un proverbio sapiencial queda dicho: *Sale el sol y se pone el sol* (Qoh 1,5). Ha pasado la hora de Moisés, es llegada la hora de Josué. Se reafirma lo que la columna de nube ya expresó en § 3.

Consciente de su final inminente, Moisés se apresura a explicar detenidamente la Torah al Pueblo durante 36 días, desde el uno de Šebat al 7 de Adar, día de su muerte.

§§ **20-21**. *Segunda Bat qol. Anuncio del último día de vida para Moisés*

El último día de su vida lo dedica Moisés a escribir 13 copias de su Torah, doce para cada una de las tribus y una, la más excelente, para ser depositada en el Arca, que quedará como referencia en el caso que alguien alterara una lectura.

Es obvia la preocupación por «canonizar» un texto (acaso el que la investigación actual llama «protomasorético»). La leyenda sobre el texto del Arca (**DtR 9,9**; **Midrás Sal 110**; **PesiqR 197a**), tiene su origen en la tradición de los tres rollos que se conservaban en el Templo (**jTaan 4,2**);[236] **mMQ 3,4** menciona el llamado «Rollo del Atrio» –ספר עזרה–[237], del que no se puede corregir ni una sola letra; por **NmR 11,3** conocemos a R. Aḥa y R. Tanḥum como supervisores del Rollo del Atrio, quienes recibían su paga del tesoro del Templo. Sería este rollo el que se leía el Día de la Expiación por el Sumo Sacerdote (**mYom 7,1**)[238].

235. Sobre los dones preparados para Moisés en el mundo futuro, cf. GINZBERG, 807 y la corrección sobre los cientos de miles de cetros (*ibid.*, nota 894).

236. En caso de lecturas diferentes, prevalecía la refrendada por dos de los rollos.

237. Algunos manuscritos cambian la vocalización *'azarah* («atrio») por *'ezrah* (Esdras), considerando que el libro del Templo era el proclamado por Esdras, modelo para todas las copias.

238. Cf. M. PÉREZ - J. TREBOLLE, *Historia de la Biblia*, Madrid 2006, p. 158; J. TREBOLLE, *Biblia judía y Biblia cristiana*, Madrid 1998, p. 305.

El aleccionamiento y amonestación final de Moisés "a cada una de las tribus, hombres y mujeres por separado" parece un eco de lo que ya encontramos en FILÓN: "en esos momentos se nos muestra poseído del Divino espíritu, no ya para hacer revelaciones generales a toda la nación reunida, sino para profetizar a cada tribu separadamente las cosas que estaban a punto de suceder y las que con el tiempo habrían de ocurrir" (**De Vita 288**).[239]

La figura de Gabriel presentando la Torah de Moisés por los cielos hasta la presencia del Alto Tribunal es una forma de reivindicar a Moisés ante Quien se ha cerrado a escucharlo.

§ **22-27**. *Entronización de Josué y presentación ante el pueblo*

En § 22 la tensión entre Moisés y Josué parece haber cesado. Si en un principio la reacción de Moisés ante el anuncio de su muerte inmediata (Dt 31,14) es de rechazo,[240] ahora es el mismo Moisés quien pide un sucesor y acepta como tal a Josué: "Contestó Moisés ante el Santo, bendito, sea: «Señor del mundo, puesto que voy a partir del mundo con gran pesar, muéstrame un hombre fiel que esté al frente de los israelitas, para que yo quede libre y en paz respecto a ellos». Y así se dice: *Que salga delante de ellos y marche ante ellos*. Y también: *Y dijo Yhwh a Moisés: Tómate a Josué, hijo de Nun* (Nm 27,18)" (**SDt 304**); "En aquella misma hora se robusteció la fuerza de Moisés y fortaleció a Josué en presencia de todo Israel, como se dice: *Y llamó Moisés a Josué y le dijo en presencia de todo Israel: Sé valiente y esforzado* (Dt 31,7)" (**SDt 305**). Efectivamente, Moisés despachó un heraldo para convocar y aclamar a Josué. La tradición midrásica explicita los merecimientos de Josué con un texto sapiencial: "*Quien cuida la higuera comerá de su fruto, quien vela por su amo será recompensado* (Prov 27,18) [...] Josué te sirvió fielmente y te tributó gran honor, madrugando bien temprano y trasnochando para preparar bancos y manteles en tus asambleas. Y porque te sirvió con todo su entusiasmo, es digno de servir a Israel. No perderá su recompensa. *Toma contigo a Josué, hijo de Nun* (Nm 27,18), para cumplir lo que está dicho: *Quien cuida la higuera comerá de su fruto* (Prov 27,18)"(**NmR 21,14**).[241]

239. Cf. Antología.

240. Cf. texto bilingüe en § 3.

241. Texto muy similar en **SNm 140** (a Nm 27,18-20), basado igualmente en Prov 27,18.

El narrador se representa la escena como una asamblea o sesión rabínica. Josué tiene necesidad de un *meturgeman*, traductor o repetidor en voz alta: "El Santo, bendito sea, dijo a Moisés: «Dale un traductor a Josué y que pregunte e inquiera y dicte decisiones en vida tuya para que cuando marches de este mundo no le digan los israelitas: «En vida de tu maestro no hablabas y ahora hablas». Y hay quienes dicen: Lo alzó de la tierra y lo sentó en sus rodillas, y Moisés y los israelitas levantaban sus cabezas para escuchar las palabras de Josué" (**SDt 305**; cf. **SNm 140**).

§ 23 recoge la enseñanza que imparte Josué en su primera sesión sinagogal: המדרש שדרש יהושע. No tiene el carácter acusador e interpelante del cántico de Moisés (Dt 32,1-43); el cántico de Josué es más bien una exhortación a la alabanza inspirada en textos como Is 44,23; parece un desarrollo midrásico homilético de Dt 32,43: *Aclamadlo, naciones, con su pueblo,* final del canto de Moisés (cf. KUSHELEVSKY, p. 237). En Dt 32,44 se añade: *Josué, hijo de Nun, iba con él* (Dt 32,44), como pretendiendo subrayar la diferencia entre los cantos de los dos líderes

Los §§ 22, 24 y 26-27 son, en parte, reiterativos, probablemente versiones diferentes de otras tantas fuentes. Repiten la actitud servicial de Moisés y otros detalles de un rico ritual de entronización, que pudieran evocar el esplendor y boato de la corte bizantina.[242] Se hace notar que el servicio, aparentemente desinteresado, de Moisés no es sino una estrategia más para conseguir pasar a la Tierra de Israel: «Mejor me es vivir, ¡y que Josué haga de guía con tal de que yo entre en la Tierra de Israel!» (§ 24).

§ 25 es como un retroceso en la narración. El pueblo convocado por el heraldo rechaza a Josué, al que consideran un muchacho inmaduro. Ex 33,11 llama a Josué *ná'ar* («niño, muchacho, joven»), y ya los proverbios sentenciaban: *¡Ay de ti, país, cuyo rey es un muchacho!* (Qoh 10,16). Es Dios mismo quien por la voz del Cielo hace oír la enseñanza bíblica: *Cuando Israel era niño, Yo lo amé* (Os 11,1);[243] *Niño fui y ya soy viejo* (Sal 37,25)."

En § 26 la escena presenta a Moisés que ha despertado del sueño a Josué y éste se sobresalta; literalmente exclama: «Maestro mío, no me mates –אל תהרגני», que hemos traducido menos dramáticamente (podría

242. El lujo y boato podría reflejar el contexto donde se origina esta tradición: la corte bizantina (cf. KUSHELEVSKY, p. xix).

243. Cf. § 36: porque Israel es un niño necesita la corrección (Prov 23,13).

suponerse un temor de Josué a los celos de Moisés; cf. texto y notas). Los temores de Josué resultan infundados; Moisés se mueve por el principio de medida por medida: «Me serviste con cariño y así yo te sirvo». Las dos citas de Lv 19,18 y **mAbot 4,12** muestran la grandeza de Moisés.

En § 27 el pueblo asiste estremecido a la presentación de Josué. ¿Lo ha aceptado ya? En § 25 el estremecimiento (raíz זעזע) expresaba el terror que les inspiraba el candidato. Es obvio que estos §§ no responden a una narración continua.

§ **28**. *Cuarta Bat qol: Anuncia que quedan cinco horas de vida a Moisés. La enseñanza conjunta de Moisés y Josué*

La *Bat qol* urge a Moisés a apresurar el traspaso efectivo de la autoridad a Josué. La tradición tannaítica recoge el mandato divino y la reacción de Josué: "*Yhwh contestó a Moisés: Toma contigo a Josué, hijo de Nun, hombre en quien mora el Espíritu, e impón sobre él tu mano* (Nm 27,18). Lo que le dijo fue: «Moisés, proporciona a Josué un traductor[244] para que durante tu vida [Josué] pregunte, interprete y enseñe, con objeto de que cuando tú te retires del mundo no puedan decir los israelitas: ¿El que no enseñó en vida de su maestro nos va a enseñar ahora?». De inmediato lo levantaron del suelo y lo sentaron en el banco.[245] R. Natán decía: «Tan pronto como Josué entraba, Moisés hacía callar al traductor hasta que aquél se sentaba en su sitio». *Le investirás de tu dignidad* (Nm 27,20): pero no de[246] toda tu dignidad. Nos encontramos, pues, instruidos de que el rostro de Moisés era como el rostro del sol, y el de Josué como el rostro de la luna" (**SNm 140**).[247]

244. *Turgeman*, propiamente el asistente o *'amora'* que en época tannaítica actuaba como portavoz del rabbí que enseñaba la Ley oral: su misión era repetir la explicación del maestro para la asamblea, acaso traducir y hasta explicar, como parece ser en este caso, pues el traductor continúa la explicación de Josué. Pero en **ARN 17,3** es Moisés quien recibe el encargo de traducir a Josué (cf. Antología y *supra*, comentario a § 36.

245. Lo pasaron de la condición de discípulo (en tierra se sentaban los discípulos) a la de maestro (los maestros se sentaban en el banco).

246. La partícula *min* –מהודך– se interpreta con sentido restrictivo.

247. Cuando **bBB 75a** recoge esta tradición se lamenta de la pérdida de dignidad que supone el traspaso de Moisés a Josué.

§§ **29-31**. *Nuevos recursos de Moisés Quinta Bat qol: A Moisés quedan sólo cuatro horas de vida.*

La narración retrocede a los recursos desesperados de Moisés para doblegar la decisión divina. El regateo de Moisés para pasar a la Tierra de Israel es tradición muy consolidada desde los tannaítas. Sifre Números reproduce un imaginario diálogo entre Moisés y Dios: "Le dijo Moisés: «Si no puede ser de otra manera, entraré como uno más».[248] Le contestó: «El rey no puede entrar como uno cualquiera». «Pues si no es así –dijo–, entraré como un discípulo de Josué». Le repuso: «¡*Basta ya!* (Dt 3,26). El maestro no se hace discípulo de su discípulo». Él le dijo: «Pues si no, que pueda entrar por el aire o por un agujero». Le contestó: *Allí no entrarás* (Dt 32,52). Él pidió: «Pues si no, que mis huesos pasen el Jordán». Le contestó: *ciertamente no pasarás este Jordán* (Dt 3,27). ¿Es que un muerto habría podido pasar? Mas bien, lo que le dijo fue: «Moisés, ni siquiera tus huesos pasarán el Jordán» [...] Le contestó: «Si no puede ser así, al menos, por favor, muéstramela». Le dijo: En esto sí puedo cumplir. *Sube a la cumbre del Pisgá, levanta tus ojos hacia el poniente etc.* (Dt 3,27)». Esta Escritura declara que el Omnipresente mostró a Moisés lo lejano como si estuviera cercano, lo que no era visible como si fuera visible, todo lo que se llama la Tierra de Israel, según está dicho: *Y Yhwh le mostró todo el país ... todo Neftalí ... el Negev y la cuenca...* (Dt 34,2-3)" (**SNm 135**).

El midrás continúa: "*Le dijo Yhwh: Te la he hecho ver por tus propios ojos, pero allá no has de pasar* (Dt 32,4). R. Aqiba comentaba: «Esta Escritura

248. Lit., «como *idiotes* –כהדיוט. Cf. **SDt 341**: "Dijo Moisés ante el Santo, bendito sea: «Si no entro en ella como rey entraré como particular –כהדיוט–; si no entro en ella vivo, entraré muerto". Un poco más desarrollada la tradición de **Mek 'Amaleq (a Ex 17,14-16)**: "Le dijo Dios: «Un rey no puede entrar como un hombre cualquiera». Aún seguía suplicando las mismas peticiones. Dijo ante Él: «Señor del mundo, puesto que se ha dictado sentencia de que no entre en el país ni como rey ni como particular, que pueda entrar en él por la cavidad de Cesarión, que está debajo de Panias». Le dijo: *Pero allí no pasarás* (Dt 34,4). Replicó ante Él: «Señor del mundo, ya que se ha dictado sentencia de que no entre en él ni como rey ni como particular ni por la cavidad de Cesarión, que está debajo de Panias, deja por lo menos que mis huesos pasen el Jordán». Le dijo: *Pues no has de pasar este Jordán* (Dt 3,27). R. Simón ben Yoḥay dice: No tengo necesidad de acudir a esta cita: ¿Acaso no está dicho: *Porque he de morir en este país, no pasaré el Jordán* (Dt 4,22)? ¿Cómo podría pasar un muerto? No quiere decir sino que se le había dicho: «Ni siquiera tus huesos pasarán el Jordán»".

declara que el Omnipresente mostró a Moisés todas las interioridades de la tierra de Israel, cual mesa dispuesta, según está dicho: *Y le mostró Yhwh todo el país* (Dt 34,1)». R. Eliezer comentaba: «Diole agudeza a los ojos de Moisés para que pudiera ver desde el uno al otro confín del mundo. Y así encuentras que lo justos alcanzan a ver desde el uno al otro confín del mundo, según está dicho: *Tus ojos contemplarán al rey en su belleza, verán un país de dilatadas extensiones* (Is 33,17)». Te encuentras, pues, con que hay dos clases de visiones: una es cómoda, la otra es fatigosa". De Abraham se dice: *Levanta tus ojos y mira desde el lugar en que estás* (Gn 13,14): se trata de una visión cómoda. Pero de Moisés se dice: *Sube a la montaña de los Abarim* (Dt 32,49); se trata de una visión fatigosa".[249] [...] *Da instruciones a Josué ... él pasará al frente de este pueblo y les dará posesión del país que ves* (Dt 3,28): Declara que Moisés veía con sus ojos lo que Josué no había pisado con su pies" (**SNm 136**).[250]

Tradición paralela se encuentra en **SDt 338**: "*Y mira toda la tierra de Canaán* (Dt 32,49). R. Eliezer comentaba: «El dedo del Santo, bendito sea, le servía de guía[251] a Moisés y le enseñaba todas las ciudades de la Tierra de Israel: hasta aquí es el confín de Efraim, hasta aquí es el confín de Manasés». R. Yehosúa decía: «Moisés por sí mismo la vio, he aquí cómo: dio fuerza a los ojos de Moisés y vio de un confín al otro confín el mundo»". También **LAB 19,10** especifica el contenido de la visión: "Entonces le mostró Dios todo el país y todo lo que contiene, al tiempo que le decía: «Esta es la tierra que voy a dar a mi pueblo». Le mostró el lugar donde las nubes sacan agua para regar toda la tierra, el lugar donde el río toma su caudal, el país de Egipto y el lugar del firmamento de donde bebe únicamente la tierra santa. Le mostró el lugar de donde llovió el maná para el pueblo, hasta las sendas del paraíso. Le mostró las dimensiones del Santuario, el número de las ofrendas y los signos con que se comienza a observar el cielo".[252]

249.La diferencia está en que Abraham contempla la Tierra *desde el lugar en que está*, sin hacer esfuerzo alguno, mientras Moisés *ha de subir a la montaña* para poder contemplar la Tierra. Cf **SDt 338**: "*Sube a la montaña de los Abarim* (Dt 32,49). Es para ti una subida –עליה–, no un descenso –ירידה."

250.**SNm 135-136** es una inserción proviente de un midrás a Dt 3,23-28 y 34,1-4.

251.El texto hebreo usa el nombre de Metatrón, ángel que cobra una especial relevancia en la muerte de Moisés; cf. Comentario, *infra*, § 55, p. 119, nota 326.

252.También en **LAB 19,7** Dios razona por qué muestra la tierra a Moisés, pero no le permite entrar: "No obstante, a ti te voy a enseñar el país antes de que mueras,

§ **32**. *Sexta Bat Qol: Quedan tres horas de vida a Moisés*

Ante la inminencia de su muerte Moisés arriesga sus últimos recursos. Las tribus de Rubén y Gad prefirieron quedarse en Transjordania, donde disponían de pastos abundantes para sus grandes rebaños. Moisés lo permite con la condición de que los hombres de armas de las dos tribus participen también en la conquista de la Tierra (cf. Nm 32). La petición de Moisés (compartir la suerte de las tribus de Rubén y Gad) es una forma de conseguir entrar en la Tierra para luego quedar fuera. Pero Dios le hace ver que esta situación impediría a Moisés participar en la fiestas obligatorias de peregrinación y en la solemnidad del año sabático, y, por consiguiente, estar anulando de hecho la Torah.[253]

Además, en la fiesta de *Sukkot*, el séptimo día el rey debía hacer la lectura de la Torah: **mSot 7,8**. Este uso se establece a partir de Dt 31,9ss –donde Moisés prescribe que cada siete años, en el año de remisión, se lea la Torah–, y a partir de 1 Re 8 –donde el rey Salomón, en la fiesta de *Sukkot*, traslada el arca al Templo y recita una solemne oración. En la situación que postula Moisés, él no estaría allí para protagonizar la solemne lectura.

§ **33**. *Séptima Bat qol: Quedan dos horas de vida a Moisés. Sammael y Miguel se disputan el alma de Moisés*

La escena tiene un dramatismo especial. Ante la inminente muerte de Moisés, Sammael, el jefe de los satanes –los acusadores–, está al acecho,[254] y Miguel, el ángel protector de Israel, está para defender a Moisés ante el Alto Tribunal.[255]

Ya en el NT se recoge el enfrentamiento entre Sammael y el Arcángel Miguel por el alma de Moisés:[256]

aunque en esta era no entrarás en él, para que no veas las imágenes con que este pueblo comenzará a extraviarse y apartarse."

253. Dios retuerce la argumentación de Moisés de que se está dejando por mentirosa a la Torah (cf. § 16 y comentario).

254. *Satán* –שטן– es «el acusador». Sammael era el más grande príncipe de los cielos, pero se rebeló contra Dios y fue derribado desde los más altos cielos (**PRE 13,2; 14,6**); es el ángel de la muerte, el que tienta a Eva cabalgando sobre la serpiente (**TgPsJ Gn 3,6**); el que se enfrenta con Miguel en el proceso en torno a Moisés.

255. **1QM XVII,6-8; TgCant 8,9**; cf. Ex 23,23.

—**Judas 9**: *El arcángel Miguel, cuando disputaba con el diablo y discutía sobre el cuerpo de Moisés, ni siquiera se atrevió a proferir una sentencia blasfema, sino que dijo: «el Señor te reprima».*

La disputa es recogida en la tradición rabínica:

—**ExR 18,5**: "Pues así están Miguel y Sammael delante de la *Šekinah*: Satán acusa y Miguel muestra la justicia de Israel".

—**SDt 305**: "En aquella hora dijo el Santo, bendito sea, al ángel de la muerte: «Ve y tráeme el alma de Moisés». Fue y se paró ante Moisés y le dijo: «Moisés, dame tu alma». Le contestó: «En el lugar donde estoy sentado, no tienes derecho a estar de pie. ¿Y tú me dices 'dame tu alma'?». Le reprendió y el ángel de la muerte salió con enfado."

—**DtR 11,5**: "¿Qué significa *antes de su muerte* (Dt 33,1)? Nuestros maestros explican: ¿Qué hizo Moisés? Cogió al ángel de la muerte, lo echó de su presencia y se puso a bendecir a las tribus, a cada una con su bendición. R. Meír explicaba: El ángel de la muerte fue a donde estaba Moisés y le dijo: «El Santo, bendito sea, me ha enviado a ti, porque hoy vas a salir de este mundo». Moisés le replicó: «Márchate de aquí, porque yo voy a alabar al Santo, bendito sea»".[257]

—**DtR 11,10**[258]: "El ángel malvado Sammael, el jefe de los satanes, estaba todo el tiempo acechando la muerte de Moisés y decía: «Cuando llegue el tiempo o el momento en que Moisés muera bajaré y le tomaré su alma». De él dijo David: *El malvado espía al justo y busca darle muerte* (Sal 37,32). No hay más malvado entre los satanes que Sammael y no hay más justo entre los justos que Moisés, como está dicho: *No hubo en Israel profeta más grande que Moisés, a quien Yhwh conoció cara a cara* (Dt 34,10). Una parábola. ¿A qué se parece esto? A uno que fue invitado a un banquete de bodas y estaba anhelando cuándo llegaría la fiesta para participar en ella. Así estaba el malvado Sammael anhelando el alma de Moisés y diciendo: «¿Cuándo Miguel llorará y mi boca se llenará de risas?», hasta que Miguel respondió: «¡Ah, malvado!, ¿yo lloraré y tú reirás? *No te alegres de mi suerte, oh enemiga mía; pues si caí, me levantaré,*

256. Cf. AUS, R.D., *The Death, Burial* ..., pp. 10-14. Es notable el contraste entre Sammael (el ángel de la muerte) y Miguel ante la muerte de Abraham y la muerte de Moisés (cf. detalles en LOEWENSTAM, "The Testament of Abraham and the text concernig Moses' Death", pp. 167-173).

257. Las palabras de R. Meír se repiten en **Tanḥ *we-zo't ha-berakah* 3**.

258. Nótese la estrecha relación de este texto con el de nuestro midrás, y con **CrYeraḥmeel L (8)** (GASTER, p.186).

porque si moro en tinieblas, Yhwh será mi luz (Miq 7,8). Pues *si caí* por la muerte de Moisés, me *levantaré* por el liderazgo de Josué cuando mató treinta y un reyes. Aunque *more en la tiniebla* por la destrucción del primer y segundo Templo, *Yhwh será mi luz* en los días del Mesías».”

La larga disputa termina con estas palabras de Moisés a Sammael: “Sal de aquí, malvado,[259] tú no puedes hablar así! ¡Escapa de mi presencia, no te voy a entregar mi alma!.”

§§ **34-35**. *Octava Bat qol: Queda una hora de vida a Moisés. El último recurso de Moisés*

Rab lak –«¡basta ya!»–[260] es el corte tajante de Dios al último recurso de Moisés: ni como un pájaro puede sobrevolar la Tierra de Israel para picar alimento y beber de su ríos. Ni siquiera las obras de la creación pueden interceder por Moisés, pues ellas precisamente son el testimonio de la belleza, oportunidad y justicia de todo lo creado: *Todo lo hizo bello a su tiempo* (Qoh 3,11), y *Todo camina a un mismo lugar* (Qoh 3,20); el deterioro de cielos y tierra estaba ya previsto (Is 51,6).

DtR 11,10 reproduce una tradición más desarrollada: “Dijo Moisés ante el Santo, bendito sea: «Señor del Universo, si no me dejas entrar en la Tierra de Israel, déjame vivir como las bestias del campo que comen hierba y beben agua y viven y disfrutan del mundo; así será mi alma como una de ellas». Le contestó: *¡Basta ya!* (Dt 3,26). Dijo ante Él: «Señor del Universo, si no, déjame en este mundo como un pájaro que vuela por los cuatro vientos del mundo y recoge su alimento cada día y a la tarde vuelve a su nido. Así será mi alma como uno de ellos». Le contestó: *¡Basta ya!* ¿Qué significa *¡Basta ya!*? Le dijo: «Ya has hablado bastante». Cuando Moisés vio que ninguna criatura podía librarlo del paso de la muerte, entonces exclamó: *Él es la Roca, perfecto es Su obrar. Sus caminos son justos, es un Dios fiel, sin maldad, es justo y recto]* (Dt 32,4).”

§ **36**. *Últimos consejos de Moisés a Josué para la gobernanza de Israel. Moisés pide perdón por su propio comportamiento. Josué en el bet ha-midraš*

Los §§ 22, 24, 26 y 27 han contado de diversas maneras un cierto ritual de entronización de Josué por parte de Moisés. Ahora, una vez que Moisés ha asumido que no puede escapar de la muerte, transmite en

259. לך רשע מכאן, que R.D. AUS (p. 14) considera el background de las palabras de Jesús a Pedro en Mc 8,33 y Mt 16,23: Ὕπαγε ὀπίσω μου, Σατανᾶ.
260. Cf. §§ 17-19 y comentario.

forma menos solemne,[261] pero más espontánea, la autoridad a Josué: «Hijo mío, todo este pueblo que yo te entrego es un Pueblo de Dios. Son aún como niños de pecho que no saben ocuparse de los mandamientos. Cuida de no decirles nada inconveniente» (§ 36).[262] Porque son como niños es por lo que debes tratarlos con paciencia y comprensión: "Este pueblo que yo te entrego son todavía como cabritillos, todavía son niños de pecho; no te irrites con ellos por todo lo que hagan, pues tampoco su Señor se irritó con ellos por todo lo que hicieron, y así se dice: *Cuando Israel era niño yo lo amé* (Os 11,1)" (**SDt 305**). Igualmente **ARN A 17,3**: "Dijo Moisés ante Dios: «Señor del Universo, hazme saber quién entrará a la cabeza de todo el pueblo», según se dice: *Y habló Moisés a Yhwh diciendo: Yhwh, Dios de los espíritus de todo viviente, ponga un hombre al frente de esta comunidad para que salga y entre al frente de ellos y que los conduzca en sus entradas y salidas* (Nm 27,15). El Santo, bendito sea, dijo a Moisés: *Toma contigo a Josué* (Nm 27,18). Y añadió el Santo, bendito sea: «Ve y sírvele de intérprete,[263] y que él enseñe en tu presencia a los grandes de Israel». Entonces dijo Moisés a Josué: «Este pueblo yo te entrego. No te entrego un rebaño de carneros, sino de corderillos, pues aún no han practicado suficientemente los mandamientos y todavía no han llegado a ser cabras y carneros». Según está dicho: *Si no lo sabes por ti misma, la más bella de las mujeres, sigue las huellas del rebaño, y lleva a pacer tus cabritillas junto a las cabañas de los pastores* (Cant 1,8)."

Una tradición tannaítica considera a Moisés y Josué en el mismo plano de igualdad: "*Y dijo Moisés a Josué: «Escógenos hombres»* (Ex 17,9). De aquí se deduce que Moisés trataba a Josué como a su igual. Aprenda, pues, todo el mundo el proceder de Moisés que no dijo a Josué: «Escógeme hombres», sino *Escógenos hombres*.[264] Lo trató como a

261. Simplemente tocando con su cayado la cabeza de Josué.

262. El texto hebreo de *Midraš Peṭirat Mošeh* está corrompido; lit. dice: "sus niños de pecho todavía no se ocuparán de los mandamientos"

263. *Turgeman*. Cf. § 28 y comentario, donde Moisés y Josué enseñan conjuntamente.

264. Escóge*me* se referiría sólo a Moisés, pero escóge*nos* se refiere a Moisés y Josué conjuntamente.

su igual. De aquí se deduce que el discípulo debe ser para su maestro tan querido como él mismo" (**Mek a Ex 17,9**).[265]

La recomendación de Moisés para que Josué dirija al pueblo con suavidad y comprensión revela la mala conciencia de su propio comportamiento. Moisés, llorando y besando a Josué le dijo: «Nunca, en todos los días de mi vida, los israelitas encontraron en mí descanso de espíritu por las reprimendas y correcciones con que yo los castigaba».

Moisés se ofrece a Josué para resolverle las dudas que tenga en los asuntos que se le puedan presentar. La respuesta de Josué parece ofender a Moisés: «Maestro mío, ¿cuándo te dejé yo, ni de día ni de noche, como para tener dudas? Tú mismo escribiste en la Torah: *Josué, hijo de Nun, su joven ayudante no se apartaba de la Tienda* (Ex 33,11)» (cf. **bTem 16a**). Castigo por esa aparente suficiencia de Josué fue que olvidara tres mil halakot y que por ello fuera enviado a estudiar la halakah en la legendaria escuela midrásica de Ya'beṣ. Ya'beṣ es mencionado en 1 Cr 2,55, *y las familias de los escribas que habitaban en Ya'beṣ*, que Targum precisa: «Familia de los Rekabitah, hijo de Eliézer, hijo de Moisés: los discípulos de Ya'beṣ, es decir, de Otniel, hijo de Qenaz. Se le llamaba Ya'beṣ porque erigió una academia de su padre para los discípulos de la Torah". **Tg 1Cr 4,9-10**: "Ya'beṣ –es decir, Otniel– era el más versado en la Ley de todos sus hermanos (...) Ya'beṣ dirigió esta oración al Dios de Israel: Si en verdad me bendices con hijos y acreces mi territorio con discípulos ..."

§§ 37-39. *Comienza el «discurso de Adios». Reconciliación de Moisés con su pueblo*

Pasadas las rebeldías de Moisés y la desconfianza del pueblo, los §§ siguientes inician un «Discurso de Adios», que incluye la bendición, la petición de perdón y la reconciliación entre las partes. Cuando se anuncia que la hora de Moisés[266] ha llegado, el pueblo eleva un lamento doloroso por la suerte de Moisés («¡Ay del hijo de Amram...») y Moisés

265. **mAbot 4,12**: "Sea para ti el honor de tu discípulo tan querido como el tuyo propio, y el honor de tu colega como el respeto a tu maestro, y el respeto a tu maestro como el respeto a Dios."

266. La «hora de Moisés» es eufemismo por la hora de la muerte o momento decisivo para el encuentro con Dios. Cf. en NT: *¡Basta! ha llegado la hora* (Mc 14,41). Cf. AUS, pp.71-72

les asegura que Dios ha actuado siempre en favor del pueblo con su gracia y misericordia. Se termina con la confesión conjunta: «*Yhwh es Dios* (Dt 4,35.39), *Yhwh es nuestro refugio y nuestra fuerza* (Sal 46,2)».

§§ **40-41**. *Novena Bat qol: Queda media hora de vida a Moisés. La esperanza mesiánica y la resurrección de los muertos*

Concluye el discurso de Adios con la mención del tiempo de las «salvaciones y consolaciones» que aguardan a Israel. La expresión es típicamente mesiánica, como en el famoso discurso de despedida de Jacob a sus hijos en el Targum Palestinense:[267] «Reuníos y os anunciaré los secretos ocultos, los tiempos escondidos (...) el tiempo de la liberación y de la consolación –קץ פורקנא ונחמתא–, que incluye la bendición –«y los bendijo, a cada uno según sus obras»– y la espera del Rey Mesías –עד זימן דייתי מלכא משיחא, «hasta el tiempo en que venga el Rey Mesías» (**TgN Gn 49,1**). Esta alusión mesiánica[268] enlaza con el esperado reencuentro en «la resurrección de los muertos». Termina la despedida con la imagen de Moisés doliente, tapado con su manto y entonando sus lamentaciones.

§§ **42-43**. *Décima Bat qol: a Moisés queda minuto y medio de vida. Moisés concluye la escritura de la Torah. La entrega del rollo a Josué. Un malentendido entre Moisés y Josué*

En los últimos momentos de su vida a Moisés sólo queda concluir el rollo de la Torah y entregarlo a Josué. Con GINZBERG y otros autores juzgamos muy probable que el copista haya confundido השיר («el cántico») con הישר («el justo»); **DtR 11,10** escribe: "Tomó el rollo y escribió el Nombre Inefable y el libro del Cántico –ספר השיר".

La escena que sigue (Josué sentado y enseñando y Moisés de pie como para servirlo) es como una repetición de la situación embarazosa que ya se vivió en § 26. Josué se siente avergonzado al verse servido por Moisés; su confusión es como una reacción instintiva para ahorrarse tal verguenza.

Tanḥ Wa-'etḥannan 6 desarrolla en detalle la escena 'Se levantó Moisés y bien temprano se apostó a la puerta de la tienda de Josué.

267. **TgN Gn 49,1**. Cf. M. PÉREZ FDEZ., *Tradiciones mesiánicas*, p. 109.

268. Sólo en § 33 hay una mención del Mesías; la resurrección de los muertos sólo se menciona aquí.

Estaba Josué sentado y enseñando, mientras Moisés estaba en pie, doblado su cuerpo, la mano en su boca,[269] pero los ojos de Josué estaban nublados y no lo advirtió. Esto sucedió para que (Moisés) se sintiera insignificante y se entregara a la muerte. Entre tanto, los israelitas habían ido a la puerta de la tienda de Moisés para estudiar la Torah y preguntaban: «¿Dónde está Moisés, nuestro maestro?». Les dijeron: «Se fue temprano a la puerta de Josué». Fueron y lo encontraron en la puerta de Josué, Josué sentado y Moisés de pie. Dijeron a Josué: «¿Cómo se te ha ocurrido[270] que Moisés, nuestro Maestro, esté de pie mientras tú sigues sentado? Cuando (Josué) alzó los ojos y lo vio, de inmediato rasgó sus vestidos y gritó llorando: «¡Maestro mío, Maestro mío! ¡Padre mío, Padre mío y Señor mío!». Dijeron los israelitas a Moisés: «Moisés, nuestro Maestro, enséñanos la Torah». Les dijo: «No tengo autorización». Ellos dijeron: «Nosotros no te dejamos solo».”

§ 44. *Undécima Bat qol. El traspaso de toda autoridad a Josué*

La «caída» de Moisés es enfatizada en lenguaje sapiencial por **DtR 9,2**:[271] “Esto es lo que dice la Escritura: *Otra cosa he observado bajo el sol: No gana la carrera el que más corre* (Qoh 9,11). ¿Qué significado tiene «no gana la carrera el que más corre»? R. Tanḥuma enseña que esta Escritura se refiere a Moisés. ¿Cómo así? El que ayer subía a los cielos como un águila, hoy intenta pasar el Jordán y no es capaz, como está dicho: *ciertamente no pasarás este Jordán* (Dt 3,27). *Ni vence la batalla el más fuerte* (Qoh 9,11): aquel ante quien ayer los ángeles temblaban en su presencia, hoy confiesa: *porque tuve miedo ante la cólera y furor...* (Dt 9,19)”.[272] *Ni gana el pan*[273] *quien es más sabio* (Qoh 9,11): *el sabio que* ayer *escalaba la ciudad de los poderosos y derrriba la fortaleza en que confiaban* (Prov 21,22), hoy se le ha quitado y se le ha entregado a Josué, hijo de Nun. *Ni es de los avisados la riqueza* (Qoh 9,11): *el sabio que* ayer *escalaba la ciudad de los poderosos y derriba la fortaleza en que confiaban* (Prov 21,22), hoy se le ha quitado y se le ha entregado a Josué, hijo de Nun. *Ni es de los avisados la riqueza* (Qoh 9,11): ayer hablaba tan altaneramente cual rico: *¡Aleja el*

269. Es el gesto del servidor, presto para el servicio que requiera su amo.
270. Lit. «¿Qué ha subido a tu corazón?».
271. Cf. comentario a § 4.
272. Cf. también respuesta de tipo sapiencial en **bŠab 55b**.
273. El pan simboliza la sabiduría/Torah: *Venid a comer de mi pan ...* (Prov 9,5).

inccendio de tu ira! (Ex 32,12), *Perdona la culpa de este pueblo* (Nm 14,19), pero ahora habla como un pobre: *Y supliqué* –ואתחנן–, *ten conmigo misericordia* –חנם.[274] *Ni es el éxito de quien es inteligente* (Qoh 9,11): ayer sabía cómo aplacar a su Creador, *Levántate, Yhwh* (Nm 10,35), *Descansa, Yhwh* (Nm 10,36), pero ahora, después de siete días de súplicas, el Santo, bendito sea, le dijo: *He aquí que se acercan los días de tu muerte* (Dt 3,14)."

El maestro enseñaba sentado; cuando Josué se levanta significa que ha terminado su exposición. Entonces el pueblo pide a Moisés que continúe la enseñanza de Josué, y Moisés confiesa su ignorancia. Es la suprema humillación de Moisés: "Moisés había tropezado y caído" (cf. **Tanḥ wa-'etḥannan 6**).

§ **45**. *Moisés pone su alma en manos de Dios. Gabriel, Miguel y Zagziel renuncian tomar el alma de Moisés*

La rebeldía de Moisés ha sido finalmente vencida. El proceso ha sido laborioso hasta llegar al desenlace: Moisés pone su alma en Dios. La recepción se corresponde con la grandeza del héroe y la solemnidad del momento. La tradición resalta a los tres mensajeros que Dios envía sucesivamente para recibir el alma de Moisés: Gabriel, Moisés y Zagziel. Pero los tres se sienten incapaces de tan gran misión. La versión de DtR omite (o confunde) la intervención de Zagziel: "¿Qué hizo Moisés? Tomó el rollo y escribió el Nombre Inefable y el libro del Cántico.[275] Aún no había acabado de escribir cuando llegó el momento en que había de morir. En aquella hora dijo el Santo, bendito sea, a Gabriel: «Gabriel, sal y trae el alma de Moisés». Contestó ante Él: «Señor del Universo, ¿cómo puedo yo ver la muerte del que vale como seiscientas mil almas? Yo no puedo causar daño a quien tiene tales cualidades». Después dijo a Miguel: «Sal y trae el alma de Moisés». Contestó ante Él: «Señor del Universo, yo fui su maestro y él fue mi discípulo, yo no puedo ver su muerte» (**DtR 11,10**; cf. **CrYeramḥeel L (10)** [GASTER 137]). La reacción de los ángeles es «demasiado humana». Sienten la muerte no como el encuentro con Dios sino como una

274. Cf. comentario a § 6. El término חנם explica por paronomasia el término bíblico ואתחנן.

275. Se refiere al cántico de Moisés en Ex 32. Cf *supra*, **MPM** § **42**, nota 121.

decisión forzada contra la voluntad de Moisés. Dios tiene que dar el encargo al «especialista» sin sentimientos, al ángel de la muerte.[276]

§§ **46-47**. *Sammael pretende sin éxito tomar el alma de Moisés*

Al contrario que los ángeles Gabriel, Miguel y Zagziel, el ángel de la muerte, Sammael, acepta incialmente con entusiasmo tomar el alma de Moisés, pero, deslumbrado ante el resplandor del rostro de Moisés y ante la larga lista de sus méritos, Sammael se llena de miedo y se echa a temblar. El encuentro entre Moisés y Sammael es tradición compartida con **DtR 11,10** (texto muy similar en **CrYeraḥmeel L (11-12)**:[277] "Después dijo [el Santo, bendito sea] al malvado Sammael: «Sal y trae el alma de Moisés». Inmediatamente Sammael se llenó de rabia, se ciñó la espada y se revistió de crueldad y fue al encuentro de Moisés. Cuando (Sammael) vio que (Moisés) estaba sentado escribiendo el Nombre Inefable y el resplandor de su apariencia era como la del sol y se asemejaba a un ángel de Yhwh Sebaot, Sammael se echó a temblar ante Moisés y dijo: «En verdad los ángeles no pueden tomar el alma de Moisés». Antes de mostrarse Sammael a Moisés, ya Moisés sabía que Sammael venía. Y cuando Sammael vio a Moisés le cogió un temblor y dolor como de parturienta y no encontraba modo de abrir la boca para hablar con Moisés, hasta que Moisés dijo a Sammael: «*No hay paz, dice mi Dios, para los malvados* (Is 57,21). ¿Qué estás haciendo aquí?». Le contestó: «He venido a tomar tu alma». Le dijo: «¿Quién te ha enviado?». Le contestó: «El que creó todas las criaturas». Le contestó: «Tú no puedes tomar mi alma». Le dijo: «Las almas de todos los que vienen al mundo son entregadas en mis manos». Le contestó: «Yo tengo más fuerza que todos los que vienen al mundo». Le preguntó: «¿Cuál es tu fuerza?». Le contestó: «Yo soy hijo de Amram, salí del vientre de mi madre circunciso y no necesité ser circuncidado; el mismo día en que nací fui capaz de abrir la boca y caminar con mis pies y hablar con mi padre y con mi madre e incluso no mamé leche; cuando tenía tres meses comencé a profetizar y anuncié que había de recibir la Torah de entre llamas de fuego; y una vez que salí a caminar entré en el palacio del Rey y quité la corona de su cabeza; cuando tuve ochenta años hice

276.Cf. § 33 y comentario. La renuncia de los ángeles y el fracaso de Sammael está sintetizado en E. FLEG, *Moisés contado por los sabios*, pp. 198-99.

277.Cf. también **ARN A 12,4; B 25,2**.

prodigios y signos en Egipto y liberé seiscientas mil almas ante los ojos de todos los egipcios y rompí el mar en doce sendas y convertí las aguas amargas en dulces; y ascendí y abrí un camino en los cielos y entablé batallas con los ángeles y recibí la Torah de fuego; habité bajo el trono de fuego y acampé bajo una columna de fuego y hablé con Él cara a cara; prevalecí sobre la familia celestial y revelé sus secretos a los hijos del hombre; recibí la Torah de la mano derecha del Santo, bendito sea, y la enseñé a Israel; hice la guerra contra Siḥón y Og, los dos gigantes idólatras[278] a cuyos tobillos ni siquiera llegaron las aguas del diluvio por su estatura; detuve el sol y la luna en todo lo alto y los golpeé con la vara de mi mano y los maté. ¿Quién entre los que vienen al mundo hay que tal haga? ¡Vete de aquí, malvado, tú no puedes hablar así! ¡Escapa de mi presencia, no te voy a entregar mi alma!»".[279]

El texto B (inserción en §§ 46-47) recoge el diálogo de Sammael con Dios: "Vino Sammael y se presentó ante el Santo, bendito sea, y dijo: «Señor del mundo, ¿acaso Moisés, maestro de Israel, es más grande que el primer hombre que creaste a tu imagen y semejanza? ¿Acaso es más grande que Abraham, tu amigo, que fue arrojado al horno de fuego para la santificación de tu Nombre? ¿Acaso es más grande que Isaac que fue atado sobre el altar o que tu hijo primogénito Jacob y sus doce hijos de tu plantación? Ninguno de ellos ha escapado de mi mano. Dame la autorización y tomaré su alma». Le contestó el Santo, bendito sea: «Ninguno de ellos es semejante a él. ¿Por dónde podrías tomar su alma? ¿Por su rostro? Está frente a mi rostro, como está dicho: *Yhwh hablaba con Moisés cara a cara* (Ex 33,11), ¿cómo podrías acercarte a él? Si dijeras que por sus manos, ¿cómo podrías acercarte a las manos que recibieron la Torah? Si dijeras que por sus pies, ¿cómo podrías acercarte a los pies que tocaron mi Arafel (cf. Ex 20,21). No tienes potestad por ninguno de sus miembros». Le insistió: «Señor del mundo, a pesar de todo, dame permiso para tomar su alma». Le contestó: «El permiso está en tus manos»."

La tradición recoge la impotencia de Sammael frente a Moisés y la confesión de su fracaso ante Dios: "Cuando llegó el tiempo fijado para que Moisés abandonara el mundo, vino el ángel de la muerte y se colocó frente a él. Moisés se enojó y lo echó con indignación. Le dijo:

278.Lit., «adoradores de estrellas».
279.Cf. notas a **MPM** § **47**.

«Si tú eres incapaz de cumplir mi misión, ¿cómo puedes pedirme que te entregue mi alma? Si cuando yo estaba sentado, tú eras incapaz de tenerte en pie, ¿cómo puedes pedir que te entregue mi alma?». Se fue el ángel de la muerte junto al Poderoso[280] y le dijo: «Señor del mundo, Moisés, tu siervo, no quiere entregarme el alma»" (**ARN B 25,2**).[281]

§ **48-49.** *Duodécima Bat qol: A Moisés queda medio minuto de vida. Segundo intento fallido de Sammael. El rostro radiante de Moisés*

El momento final se retarda con un nuevo intento de Sammael urgido por Dios. Se trata de un recurso narrativo para resaltar la fortaleza de Moisés, que pondrá en fuga a Sammael y sólo entregará su alma a Dios. Sucintamente lo narra **DtR 11,10**: "Inmediatamente volvió Sammael y relató el asunto al Poderoso.[282] El Santo, bendito sea, dijo a Sammael: «Ve y tráeme el alma de Moisés». Rápidamente Sammael desenvainó su espada y se plantó ante Moisés. Moisés se llenó de ira y tomó en su mano la vara donde estaba grabado el Nombre Inefable y golpeó a Sammael con toda su fuerza hasta que lo puso en fuga; corrió tras él con el Nombre Inefable y tomó el resplandor de gloria de entre sus ojos y cegó los ojos de Sammael".[283]

El doble intento de Sammael ya aparece en el midrás tannaítico **SDt 305**: "En aquella hora dijo el Santo, bendito sea, al ángel de la muerte: «Ve y tráeme el alma de Moisés». Fue y se paró ante él. Le dijo: «Moisés, dame tu alma». Le contestó: «En el lugar donde estoy sentado no tienes derecho a estar de pie, ¿y tú me dices 'dame tu alma'?». Le reprendió y salió con enfado. Fue el ángel de la muerte y transmitió la respuesta ante el Poderoso.[284] Nuevamente le dijo el Santo, bendito sea: «Ve y tráeme su alma». Fue a su sitio y lo buscó, pero no lo encontró".

ExR 47,6 explica de dónde procedía el resplandor del rostro de Moisés con el que cegó los ojos de Sammael: "*Cuando Moisés bajaba de la*

280. *Geburah*.
281. Cf. **ARN A 12,5**.
282. *Geburah*.
283. E. CORTÉS se pregunta «cómo puede Dios mandar por segunda vez al ángel de la muerte a cumplir un cometido que se ha demostrado imposible». Creo que es simplemente el recurso de una estrategia narrativa (cf. *Sifre Deuteronomio. Comentario tannaítico* ..., vol. II, p. 202, por E. CORTÉS y T. MARTÍNEZ).
284. La designación divina como *Geburah* muestra la común tradición de **SDt 305** y **DtR 11,10**.

montaña del Sinaí con las dos tablas del Testimonio en la mano, no sabía que la tez de su rostro estaba radiante por haber hablado con Él (Ex 34,29). ¿De dónde procedían los rayos de gloria de Moisés? Nuestros maestros dijeron: «De la hendidura de la roca, como está dicho: *Cuando pase mi Gloria te pondré en la hendidura de la roca y te cubriré con mi mano hasta que haya pasado* (Ex 33,22)». R. Berekiyah, el sacerdote, en nombre de R. Šemuel decía: «Las tablas tenían seis palmos de largo por seis palmos de ancho. Moisés sostenía dos palmos, la *Šekinah* otros dos palmos, y quedaban dos palmos en el centro, de donde Moisés tomó los rayos de gloria». R. Yehudah bar Naḥmani en nombre de R. Simeón ben Lakiš decía: «Mientras escribía el decálogo un poco de tinta quedó en el cálamo y de allí pasó a la cabeza cuando lo secó en los cabellos, y de allí surgieron los rayos de Gloria, como está dicho: *Y Moisés no sabía que la tez de su rostro estaba radiante* (Ex 34,29).

[IV. ÚLTIMA *BAT QOL*. MUERTE Y SEPULTURA DE MOISÉS][285]

§§ 50-51. *Dios mismo dará sepultura a Moisés*

Se oye la *Bat qol* por última vez para anunciar el conmovedor final: 1) Moisés se entrega confiadamente al Dios clemente y misericordioso; Dios le asegura que él mismo le cuidará y le dará sepultura; Moisés se rinde y se deja conducir por la misericordia de Dios. 2) La actuación de Dios, fundamento de la obra de misericordia de enterrar a los muertos. 3) El cortejo fúnebre de los ángeles. 4) La muerte de Moisés, similar a la de Aarón.

1) La tradición es unánime en la interpretación del texto bíblico: *y lo enterró en valle de Moab, frente a Bet Pe'or* (Dt 34,6), donde se supone que Dios es el sujeto implícito:

—**LAB 19,12**: "A tí te tomaré, te haré dormir con tus padres, te daré descanso en tu sueño y te sepultaré en paz. Te llorarán los ángeles y se entristecerán las milicias celestiales. Y nadie, ni ángel ni hombre, conocerá el sepulcro en que estarás sepultado hasta que Yo visite el mundo."
—**LAB 19,16**: "Murió en la gloria según lo dicho por el Señor, quien lo sepultó como le había prometido (...) porque el Señor lo amó mucho y lo sepultó con sus propias manos en un lugar elevado a la luz de todo el mundo."
—FILÓN (***De Vita* II, 291**): "... y [Moisés] profetizó, en vida aún, los detalles de su propia muerte, diciendo antes de morir cómo había muerto, cómo había sido sepultado sin que hombre alguno estuviera presente, evidentemente que no por manos mortales sino por poderes inmortales;[286] cómo no había recibido honras fúnebres en la tumba –ἐν τάφῳ– de sus antepasados, pues le había sido concedido un monumento –μνῆματος– superior, que ninguno de los hombres ha visto jamás."
—**mSot 1,9**: "¡Quién más grande que Moisés! del que no se ocupó más que Dios, tal como está dicho: *Y lo enterró en el valle de Moab* (Dt 34,6).

285. BIALIK – RAVNITZKY, *The Book of Legends*: "The Death of Moses, Moses Burial Place" (I,5.101-105). GINZBERG, *Legends of the Jews*: "Moses Death ... Moses Excell all Pious men" (800-839).

286. Probable referencia a los ángeles, la *familia Dei,* cortejo fúnebre formado por Miguel, Zagziel y Gabriel. Cf. **MPM § 51** y **DtR 9,5** (*infra*).

Pero no se dijo sólo de Moisés, sino de todos los justos,[287] ya que está escrito: *Tu justicia irá delante de ti y la Gloria del Señor te recogerá* (Is 58,8)."

—**tSot 4,8**: "Moisés fue merecedor de enterrar los huesos de José, por eso mismo el Omnipresente, bendito sea, se ocupó de él, según está dicho: *Y lo enterró en el valle de Moab* (Dt 34,6)."

—**Mek a Ex 13,19**: "¿Quién puede ser para nosotros más grande que Moisés, de quien no se ocupó otro que el Santo, bendito sea, ya que se dice: *Y lo enterró en el valle* (Dt 34,6)?"[288]

—**Tanḥ wa-etḥanan 6**: "En aquel momento salió su alma con un beso, conforme a lo que está dicho: *Y murió allí Moisés, el siervo de Yhwh, en el territorio de Moab, por boca*[289] *de Yhwh* (Dt 34,5). No se ocuparon de su enterramiento ni Israel ni los ángeles, sino sólo el Santo, bendito sea, según está dicho: *Y lo enterró en el valle de Moab, frente a Bet Pe'or* (Dt 34,6)".[290]

—**DtR 9,5**: "Todas las criaturas descienden al sepulcro con sus ojos ciegos, pero tus ojos no se cegaron; todas las criaturas son preparadas para la sepultura con aderezos humanos: féretro, parihuelas, sudario. Pero tú has sido preparado con sudario obra del Cielo, con parihuelas obra del Cielo y con féretro obra del Cielo. Otra interpretación: todas las criaturas cuando mueren, sus familiares y vecinos se cuidan de ellos, pero de ti, Yo mismo y mi familia[291] nos ocupamos de ti. ¿De dónde se deduce esto? De lo que está dicho: *Y lo enterró en el valle* (Dt 34,6)".[292]

287. Cf. similar extensión del «beso de Dios» en § 53.

288. Cf. *supra*, § 2 y comentario.

289. El midrás entiende materialmente «boca» como un beso.

290. Sobre la razón de la sepultura frente a *Bet Pe'or*, cf. **TgPsJ Dt 34,6**: "... y con su *Memrá* lo llevó cuatro millas y lo enterró en el valle frente a *Bet Pe'or* para que cada vez que *Pe'or* se levantase para recordar a Israel su pecado, se mirase a la tumba de Moisés y se afligiese"; **PRE 45,6** (final): "¿Qué hizo el Santo, bendito sea, cuando murió Moisés? Puso su tumba frente por frente; siempre que Israel pecaba y *Pe'or* abría sus fauces resollando para morder y exterminar a Israael, veía en frente la tumba de Moisés, se atemorizaba y se echaba atrás, como está dicho: *Y lo enterró en el valle, frente a Bet Pe'or* (Dt 34,6)."

291. La corte celestial.

292. Sin embargo, hemos notado dos tradiciones discrepantes con la general rabínica: 1) R. Yismael en **SNm 32**: "*Y lo enterró en el valle* (Dt 34,6): ¿Es que son otros los que lo enterraron? ¿No es él mismo el que se enterró?" Del contexto y del valor reflexivo que R. Yismael da a la partícula את infiere que Moisés fue enterrado por su propia voluntad o que él mismo se cavó su sepultura (cf. traducción y nota de

2) En la actuación de Dios se ve el fundamento de la obra de misericordia de enterrar a los muertos:

—**TgPsJ Dt 34,6**: "Bendito sea el Nombre del Señor de mundo que nos enseñó su recto camino (...) Nos enseñó a enterrar a los muertos cuando Moisés, pues se apareció junto a él en su *Memrá,* acompañado de bandadas de ángeles del servicio."

—**bSot 14a**: "El Santo, bendito sea, enterró a los muertos, pues está escrito: *Y lo enterró en el valle* (Dt 34,6). Así pues, tú debes enterrar a los muertos (...). R. Simlay explicó: «La Torah comienza con una obra de misericordia, como está escrito: *Yhwh Elohim hizo para Adán y su mujer una túnica de piel y los vistió* (Gn 3,21), y acaba con una obra de misericordia, como está escrito: *Y lo enterró en el valle*»."

—**PRE 17,1**: "¿De dónde hemos aprendido nosotros la obra de misericordia para con los difuntos? Del Santo, bendito sea: porque Él hizo una obra de misericordia con su siervo Moisés sepultándolo con su propia mano. Si esto no estuviera escrito nos sería imposible decirlo; pero está escrito: *y lo enterró en el valle* (Dt 34,6)."

3) En el solemne cortejo fúnebre figuran los ángeles de la corte celestial en un luto cósmico:

—**LAB 19,16**: "Los ángeles lloraron su muerte. Le precedía un concierto de relámpagos, antorchas y saetas. Aquel día, debido al fallecimiento de Moisés, la milicia celeste no entonó su himno. No ha habido un día como aquél desde que el Señor hizo al hombre en la tierra ni lo habrá nunca jamás, un día en el que el himno de los ángeles se repliegue ante los hombres."

—**TgPsJ Dt 34,6**: Moisés fue llevado "acompañado de bandadas de los ángeles del servicio. Miguel y Gabriel extendieron un lecho de oro incrustado con brillantes gemas, piedras preciosas y berilos, adornado con tapices de lana fina, sábanas de púpura y ropas blancas. Metatrón,[293] Yopiel, Uriel y Yefehfiyá, maestros de sabiduría, lo

M. PÉREZ FERNÁNDEZ a SNm § 32). La misma interpretación de R. Yismael se repite **NmR a Nm 6,13**: "Éste es uno de los tres casos en que la partícula *'et – 'oto–* se explica en cierto sentido (especial reflexivo)", a saber en Lv 22,16; Dt 34,6 y Nm 6,13.

2) LXX: el texto hebreo dice ויקבר (sing.), pero LXX lee ἔθαψαν, pl.: se infiere que fueron los hijos de Israel quienes dieron sepultura a Moisés (cf. AUS, p. 169).

293. Menciones de Metatrón en pp. 12, 61, 62, 106, 112 y 119.

colocaron sobre él."

—**CrYeraḥmeel L (14)** (GASTER 139): "En aquel momento Moisés se puso en pie y habiéndose purificado como uno de los serafines, el Santo, bendito sea, descendió de los altos cielos con Miguel, Gabriel y Zagziel. Miguel preparó el lecho de Moisés, Gabriel extendió una prenda de fino lino en su cabeza, y Zagziel una alfombra para sus pies. Miguel se puso a un lado y Gabriel al otro. Entonces El Señor habló a Moisés: «Cierra tus ojos uno tras otro y junta tus pies.»

4) La muerte de Moisés fue similar a la de su hermano Aarón:

—**SDt 339**: "*Después morirás en el monte y te reunirás con los tuyos, lo mismo que murió tu hermano Aarón en el monte Hor y se reunió con ellos* (Dt 32,50). Con la muerte que deseaste. ¿y de dónde se concluye que Moisés deseó la misma muerte que Aarón? En la hora en que le dijo el Santo, bendito sea: T*oma a Aarón y a su hijo Eleazar* (Nm 20,25), *y quitarás a Aarón sus vestiduras* (Nm 20,26). Éstas son las vestiduras del sacerdocio que revistió a Eleazar (...). Le dijo: «Entra en la cueva», y entró. «Sube al lecho», y subió. «Extiende tu mano», y la extendió. «Cierra tu boca», y la cerró. «Cierra los ojos», y los cerró. En aquella hora dijo Moisés: «¡Dichoso quien muere de esta muerte!». Por eso se dice: *Lo mismo que murió tu hermano Aarón* (Dt 32,50), la muerte que codiciaste."

—**ARN A 12,4**: "En aquel momento Moisés pidió una muerte semejante a la de Aarón, pues vio el féretro de Aarón preparado con gran honor y a compañías y compañías de ángeles servidores haciendo duelo por él."

—**ARN B 25,2**: "Cuando Moisés vio el féretro de Aarón extendido y a los ángeles servidores en pie lamentándose, deseó aquella muerte."

§ **52**. *Diálogo entre Dios y el alma de Moisés*

El diálogo entre Dios y el alma está desarrollado en un texto muy similar en **DtR 11,10**: "En aquella hora el Santo, bendito sea, llamó al alma salir de su cuerpo. Le dijo: «Hija mía, ciento veinte años decreté que estuvieras en el cuerpo de Moisés. Ahora ha llegado tu momento de salir. Sal sin tardar». (El alma) dijo ante Él: «Señor del Universo, yo sé que Tú eres el Dios de todos los espíritus y de todas las almas, las almas de los vivos y los muertos están en tu mano. Tú me has creado y formado y me pusiste en el cuerpo de Moisés durante ciento veinte años. ¿Hay en el mundo un cuerpo más puro que el cuerpo de Moisés donde no se percibe hediondez ni gusano ni lombriz?[294] Por eso yo lo amo y no quiero salir de él. Le dijo el Santo, bendito sea: «Alma, sal sin tardar, te voy a subir a los más altos cielos y te haré habitar bajo el trono de mi Gloria junto a querubines, serafines y tropas angélicas». (El alma) dijo ante Él: «Señor del Universo, desde cerca de lo alto de tu *Šekinah* descendieron dos ángeles, 'Uza y 'Azael, y codiciaron a las hijas de la tierra y corrompieron sus caminos en la tierra hasta que tú los suspendiste entre la tierra y el cielo. Pero el hijo de Amram, desde el día que te revelaste a él en la zarza no entró a su mujer», como está dicho: *Miriam y Aarón murmuraron de Moisés con motivo de la mujer cusita que había tomado, pues habíase desposado con una mujer cusita* (Nm 12,1)".[295] Texto muy similar se lee en **CrYeraḥmeel L (14-15)** (GASTER 139-40).

Es un detalle curioso que el alma rehúse inicialmente sumarse a las tropas angélicas, pues le recuerdan el pecado de los ángeles caídos. 'Uza y 'Azael se cuentan entre los ángeles caídos, que se remontan a las primeras narraciones del ayuntamiento de los ángeles con las hijas de los hombres: "Šemḥazay y 'Azael habían caído del cielo y estaban en la tierra en esos días y también después de que los hijos de los grandes entraron a las hijas de los hombres y éstas les dieran hijos. Ellos son los llamados gigantes de antiguo, hombres famosos" (**PsJ Gn 6,4**); en **1 Hen 6,1-7** se mencionan a Šemḥazay y 'Azael.[296]

En **DtR 11,5** los interlocutores no son Dios y el alma, sino Moisés con su propia alma: "R. Yiṣḥaq decía: El alma de Moisés se resistía a salir y Moisés conversaba con su alma diciéndole: «Alma mía, pensarás que el ángel de la muerte busca dominarte.» Ella replicó: «No lo permitirá el Santo, bendito sea, porque Él *arrancó mi alma de la muerte*»

294. La ausencia de moscas puede asociarse a **mAbot 5,5** como significación de pureza o en contraposición con la lepra de Miriam (Nm 12,10). Cf. supra, p. 60, nota 173, y la sugerencia de GOLDIN, *The Death of Moses*, p. 182, nota 37.

295. **PRE 46,1**: "Se enseña que desde el día en que la Ley fue entregada a Moisés no volvió a acercarse a su mujer". Sobre la abstinencia sexual de Moisés a partir de un cierto momento, cf. las interpretaciones rabínicas de Ex 12,1 en **SNm 99,2** (comentario en mi versión española de *Sifre Números*). Cf. **TgPsJ Ex 12,1** y **Dt 5,30-31**; **ARN A 2,5** (cf. **9,4**).

296. En **1 Hen 8,1** 'Azael o 'Azazel es quien enseñó a fabricar armas de guerra y materiales para embellecer a las mujeres y pecar con ellas. En **1 Hen 55,4** 'Azazel y toda su hueste es juzgado por el Elegido, el Mesías; en **3 Hen 4,6** 'Azael se cuenta entre los ángeles que se rebelaron contra la creación del hombre; y el **3 Hen 5,9** testimonia que 'Azazel enseñó sortilegios a los idólatras.

(Sal 116,8)». Moisés: «¿Dirás que has visto a Israel llorando y has llorado con ellos?». Ella le contestó: «*Arrancó mis ojos de las lágrimas* (*ibid.*)». Le dijo: «¿Piensas que buscan arrojarte a la gehenna?». Le contestó: *Y mis pies de la caída* (*ibid.*). Le dijo: «Y a dónde vas a ir?». Le respondió: «*Caminaré en la presencia de Yhwh en el país de los vivos* (Sal 116,9)». Cuando Moisés oyó esto, le dio autorización diciendo: *Alma mía, recobra tu calma, Yhwh fue bueno contigo* (Sal 116,7). Cuando partió (de este mundo) los de abajo lo aclamaron y dijeron: «*Moisés nos entregó la Torah*», y los de arriba lo aclamaron diciendo: «*cumplió la justicia de Yhwh* (*ibid.*)», y el Santo, bendito sea lo aclama diciendo: «*No surgió en Israel otro profeta como Moisés* (Dt 34,10)»". También la variante del texto B recoge el diálogo de Moisés con su propia alma. El mismo diálogo entre Moisés y el alma, con notables variaciones en el estilo, en **Midrás Tannaim** (cf. Antología).

§ **53**. *El beso de Dios*

Es un final inesperado y excelso: Moisés no se entregó ni al ángel de la muerte ni a ninguno de los ángeles mensajeros de Dios. Sólo con un beso de su boca puede Dios recuperar el alma de Moisés. El texto bíblico dice literalmente: *Murió, pues, Moisés, servidor de Yhwh, en el país de Moab, por boca de Yhwh* (Dt 34,5). «Por boca de –*'al py*–» es una forma hebrea de decir que murió por decisión divina;[297] de ahí que se pueda entender como «por la Palabra de Yhwh», y finalmente y en amoroso arrebato, «por un beso de Dios».[298] **TgPsJ Dt 34,5**: "... Así pues, fue reunido allí Moisés, siervo de Yhwh, en el país de Moab, con un beso de la palabra de Yhwh"; **DtR 11,10**: "En aquella hora el Santo, bendito sea lo besó y tomó su alma con un beso de su boca"; **ARN A 12,5**: "Entonces el Santo, bendito sea, tomó el alma de Moisés y la atesoró bajo el Trono de la Gloria. Y cuando la tomó lo hizo con un beso, pues

297. Traducciones españolas: *como había dispuesto el Señor* (Conferencia Episcopal, Biblia de Jerusalén y Biblia Interconfesional); *conforme a la disposición de Yhwh* (CANTERA-IGLESIAS); *como había dicho el Señor* (Biblia del Peregrino). Cf. RABBI BRANT ROSEN, *supra*, p. 65, nota 184. En la tradición judía en algún caso la expresión alude a una muerte sin dolor en edad avanzada (**bBer 8a; bMQ 28a; bBB 27a**); cf. LOEWENSTAMM, "The Death of Moses", p. 161, nota 52.

298. Con una figura similar se dice que Dios habló con Moisés *boca a boca* –פה על פה– (Nm 12,8), que español suele traducirse «cara a cara». Cf. M. FISHBANE, *The Kiss of God, Spiritual and Mystical Death in Judaism*, 14ss.

se dice: *por boca de Yhwh* (Dt 34,5)". **SDt 357** (a Dt 34,5) interpreta: "Cuando el Omnipresente toma el alma de los justos, la toma con suavidad *–be-naḥat ruaḥ*", en una racionalización del beso de Yhwh.[299] Finalmente **Tanḥ B Wa-'etḥannan 6** escenifica: "Los israelitas anunciaron a Moisés: «Sólo te queda medio minuto de vida». Moisés alzó sus dos manos y las cruzó sobre su corazón. Y dijo a los israelitas: «Ved el final de la carne y la sangre: estas dos manos que recibieron la Torah de boca del Todopoderoso caerán en la sepultura». En ese mismo momento salió su alma con un beso, como se dice en Dt 34,5."

El tema está ampliado en **Midrás Tannaim a Dt 34,5** (pp. 225-226, ed. de Hoffmann): "*Por boca de Yhwh* (Dt 34,5): con un beso.[300] Esto enseña que la muerte de Moisés fue por boca del Santo. Para mí que esto sólo se refiere a la muerte de Moisés. ¿De dónde se deduce que también a la muerte de Aarón? Está escrito: *como murió Aarón, tu hermano en el monte Hor* (Dt 32,50).[301] Así pues, por la muerte de Moisés quedamos ilustrados de la muerte de Aarón, y de la misma manera de la muerte de Aarón nos ilustramos sobre la muerte de Moisés: como la muerte de Aarón fue por la boca del Santo, también la muerte de Moisés fue por la boca del Santo. Para mí que aquí sólo se refiere a la muerte de Moisés y Aarón, pero ¿de dónde se deduce que también a la muerte de Miriam? Está dicho: *Dijo Yhwh a Moisés (...): Te reunirás tú también a los tuyos –אל־עמיך– como se reunió Aarón tu hermano* (Nm 27,13);[302] así pues, también se incluye Miriam.[303] ¿Y de dónde se deduce que también se incluye la muerte de Josué? Está escrito: *Como estuve con Moisés, también estaré contigo* (Jos 1,5). Así es, pero de dónde se deduce que también se incluye la muerte de los justos? Está dicho: *Tu justicia*

299. Cf. nota *ad loc.* de T. MARTÍNEZ y E. CORTÉS: "Se trata de una cierta racionalización del «beso de Yhwh»: la muerte de los justos se realiza sin espasmos ni dolor, al contrario de lo que pasa con la muerte de los malvados, como se especifica en la parábola que sigue a continuación."

300. Cf. nota anterior.

301. Nm 33,38: *El sacerdote Aarón subió a la montaña de Hor por boca de Yhwh y allí murió ...*

302. En «los tuyos», se cuentan «los tres hermanos», tantas veces citados conjuntamente en la Escritura: Nm 12,4; 26,59; 1 Cr 6,3; Miq 6,4; etc.

303. En **bBB 17a** se encuentra un texto similar con otra argumentación para incluir a Miriam, pero con la pudibunda observación de R. Eleazar: "¿Por qué no se dice que Miriam murió «por boca de Dios»? Porque tal expresión habría sido vergonzosa" (cf. texto completo en Antología).

caminará delante de ti y la Gloria de Yhwh te reunirá (Is 8,58): «Gloria» enseña que ellos lo glorificaban mientras vivivían; «Yhwh te reunirá» enseña que El Lugar[304] junta las almas de los justos y los recoge con suavidad."

M. FISHBANE (*The Kiss of God*, pp. 14-20) ha notado la dimensión antropológiga, erótica y mística, que toma el lenguaje bíblico: la decisión de Yhwh sobre la muerte de los justos se transforma en un beso de enamorados. Se puede decir, en terminología rabínica, que la vida del justo (el estudio de la Torah y el cumplimento de los mandamientos) culmina en la muerte con el beso de Dios. Ello es evidente en la interpretación del Cantar: *Béseme con los besos de su boca* (Cant 1,2) se comenta en **CantR 1,2.5.9** (traducción de L. GIRÓN): "Los Maestros dijeron: Las vidas de estos serán arrebatadas con un beso. R. Azaryá dijo: «Hemos visto que la vida de Aarón no fue tomada de otra manera que por medio de un beso, como está dicho: *El sacerdote Aarón subió a la montaña de Hor por boca* –על פי– *de Yhwh y allí murió* (Nm 33,8); y respecto a la vida de Moisés, ¿de dónde lo deducimos? *Murió, pues, allí Moisés, servidor de Yhwh, en el país de Moab, por boca*–על פי–*de Yhwh* (Dt 34,5).

§ **54**. *El llanto por Moisés*

Dt 34,8: *Los hijos de Israel lloraron a Moisés en la estepa de Moab durante treinta días hasta que terminó el tiempo de duelo por Moisés.* Improvisamente la desaparición de Moisés provoca una explosión de llanto, se produce un vacío que sienten el mismo Dios, los ángeles y toda la creación: es el lamento porque ya no queda en la tierra quien interceda por los pecadores, ya ha desaparecido la sabiduría, la piedad y la rectitud, ya falta el más grande profeta de Israel. Casi con las misma palabras que nuestro midrás se expresa **DtR 11,10**: "Y el Santo, bendito sea, estuvo llorando: *¿Quién contra los perversos se alzará en favor mío? ¿Quién por mí se mantendrá contra los malhechores?* (Sal 94,16). Y el Espíritu Santo dice: *Nunca hubo en Israel un profeta como Moisés* (Dt 34,10). Los cielos lloraban y decían: *Ha desaparecido de la tierra el piadoso* (Miq 7,2), y la tierra lloraba y decía: *y no hay hombre recto en la humanidad* (ibid.)".[305]

304.*Ha-Maqom*, nombre divino que señala su omnipresencia.
305.Con palabras muy similares se expresa **CrYeraḥmeel L (15)** (GASTER 140).

El llanto de Moisés resulta paradójico, puesto que es el mismo Dios quien ha decretado su muerte. El midrás **Tanḥuma** encuentra una explicación en un ilustrador diálogo entre Metatrón y Dios, parafraseando **MPM § 35**: «*Yo me compadezco no sólo de Moisés, sino también de Israel*":

> "En aquella hora vino Metatrón, cayó sobre su rostro y dijo ante Él:
> —Señor del mundo, Moisés en vida fue tuyo y en su muerte es tuyo.[306]
> Le respondió el Santo, bendito sea:
> —Te contaré una parábola. ¿A qué se parece esto? A un rey que tenía un hijo que no respetaba el honor de su padre y tanto le irritaba que deseaba matarlo, pero su madre lo libraba de su mano. Al cabo de un tiempo murió la madre y el rey lloraba. Sus siervos le preguntaban: «¿Por qué lloras, nuestro rey y señor?». Les contestó: «No sólo por mi mujer yo lloro, sino por ella y también por mi hijo, porque mirad cuántas veces él me irritó y yo intenté matarlo, pero ella lo salvó de mi mano». Pues de la misma manera –el Santo, bendito sea, responde a Metatrón– Yo me aflijo no sólo por Moisés, sino por Moisés y también por Israel. Pues muchas veces ellos me irritaron y yo me enfurecí con ellos, pero él (Moisés) estuvo en la brecha delante de Mí para apartar mi ira de su destrucción" (**Wa-'ethannan 6**).[307]

Moisés ha jugado el papel de la mujer en la parábola: actuando como abogado ante Dios en favor de Israel —el hijo en la parábola—, tantas veces Moisés salvó al pueblo de Dios. La muerte de Moisés es dolorosa y triste, pero inevitable, porque, con su grandeza, no deja de ser un hombre. Pero el mismo Dios e Israel lo lloran, pues para ambos fue una gran pérdida: «Lloró sobre él el Santo, bendito sea, y comenzó las lamentaciones, según está dicho: *¿Quién contra los perversos se alzará a favor mío? ¿Quién por Mí se mantendrá entre los malhechores?* (Sal 94,16)». (**MPM § 35**). El beso de Dios es la expresión de que su muerte no es un castigo.

306.La constatación de Metatrón, cuestiona el llanto de Moisés, parece decirle a Dios: «¿Por qué, pues, lloras, después de haber decretado y llevado a término su muerte?». Cf. GOLDIN, "The death of Moses", pp. 185-186, a quien seguimos en nuestra conclusión.

307.Cf. Antología, pp. 154ss.

El desarrollo midrásico repetirá una y otra vez que el beso de Dios a Moisés es el prototipo del beso[308] con el que mueren todos los justos.

El llanto de los ángeles es recogido en **LAB 19,12**: "A ti te tomaré, te haré dormir con tus padres, te daré descanso en tu sueño y te sepultaré en paz. Te llorarán los ángeles y se entristecerán las milicias celestes."

Al llanto de los ángeles se une el llanto de Josué y el llanto del mismo Dios: "Cuando murió Moisés, Josué estuvo llorando y haciendo duelo por él amargamente,[309] y decía: «¡Padre mío, padre mío! ¡Maestro mío, maestro mío, que me educaste, maestro mío, que me enseñaste la Ley!». Y estuvo haciendo duelo por él muchos días hasta que el Santo, bendito sea, dijo a Josué: «¿Hasta cuándo vas a estar haciendo duelo? ¿Es que a ti solo se te ha muerto Moisés? ¿Es que no se me ha muerto también a Mí? Pues desde el mismo día en que murió hay gran duelo ante Mí, como está dicho: *Y aquel día el Señor Yhwh de los ejércitos convocó a llanto y duelo* (Is 22,12)»" (**SDt 305**).[310]

LAB 20,2-3 recoge también las palabras consoladoras de Dios a Josué y la investidura de éste: "Entonces dijo Dios a Josué, hijo de Nun: «¿Por qué lloras y esperas en vano imaginando que Moisés sigue con vida? De nada te sirve aguardar, pues Moisés ha muerto. Toma las ropas de su sabiduría y póntelas, cíñete los lomos con el cinturón de la inteligencia: te sentirás cambiado y serás otro hombre ...".[311]

§ 55. *La tumba de Moisés*

La búsqueda de la tumba de Moisés es tema abundantemente tratado en la literatura midrásica. El texto bíblico dice: *Y subió Moisés de las llanuras de Moab al monte Nebo ... Murió, pues, allí Moisés, servidor de Yhwh, en el país de Moab por boca de Yhwh ... y hasta el día de hoy nadie conoce su sepultura* (Dt 34,1-6). De modo general puede decirse que lo sepultaron en el monte Nebo: "*En la montaña de los Abarim* (Dt 32,49), que era llamado con cuatro nombres: monte de los Abarim, Nebo,[312] monte Ha-har, Rosh ha-Pisgá. ¿Y por qué lo llaman monte Nebo? Porque en

308. Cf. textos ya citados: **mSot 1,9; SDt 357 a Dt 34,5; Midrás Tannaim a Dt 34,5; CantR. 1,2.5.9**.
309. Corregimos במרד por במרר (cf. observaciones de E. CORTÉS a la ed. española).
310. El llanto de los ángeles y Josué también es mencionado en **DtR 11,10** y **CrYeraḥmeel L (15)**.
311. Cf. texto completo en Antología.
312. Cf. **TgPsJ Nm 32,38** que sustituye el bíblico *Nebo* por *la tumba de Moisés.*

él están enterrados tres profetas que no murieron por causa de transgresión y son Moisés, Aarón y Miriam" (**SDt 338**).[313]

El ya citado texto **LAB 19,12** recoge las últimas palabras de Dios a Moisés: "Y nadie, ni ángel ni hombre, conocerá el sepulcro en que estarás sepultado hasta que Yo visite el mundo". Ni siquiera Josué conoce la sepultura de Moisés: "y Josué buscó a su maestro y no lo encontró y lloró diciendo: *Salva, oh Yhwh, pues se acabó el piadoso, porque entre los hombres cesaron los leales* (Sal 12,2)" (**DtR 11,10**). **Leqaḥ Ṭob** a Dt 34,6 ofrece una justificadísima razón: para que los idólatras no hagan de la tumba de Moisés un santuario.[314]

La búsqueda de Moisés y la ubicación de su tumba, se convierte en un tema recurrente ya en las más antiguas leyendas: Según **SDt 357** (a Dt 34,6), ni el mismo Moisés conoce el lugar de su propia sepultura: "Hay quien dice: Tampoco Moisés conoce el lugar de su sepultura, porque se dice: *y nadie conoce su sepultura* (Dt 34,6) y «nadie» *–'iš–* es Moisés, como está dicho: *y el hombre –ha-'iš– era muy humilde* (Nm 12,3).[315] Una vez envió el gobierno de la Casa del César dos capitanes; les ordenaron: «Id a ver dónde está la tumba de Moisés». Fueron y se pararon arriba y la vieron abajo; bajaron abajo y la vieron arriba. Se

313. Cf. Antología.

314. Cf. GOLDIN, p. 183, y esp. ISH-SHALOM, "The Cave of Machpela and the Sepulcre of Moshe: The Development of an 'Aggadic Tradition", *Tarbiz* 41 (1972), p. 201: "Pero parece que la razón más importante y convincente es el temor a que la tumba se convierta en un lugar sagrado para Israel, especialmente un lugar para el culto idólatra de los gentiles", y cita **Leqaḥ Ṭob**: «¿Por qué no se sabe dónde está la tumba de Moisés? Para que Israel no fuera allí e instalara un templo donde ofrecer sacrificios, quemar incienso y para que los pueblos del mundo no profanaran la tumba con sus estatuas y abominaciones».

315. Cf. **bSot 14a**. Un asunto que preocupa a la tradición es cómo pudo Moisés, autor de la Torah, describir su muerte antes de morir. El hecho ya se advierte con sorpresa en FILÓN (**De Vita 291**): "y profetizó, en vida aún, los detalles de su propia muerte, diciendo antes de morir cómo había muerto, cómo había sido sepultado sin que hombre alguno estuviera presente (...) por poderes inmortales". **SDt 357** ofrece dos explicaciones "¿Es posible que una vez muerto Moisés escribiera *Y murió allí Moisés* (Dt 34,5)? No quiere decir sino que hasta aquí escribió Moisés, de aquí en adelante escribió Josué. R. Meír dice: «He aquí que se dice: *Y Moisés escribió esta Ley* (Dt 31,9). ¿Es posible que Moisés entregase la Torah faltándole ni siquiera una letra? Sólo enseña que Moisés escribía lo que el Santo, bendito sea, le decía, como se dice: *Y les dijo Baruk: él me dictaba de su propia boca* (Jer 36,18)»."

repartieron: la mitad arriba y la mitad abajo; los que estaban arriba la vieron abajo y los que estaban abajo la vieron arriba. Por ello se dice: *y nadie conoce su sepultura*".[316]

Pero en **SDt 357** (a Dt 34,3) se dice: "*Y Yhwh le mostró el Negev* (...), enseña que le mostró la cueva de Makpela, donde están enterrados los patriarcas (...)". **SDt 357** (a Dt 34,5) *Y murió allí Moisés*: "Y de dónde se deduce que un túnel salía desde la tumba de Moisés a la tumba de los patriarcas? Porque aquí se dice: *y murió* ***allí*** *Moisés* (Dt 34,5) y más adelante se dice: ***allí*** *enterraron a Abraham y a Sara, su mujer* (Gn 49,31).[317] Pero hay quien dice: «No murió Moisés, sino que está en pie sirviendo arriba», pues también aquí se dice «*allí*» (Dt 34,5) y más adelante se dice «y estuvo *allí* con Yhwh»." Hasta estas discusiones tannaíticas podría remontarse una confusa tradición medieval sobre un túnel que comunicaba la tumba de Moisés con la de Makpela en Hebrón, por donde Moisés muerto pudo sentir cumplido su deseo de entrar en la tierra de Israel a través del túnel sin incumplir estrictamente el mandato divino: *no pasarás este Jordán* (Dt 31,29).[318]

Sin embargo, estas leyendas contradicen la aserción bíblica y tradicional de que *nadie conoce su sepultura* (Dt 34,6), que se remonta a

316. Véase versión similar en **bSot 14a**. Sobre otra expedición ordenada por Adriano, cf. ISH-SHALOM, *The cave of Machpela and the sepulcre of Moses*, p. 204.

317. La repetición del término *allí* es la que justifica la creencia de que en Makpela también está enterrado Moisés. Aplicación de la ley de *gezarah šawah*, como en la frase que sigue. Cf. notas de E. CORTÉS en la versión española de *Sifre Deuteronomio* (Vol. II, pp. 361-362).

318. Cf. M. ISH-SHALOM, p. 203; en pp. 205-206 recoge una tradición medieval acerca de las 5 parejas sepultadas en Makpela: tres conocidas (los patriarcas y matriarcas) y dos ocultas (Adán y Eva, Moisés y Séfora); y señala otra tradición que también sitúa en Makpela la tumba de José; en pp. 208-210 recoge la leyenda sobre la sepultura de Aarón en Makpela. Sobre la tumba de Adán y Eva dice **PRE 36.5**: "Corrió (Abraham) a traerles un ternero a los tres ángeles (que le visitaron en Mamré, cf. Gn 18,1ss); pero el ternero se le escapó y fue a meterse en la cueva de Makpela, y allí entró él corriendo detrás y allí encontró a Adán y Eva recostados en sus lechos, dormidos, las lámparas encendidas arriba y sobre ellos un perfume delicioso como el grato olor. Por esta razón él deseó adquirir la cueva de Makpela como propiedad sepulcral". En **PRE 20,4** es Adán mismo quien eligió su sepultura en Makpela para él y para Eva: "Por eso precisamente se llama cueva de Makpela, porque es doble". Es posible que la tradición de PRE sea una respuesta a la tradición cristiana que sitúa la tumba de Adán en el mismo lugar donde fuera sepultado el Nuevo Adán, Jesús.

FILÓN (***De Vita* 291**): "[Moisés] profetizó (...) cómo había sido sepultado sin que hombre alguno estuviera presente (...) y cómo no había recibido honras fúnebres en la tumba –ἐν τάφῳ– de sus antepasados, pues le había sido concedido un monumento –μνῆματος– superior, que ninguno de los hombres ha visto jamás", y **LAB 19,12**: "A tí (Moisés) te tomaré (...) y nadie, ni ángel ni hombre, conocerá el sepulcro en que estarás sepultado hasta que yo visite el mundo". FLAVIO JOSEFO escribía como misteriosamente que Moisés "mientras abrazaba a Eleazar y a Josué y charlaba todavía con ellos, una vez que se hubo fijado de pronto encima de él una nube, desapareció (ἀφανίζεται) en el fondo de un barranco" (**Ant., IV,8,48 [326]**). Igualmente, de forma misteriosa,[319] en **TgPsJ Dt 33,21** no se menciona la sepultura, sino simplemente su ocultamiento: "Y vio que la tierra era buena y recibió su parte al principio pues allí había un lugar engastado con piedras preciosas y perlas, donde Moisés, escriba de Israel está oculto –גניז–. Y así como entraba y salía a la cabeza del pueblo en este mundo, así entrará y saldrá en el mundo venidero".[320]

También el ángel de la muerte indaga infructuosamente: "Fue a su sitio, lo buscó y no lo encontró. Fue al mar y le dijo: «¿has visto a Moisés?». Le contestó: «Desde el día en que hizo atravesar a los israelitas por mi interior no lo he visto». Fue a las montañas y colinas y les preguntó: «¿Habéis visto a Moisés?». Le dijeron: «Desde el día en que los israelitas recibieron la Torah sobre la montaña del Sinaí no lo hemos visto». Fue a la Gehenna y le preguntó: «¿Has visto a Moisés?». Le dijo: «He oído su nombre, a él no lo he visto». Se dirigió a los ángeles del servicio y les preguntó: «¿Habéis visto a Moisés?». Le contestaron: «Ve junto a los hombres». Fue a los israelitas y les

319. Véase en nuestra Antología (pp. 126-27) el texto de Flavio Joefo **Ant. IV, 8,48**.

320. Que nadie haya encontrado su sepultura y su misterioso ocultamiento ha podido dar lugar al dicho frecuente: "no murió Moisés, sino que está en pie sirviendo arriba" (cf. el citado **SDt 357** y **bSot 13b**: "Hay quienes dicen: «Moisés no murió». Aquí está escrito *Murió Moisés* (Dt 34,5), y allí está escrito *Moisés permaneció allí con Yhwh* (Ex 34,28). Como allí estaba sirviendo también aquí está sirviendo"), de donde procede la interpretación de que Moisés no murió, sino que ascendió al cielo; en realidad lo que se quiere decir es que Moisés igual que en la tierra sirvió a su Señor, así lo sigue haciendo en el Cielo. Puede verse en AUS la amplia III parte de su libro dedicada a *The Resurrection of Jesus, and the Translation of Moses in Judaic Tradition* (pp. 173-282). Cf. *infra*, sobre la asunción de Moisés, pp. 118-119.

preguntó: «¿Habéis visto a Moisés?». Le respondieron: «Sólo Dios conoce su camino. Dios lo ha escondido para la vida del mundo futuro y ninguna criatura lo conoce, pues se dice: *y lo enterró en el valle* (Dt 34,6)»" (**SDt 305**, cf. Antología).[321]

La lamentación de Josué resalta el misterio que envuelve a la tumba de Moisés: "¿Qué lugar va a recibirte ahora? ¿O qué tumba será tu sepultura? ¿O quién osará transportar desde allí tu cuerpo, como un hombre cualquiera, de lugar en lugar? Pues todos los que mueren a lo largo de los tiempos tienen sus sepulturas en la tierra pero tu sepultura abarca desde el sol naciente hasta el poniente y desde el sur hasta los confines del norte; ¡el mundo entero es tu sepulcro!" (**TestMoysis 11,5-8**).[322] El misterio que rodea a la tumba de Moisés lleva a catalogarla entre las cosas creadas por Dios en el crepúsculo de la víspera del primer sábado: **mAbot 5,6; SDt 355; Mek wa-yassa' a Ex 16,34; TgPsJ Nm 22,28; PRE 19,1**; etc.

Otra tradición localiza genéricamente la tumba de Moisés ya en los territorios transjordanos de Gad y Rubén asignados a estas tribus
—**TgN Dt 33,20-21**: "Y Moisés, el profeta de Yhwh, bendijo a la tribu de Gad y dijo: «Bendito el que ha ensanchado los términos de Gad. Reposará y habitará en medio del combate como el león y como la leona (...)». Y vio desde el principio que había un lugar preparado para su sepultura –לבית קבורה–. Allí estaban engastadas piedras preciosas y perlas porque el profeta Moisés, el escriba de Israel, allí sería enterrado; y así como entraba y salía a la cabeza del pueblo en este mundo, así entrará y saldrá a la cabeza del pueblo en el mundo venidero."
—**SDt 355 (a 33,21)** "¿Qué quiere decir que *allí estaba reservada la porción del jefe* –חלקת מחקק–[323] (Dt 33,21)? Ésta es la tumba de Moisés que está puesta en la porción de Gad (...). Enseña que Moisés fue llevado en alas de la *Šekinah* durante cuatro millas de la porción de Rubén a la porción de Gad, y los ángeles del servicio hacían duelo por él y decían: «Venga la paz, descanse la paz sobre su lecho». Y ésta es una de las cosas que fueron creadas la tarde del sábado al crepúsculo, y son: el arco iris, el

321. La misma tradición está en **Midrás Tannaim (a Dt 34,5**, HOFFMANN, pp. 224-225), **ARN A 12,5** y con algunas diferencias en **ARN B 25,4** (cf. Antología). Se sigue el modelo de la búsqueda de la sabiduría: Job 28,12-14.

322. Traducción de L. VEGAS MONTANER (cf. Bibliografía y Antología, pp. 129-131).

323. *Meḥoqeq* («el legislador») suele ser designación de Moisés.

maná, el pozo, la Escritura y lo escrito, las tablas, la boca de la burra y la boca de la tierra y la tumba de Moisés ...".

Pudiera ser que con Gad se designara no la sepultura precisa sino la región en la que desapareció Moisés. Así se compaginaría que en los mismos textos se especificaran identificaciones contradictorias: en (**SDt 357 a Dt 34,6**) se dice que Moisés murió en medio de la heredad de Rubén y fue enterrado en el campo de la heredad de Moab; y a continuación se afirma que nadie conoce su tumba.

No obstante, es evidente que la sepultura en Gad llega a tener un desarrollo autónomo, como se aprecia en **PRE 45,6**: "¿Qué hizo Moisés? Excavó en tierra, en la heredad de los hijos de Gad, una casa con una gran habitación, y en esta tierra encerró al Incendio de la Ira como a un individuo que en la cárcel es encadenado. Ocurría que siempre que Israel pecaba aquél abría sus fauces resollando para morder y exterminar a Israel (por esta razón se la llamó con el nombre de *Pe'or*); pero Moisés invocaba contra él el Nombre y lo hacía descender hasta lo más profundo de la tierra. ¿Qué hizo el Santo, bendito sea, cuando murió Moisés? Puso su tumba frente por frente; siempre que Israel pecaba y aquel abría sus fauces resollando para morder y exterminar a Israel, veía enfrente la tumba de Moisés, se atemorizaba y se echaba atrás, como está dicho: *Lo enterró en el valle de Moab, frente a Bet Pe'or* (Dt 34,6)". La tradición se encuentra en el Talmud: "R. Ḥama ben R. Ḥanina decía: «¿Por qué Moisés fue enterrado frente a Bet Pe'or? Para expiar por el asunto de Pe'or" (**bSot 14a**).[324]

***Addenda**: ¿La ascensión de Moisés?*

SDt 357 (a Dt 34,5) recoge la opinión de quienes sostienen que Moisés no murió, sino que fue llevado al cielo: "Y hay quien dice: «No murió Moisés, sino que está en pie sirviendo arriba»." No extraña que pudiera surgir desde antiguo la leyenda de una asunción de Moisés; comenta GOLDIN (*op. cit.*, p. 177) : "Después de todo, ¿por qué no? Si Henoc (Gn 5,23-24) y Elías (2 Rey 2,1.11) pudieron escapar de la muerte, ¿por qué no Moisés?".

Midrás Tannaim (a Dt 34,5) recoge una sentencia más desarrollada, parece que para contrarrestar la imagen de un Moisés que asciende al

324.Cf. Nm 25.

cielo sin experimentar la muerte: "Hay quienes dicen: «Nuestro maestro Moisés no ha muerto sino que está en pie y sirve en la altura. Aquí está escrito: *Y murió* ***allí*** *Moisés* (Dt 34,5) y allí está escrito: *Y* ***allí*** *permaneció con Yhwh* (Ex 34,28). Como allí estaba en pie y servía en la altura, también aquí está en pie y sirve en la altura»." Igualmente debe interpretarse el texto de FILÓN ***De Vita*** **II, § 288**, sin referencia alguna a una emigración al cielo sin muerte: "... cuando Moisés estaba a punto de emprender su emigración de esta tierra al cielo y de abandonar la vida mortal para entrar en la inmortal, llamado por el Padre..."

A contrarrestar las leyendas en torno a una ascensión de Moisés sin pasar por la muerte dedica FLAVIO JOSEFO el siguiente párrafo: "Pero en las sagradas Escrituras dejó escrito de sí que estaba sometido a la muerte, por miedo a que por el carácter insuperable de las virtudes que lo adornaban, se atrevieran a decir de él que había regresado junto a la Divinidad" (**Ant. IV, 8.48**)

Hubo un apócrifo llamado *Asunción de Moisés*,[325] del que el *Testamento de Moisés* formaba parte, según la opinión más común; en **3 Hen**, un fragmento adicional al cap. 15 (15 B) habla de la asunción de Moisés a lo alto, donde es recibido por los ángeles, presididos por Metatrón,[326] Príncipe de la Presencia; la mayoría de los fragmentos que conforman la obra tratan de la disputa entre Moisés y el diablo por el cuerpo de Moisés.

325. Tal obra, editada por R.H. CHARLES, es una mera reconstrucción a base de citas de autores y obras de la antigüedad cristiana. Cf. sinopsis de fragmentos, autores y temas en la introducción de L. VEGAS MONTANER a la versión española del *Testamento de Moisés* (en *Apócrifos del Antiguo Testamento*, vol. V, 218-224. Madrid, Ediciones Cristiandad, 1984). Según la síntesis que ofrece LOEWENSTAMM (pp. 163-166) la reconstrucción del texto de la supuesta *Asunción* deja ver el dualismo representado por Satán, por una parte, que pretende adueñarse del cuerpo de Moisés, y Miguel, por otra parte, mensajero del Dios Señor del espíritu y la carne.

326. Es un ángel que juega un papel importante en los escritos de los círculos místicos, esp. en el libro Hebreo de Henoc, donde se le llama «el Ángel de la Presencia» por su proximidad a Dios. Se le suele identificar con el ángel mencionado en Ex 23,20-23. En **TgPsJ Gn 5,23** se le identifica con Henoc, el gran escriba, como en **3 Hen** (cf. **3 Hen 48 C**); en **TgPsJ Dt 34,6** se le llama «maestro de sabiduría» y participa en la preparación del lecho de muerte de Moisés (cf. pp. 106 y 112).

ANEXO I

LA GRANDEZA DE MOISÉS[327]

Está escrito: *Muchas hijas han realizado hazañas, pero tú sobrepasas a todas ellas* (Prov 31,29). ¿A quién refiere Salomón esta escritura? A Moisés, nuestro maestro, pues el Santo, bendito sea, sopesó a todos los justos frente a él, y resultó que Moisés pesó más que todos ellos. ¿Qué hizo el Santo, bendito sea? Por su mucho amor a Moisés trajo toda la obra de la creación y la puso en un platillo de la balanza y a Moisés lo puso en el otro platillo de la balanza, y **Moisés pesó más que todo lo demás**.

Adán y Moisés.[328] ¿A quién se parecen? A dos grandes médicos. A uno de ellos le picó una serpiente y, al no conocer ningún remedio para curarse a sí mismo, murió; el otro sí sabía curar a todo el que era picado por una serpiente. ¿Quién de los dos es el más grande? ¿No será el que sabía curar a todos? Pues así acaeció con el primer hombre. ¿Qué está escrito de él? La serpiente lo tentó, él comió y murió[329] por la seducción de la serpiente. Pero Moisés hizo una serpiente de bronce y todo aquél al que picaba la serpiente miraba a aquella serpiente y quedaba curado, como está dicho: *y todo el que haya sido mordido y la mire vivirá* (Nm 21,8). Mira, pues, que **Moisés es más grande que el primer hombre.**

Noé y Moisés. ¿A quién se parecen? A dos hijos de hombre que llevaron regalos al rey. Entró el primero y el rey tomó el regalo de su mano, aspiró su perfume y no le fue acepto; entró el segundo y tan pronto como el rey tomó el regalo de su mano le dijo: «Has de saber que dos veces cada día, mañana y tarde, haremos banquete contigo». Así acaeció a Noé, cuando hizo la ofrenda ante el Santo, bendito sea, está escrito: *Yhwh percibió el grato olor* (Gn 8,21). Pero cuando Moisés hacía la ofrenda, el Santo, bendito sea, le dijo: «Has de saber que dos veces cada día, haremos banquete contigo», como está dicho: *el primer*

327. Publicado por JELLINEK como מדרש פטירת משה –נוסחא ב (cf. *supra,* Introducción, p. 4), del MS Paris 710, ff. 104b-124b.

328. La superioridad de Moisés sobre Adán, Noé, Abraham, Isaac, Jacob se reproduce también con similares palabras en **DtR 11,3** (cf. Anexo II: Antología, pp. 166-168).

329. Cf. Gn 3,13.

cordero lo prepararás por la mañana y el segundo cordero lo prepararás al atardecer (Ex 29,39). Mira, pues, que **Moisés es más grande que Noé**.

Abraham y Moisés. ¿A quién se parecen? A una matrona que tenía dos hijos. El primero de ellos cogió joyas preciosas y las empeñó a otro, el segundo fue y las rescató. ¿Quién de los dos es el más querido? ¿No será el que las rescató? Pues así con nuestro padre Abraham, que por alguna razón se estableció e hizo habitar a Israel en Egipto, como está dicho: *Has de saber que tu descendencia será huésped en tierra extranjera* (Gn 15,13). Pero Moisés fue y los rescató, como está dicho: *Envió a Moisés, su siervo, y a Aarón, su escogido* (Sal 105,26).

Isaac y Moisés. ¿A quién se parecen? A una hoguera y a un candil. La hoguera se extingue antes de la noche, el candil continúa alumbrando hasta la mañana.[330] ¿Cuál de los dos es más importante? ¿No será el candil? Pues así ocurrió con Isaac: por haber contemplado la *Šekinah*, sus ojos se debilitaron,[331] pero Moisés subió a la Altura y contempló la semejanza del Santo, bendito sea, como está dicho: *Yhwh hablaba con Moisés cara a cara* (Ex 33,1). ¿Y qué está escrito? *Moisés era de edad de ciento veinte años cuando murió; no se había debilitado su vista ni su vigor perdido* (Dt 34,7). Mira, pues, que **Moisés es más grande que Isaac**.

Jacob y Moisés. ¿A quién se parecen? A dos hijos de hombre que salieron a la caza de fieras. Uno de ellos encontró un león, se enzarzó en lucha con él y lo venció, pero el león le mordió. El otro salió a un territorio de caza lleno de leones; cuando (los leones) lo vieron, vinieron, lo coronaron y cayeron a sus pies. ¿Quién de los dos es más grande? ¿No será aquél a cuyos pies cayeron (los leones)? Pues así ocurrió con Jacob: bajó un ángel y entabló lucha con él, y aunque (Jacob) lo venció, (el ángel) le mordió, como está dicho: *...salió el sol e iba cojeando del muslo* (Gn 32,32). Pero Moisés subió a la Altura y los ángeles lo vieron y huyeron de él, como está dicho: *Subiste a lo Alto, cautivaste cautivos* (Sal 68,19). Mira, pues, que **Moisés es más grande que Jacob**.

330. La comparación resalta el contraste entre un fuego que necesita ser alimentado continuamente y el candil que puede aguantar toda la noche encendido.

331. Cf. Gn 27,1: *Sucedió que Isaac se hizo viejo y sus ojos se debilitaron* –תכהין עיניו–.

José y Moisés. ¿A quién se parecen? A un nazireo y a un borracho. El nazireo tenía en casa una botella de vino en depósito,[332] y el borracho tenía en casa una botella de vino.[333] Llegó el Día de la Expiación y ambos se abstuvieron del vino. ¿Quién de los dos tiene más mérito?[334] ¿No será el borracho? Pues así ocurrió con José: se abstuvo de la mujer de su señor, como está dicho: *¿Cómo voy a cometer esa gran vileza y pecar contra Dios?* (Gn 39,9). Pero Moisés tenía su mujer con él y no yació con ella.[335] Mira, pues, que **Moisés es más grande que José**.

Y no sólo esto, sino que el Santo, bendito sea, sopesó a Moisés y a todas las obras de la creación de los seis días creacionales y fue Moisés quien inclinó la balanza a su favor. ¿Cómo así? El primer día el Santo, bendito sea, creó la luz, como está dicho: *Y llamó Dios a la luz día* (Gn 1,5), y de Moisés está escrito: *Y llamó a Moisés* (Ex 24,16; Lv 1,1). Así la Torah se compara con la luz, como está dicho: *Porque lámpara es el precepto y la Torah luz* (Prov 6,23). Subió Moisés a la Altura y la cautivó, como está dicho: *Subiste a lo Alto, cautivaste cautivos* (Sal 68,19). ¿Quién es más grande, la cautiva o el que la cautiva? Mira, pues, que **Moisés es más grande que la luz**.

El segundo día creó Dios el firmamento, como está dicho: *Y llamó Dios al firmamento Cielo* (Gn 1,8), y de Moisés está escrito: *Y llamó a Moisés* (Ex 24,16; Lv 1,1). ¿Son, pues, los dos iguales? Se parece a dos hijos de hombre, uno tenía permiso para entrar en el dominio de su compañero, pero el otro no tenía el permiso para entrar en el dominio del otro. De la misma manera el firmamento no tenía permiso para entrar en la tierra, pero Moisés subió al firmamento. Mira, pues que **Moisés es más grande que el firmamento**.

El tercer día creó las aguas, como está dicho: *y a la reunión de las aguas llamó mares* (Gn 1,10), y de Moisés está escrito: *Y llamó a Moisés* (Ex

332. Quiérese decir que la botella no era de su propiedad.
333. Se sobreentiende que es de su propiedad.
334. Literalmente: «¿Quién es el más grande?».
335. La tradición de que Moisés se abstuvo por propia iniciativa de las relaciones conyugales con su mujer está muy extendida en la tradición rabínica: *Peṭirat Mošeh* § 50; **TgPsJ Nm 12,1-2** y **Dt 5,30-31**; **SNm 99** (a Nm 12,1); **PRE 46,1**; **ARN A 2,5**; etc.

24,16; Lv 1,1). ¿Son, pues, los dos iguales? Se parece a dos prefectos[336] que iban de marcha, uno de ellos ocultó sus legiones[337] ante el otro[338] y el otro siguió adelante. Pues así ocurrió con Moisés: cuando el mar lo vio huyó, como está dicho: *El mar lo vio y huyó* (Sal 114,3). Mira, pues, que **Moisés es más grande que el mar.**

El cuarto día el Santo, bendito sea, creó las luminarias, como está dicho: *E hizo*[339] *Dios las dos grandes luminarias* (Gn 1,16), y está escrito que a todas las llamó con nombre y de Moisés está escrito: *Y llamó a Moisés* –ויקרא אל משה– (Ex 24,16; Lv 1,1). ¿Son, pues, los dos iguales? Se parece a un rey que casó a su hija. Vino un siervo para alumbrar el rostro de la novia, pero el novio no lo permitió. De la misma manera Moisés dijo ante el Santo, bendito sea: «Yo no quiero que alumbren el sol y la luna, sino Tú mismo, como está dicho: *Y Yhwh marchaba delante de ellos durante el día* (Ex 13,21). Mira, pues, que **Moisés es más grande que las luminarias.**

El quinto día, creó Dios las fieras y las aves, y Moisés las trajo y sacrificó para Israel, como está dicho: *Ganado menor y mayor les será sacrificado* (Nm 11,22). ¿Quién es mayor, el que sacrifica o lo que es sacrificado?

[Se interrumpe aquí manuscrito de Paris 710 desde pag 106 a 122].

336. אפרכין, ὕπαρχος.

337. לגיונות, *legiones.*

338. Por miedo.

339. TH usa ויעש en lugar de ויקרא.

ANEXO II

ANTOLOGÍA DE TEXTOS DEL JUDAÍSMO CLÁSICO SOBRE LA MUERTE DE MOISÉS[340]

I. FILÓN DE ALEJANDRÍA, *De Vita Moysis*, II, §§ 288-92

[*Moisés no fue sepultado por manos de hombre sino por poderes inmortales*][341]

288. Pasaron los años y, cuando Moisés estaba a punto de emprender su emigración de esta tierra al cielo y de abandonar la vida mortal para entrar en la inmortal, llamado por el Padre, quien convertía de nuevo la doble naturaleza compuesta de alma y cuerpo que él era, en una naturaleza simple, transformando todo su ser en una inteligencia semejante al sol; en esos momentos se nos muestra poseído del Divino espíritu, no ya para hacer revelaciones generales a toda la nación reunida, sino para profetizar a cada tribu separadamente las cosas que estaban a punto de suceder y las que con el tiempo habrían de ocurrir. De éstas algunas han ocurrido ya y otras se

340. Cuando existe versión española damos su autor (y edición en bibliografía) con sólo ligeras variaciones en algunos casos. Cuando no existe versión autorizada, damos nuestra propia versión de los textos originales.

341. Los textos entre corchetes son añadidos por nuestra cuenta para ofrecer una síntesis del contenido.

aguardan aún, pues el cumplimiento de las ya acaecidas es una garantía para las que habrán de acaecer.

289. Cosa apropiada fue el que personas diferentes por su nacimiento, y particularmente por su ascendencia por línea materna, así como por las multiformes variedades de sus pensamientos y por la infinita multiplicidad de las ocupaciones a que consagraban sus vidas, recibieran una apropiada distribución de inspirados oráculos, cual una especie de herencia.

290. Ello es ciertamente admirable; pero admirable en sumo grado es también la parte final de las sagradas escrituras, que es dentro de la legislación toda lo que la cabeza en el ser viviente.

291. En efecto, cuando Moisés ascendía ya y se hallaba situado sobre la misma línea divisoria, a punto de atravesarla en su vuelo para emprender su recta carrera hacia el cielo, el Divino Espíritu descendió sobre él, el inspirado, y profetizó, en vida aún, los detalles de su propia muerte, diciendo antes de morir cómo había muerto, cómo había sido sepultado sin que hombre alguno estuviera presente, evidentemente que no por manos mortales sino por poderes inmortales;[342] cómo no había recibido honras fúnebres en la tumba de sus antepasados, pues le había sido concedido un monumento –μνήματος– superior, que ninguno de los hombres ha visto jamás; cómo toda la nación había llorado y guardado duelo por él todo un mes, poniendo de manifiesto el dolor de cada uno y de todos al recordar su inmensa benevolencia y buena disposición para con cada uno y para con todos.

292. Tal fue la vida y tal también la muerte de Moisés, el rey, el legislador, el sumo sacerdote y el profeta, según lo que nos han transmitido las Sagradas Escrituras

II. FLAVIO JOSEFO, *Ant.*, lib IV, 8,48-49[343]
[*Despedida de Moisés y su desaparición*]

48 ... Y los jóvenes y los mayores competían en el dolor de su corazón, pues estos últimos, como sabían qué clase de guía perdían, se quejaban

342. Probable referencia a los ángeles, la *familia Dei*, cortejo fúnebre formado por Miguel, Zagziel y Gabriel. Cf. **MPM § 51** y **DtR 9,5** (*infra*).

343. Versión española de J. VARA DONADO (cf. Bibliografía).

amargamente por su futuro, mientras que los primeros, aparte de lamentarse también por eso, se dolían por la desgracia de quedarse huérfanos de él cuando todavía no habían disfrutado lo suficiente de sus excelentes prendas. Y lo excesivo de los ayes y lamentos de la multitud podría deducirse de lo que le pasó al legislador. En efecto, él, que en todo momento había intentado persuadir a los suyos de que no debían dejarse abatir cuando se les acercara el final de la vida, sabedores de que lo sufrían por voluntad de Dios y por ley natural, se echó a llorar vencido por el comportamiento de su pueblo. Y le acompañaban desde allí al lugar en que había de desaparecer, envueltos todos en lágrimas, tanto que Moisés mandaba a los que estaban más separados de él, agitando su mano hacia abajo, que estuvieran tranquilos, mientras que a los que se encontraban más cerca los exhortaba a que con su acompañamiento no hicieran lúgubre su partida. Entonces ellos, decididos a concederle este favor, la posibilidad de dejar este mundo según sus propios deseos, se contuvieron las lágrimas por mutuos consejos. Y a partir de allí lo acompañó únicamente el Consejo de Ancianos, el Sumo Sacerdote y el caudillo Josué. Y cuando llegó a la montaña elevada llamada Abaris, que queda enfrente de Jericó y que a los que se encuentran en ella les permite contemplar allá abajo las más feraces y más extensas tierras de Canaán, se despidió del Consejo de Ancianos. Y, mientras abrazaba a Eleazar y a Josué y charlaba todavía con ellos, una vez que se hubo fijado de pronto encima de él una nube, desapareció (ἀφανίζεται) en el fondo de un barranco (φάραγγος).[344] Pero en las sagradas Escrituras dejó escrito de sí que estaba sometido a la muerte, por miedo a que por el carácter insuperable de las virtudes que lo adornaban, se atrevieran a decir de él que había regresado junto a la Divinidad.

[49] Y vivió en total un período de ciento veinte años, durante tercera parte de los cuales menos un mes, estuvo al frente del pueblo judío. Y murió en el último mes del año, llamado Distro por los macedonios y

344. Comenta el Prof. J. VARA DONADO en su edición española de las *Antigüedades*: "En muy similares circunstancias desapareció Edipo, según refiere Sófocles en su *Edipo en Colono*, 1505 y ss." El término griego φάραγξ se usa en Lc 3,5, entendiendo «valle» (con alusión a Is 40,4: heb. גיא, lat. *vallis*, targ. חִילְיָא). Dt 34,6: *y lo enterró en el valle* –בגי.

Adar por nosotros, concretamente el día uno de la luna nueva, aventajando en perspicacia a los hombres de todos los tiempos y poniendo en práctica sus ideas mejor que nadie, de oratoria y conversación con las masas gratas, y dueño absoluto de los demás sentimientos pero singularmente de las pasiones, de suerte que parecía no anidar en su alma ninguna de ellas y que únicamente conocía su nombre por verlas en otros más que en sí mismo (...) El pueblo lo lloró treinta días etc.

III. Liber Antiquitatum Biblicarum

LAB 20,2-4

[*El llanto de Josué y la consolación de parte de Dios. La investidura de Josué. Exhortación de Dios al pueblo*]

2 Entonces dijo Dios a Josué, hijo de Nun: «¿Por qué lloras y esperas en vano imaginando que Moisés sigue con vida? De nada te sirve aguardar, pues Moisés ha muerto. Toma las ropas de su sabiduría y póntelas, cíñete los lomos con el cinturón de la inteligencia: te sentirás cambiado y serás otro hombre. ¿Acaso no dije a mi siervo Moisés en favor tuyo: 'Éste guiará a mi pueblo después de ti y pondré en sus manos a los reyes de los amorreos'?».
3 Tomó Josué las ropas de la sabiduría y se las puso, y se ciñó los lomos con el cinturón de la inteligencia. Tan pronto como lo hizo, se le inflamó la mente y se le renovó el espíritu. Entonces dijo al pueblo: «Ved que la primera generación falleció en el desierto por haberse
opuesto a su Dios. 4 En cambio, si no escucháis su voz y sois como vuestros padres, vuestras obras se corromperán y vosotros seréis destruidos; incluso vuestro nombre desaparecerá de la tierra. ¿Y qué será de las palabras que Dios dijo a vuestros padres? Aunque los paganos digan: 'tal vez Dios ha fallado, pues no ha liberado a su pueblo', reconocerán que no eligió a otros pueblos para hacer entre ellos grandes maravillas; entenderán que el Fortísimo no tiene acepción de personas y que, si retiró de vosotros su poder y os humilló, fue porque pecasteis con orgullo. ¡Ánimo, pues! Procurad avanzar por los caminos de vuestro Señor, y él os guiará».

TESTAMENTO DE MOISÉS 1,6-18; 11-12[345]

[*Moisés transmite a Josué su misión. Josué responde a Moisés: ¿Qué tumba será la sepultura de Moisés, quién transportará allí su cuerpo, qué hará Josué sin Moisés, qué hará el pueblo sin Moisés cuando los enemigos les ataquen? Moisés da ánimos a Josué: Dios ha previsto todo, Moisés fue constituido intercesor de Israel ante Dios, no por virtud, sino por la misericordia divina; tampoco la piedad de Josué salvará al pueblo del exterminio por parte de las naciones, sino porque Dios ha jurado que Israel no será exterminado*]

1. [6] (Moisés) llamó a sí a Josué, hijo de Nave, hombre estimado del Señor, [7] para que fuese ministro del pueblo y de la tienda del testimonio con todas sus cosas santas [8] e introdujese al pueblo en la tierra concedida a sus padres, [9] para que les fuese dada de acuerdo con la alianza y el juramento que pronunció en la tienda –dar (la tierra) por medio de Josué– diciendo a Josué estas palabras:

—[10] «[Esfuérzate] y cobra ánimo conforme al afán que te caracteriza, para que cuanto ha sido ordenado lo realices de forma irreprochable para Dios». (...) [14] En consecuencia, Él (Dios) trazó su plan y paró mientes en mí (Moisés), que desde el comienzo del mundo fui preparado para ser mediador de su alianza. [15] Y ahora te declaro que se ha cumplido el tiempo de los años de mi vida y paso a dormir con mis padres en presencia incluso de todo el pueblo. [16] [Tú], sin embargo, recibe esta Escritura para que sepas conservar los libros que voy a transmitirte, [17] libros que ordenarás, ungirás con aceite de cedro y pondrás dentro de vasijas de arcilla en el lugar que Él hizo desde el comienzo de la creación del mundo, [18] para que se invoque su Nombre hasta el día del arrepentimiento, al tiempo de la visita con que el Señor los visitará a la consumación del final de los días».

(...)

11 [1] Y cuando Josué hubo oído las palabras de Moisés así consignadas en su escritura, todo cuanto había predicho, rasgó sus vestiduras y cayó a los pies de Moisés. [2] Le animó Moisés y lloró con él. [3] Y Josué le respondió diciendo:

—[4] «¿Por qué me consuelas, (mi) Señor Moisés? Y ¿cómo podré consolarme de lo que has dicho con la amarga voz que salió de tu boca, voz llena de lágrimas y gemidos porque te separas de este pueblo? [5]

345. Versión española de LUIS VEGAS MONTANER (cf. Bibliografía).

¿Qué lugar va a recibirte [ahora]? 6 O ¿qué tumba será [tu] sepultura? 7 O ¿quién osará transportar desde allí tu cuerpo, como un hombre (cualquiera) de lugar en lugar? 8 Pues todos los que mueren a lo largo de los tiempos tienen sus sepulturas en la tierra; pero tu sepultura (abarca) desde el sol naciente hasta el poniente y desde el sur hasta los confines del norte; ¡el mundo entero es tu sepulcro! 9 Señor, tú te vas, ¿y quién va alimentar a este pueblo? 10 O ¿quién rezará por ellos, sin omitir ni un solo día, para que yo pueda conducirlo a la tienda de los antepasados? (...) 13 ¿[Y cómo] les procuraré alimentos según tu voluntad y bebida hasta satisfacer sus deseos? (...) 15 Y [qué sabiduría] o inteligencia tengo para proferir juicios o sentencias en la casa [del Señor]? 16 Además, cuando los reyes de los amorreos se enteren de que vamos a atacarlos, confiados en que ya no estás tú, espíritu sagrado digno del Señor, múltiple e inabarcable señor de la palabra, fiel en todo, profeta divino por toda la tierra, consumado maestro en el mundo, (confiados en que) ya no estás entre ellos dirán: "¡Vayamos contra ellos! 17 Con sólo una vez más que los enemigos hayan obrado impiamente contra su Señor, no tienen abogado que presente en favor suyo oraciones al Señor, como lo era Moisés, el gran mensajero, que a todas horas, día y noche, tenía sus rodillas fijas en tierra, rezando y con la mirada puesta en quien gobierna el mundo entero con misericordia y justicia, recordándo(le) la alianza de los padres y aplacando al Señor con el juramento". 16 Dirán, por tanto: Él no está con ellos; ¡vayamos, pues, y borrémoslos de la faz de la tierra!". ¿Qué será entonces de este pueblo, (mi) señor Moisés?».

12 1 Una vez que hubo terminado de hablar, Josué se arrojó de nuevo a los pies de Moisés. 2 Y Moisés le tomó de la mano, le hizo subir a la cátedra ante sí y le dijo en respuesta:

3 —«Josué, no te tengas en poco, sino muéstrate tranquilo y presta atención a mis palabras. 4 Todas las naciones que hay en el mundo Dios las ha creado, como a nosotros; a ellas y a nosotros Él ha previsto desde el comienzo de la creación del orbe de la tierra hasta el fin del mundo; nada ha pasado por alto, ni siquiera lo más pequeño, sino que ha previsto todas las cosas y es el motor de todo. 5 El Señor ha previsto todo lo que había de suceder en este mundo y he aquí que se produce ... 6 [El Señor] me ha constituido como intercesor de ellos y de sus pecados [para que rece] e implore en favor suyo, 7 pero no en atención a mi virtud o firmeza, sino que gratuitamente su misericordia y

paciencia me alcanzaron. [8] Pues yo te digo, Josué, que no es por la piedad de este pueblo por lo que exterminarás a las naciones. [9] Todos los firmamentos del cielo [y los fundamentos] del orbe han sido hechos y aprobados por Dios, y están bajo el anillo de su diestra. [10] Así, pues, los que cumplen y llevan a cabo los mandamientos de Dios crecen y prosperan, [11] pero quienes pecan y desprecian los mandamientos quedarán privados de los bienes anunciados y serán castigados por las naciones con muchos tormentos. [12] Ahora bien: que los extermine y los abandone no es posible, [13] pues saldrá Dios, que ha previsto todo por los siglos y cuya alianza ha quedado firmemente establecida, y por el juramento que ...».

MIŠNAH

mSot 1,9[346]

[*El mismo Dios se encargó del enterramiento de Moisés*]

¿Quién es para nosotros más grande que José, que no se ocupó de él más que Moisés? Moisés mereció (recoger) los huesos de José y no hubo en Israel nadie más grande que él, tal como está escrito: *Moisés tomó los huesos de José consigo* (Ex 13,19). Quién más grande que Moisés, del que no se ocupó más que Dios, tal como está dicho: *lo enterró en el valle* (Dt 34,6). Pero no se dijo así sólo de Moisés, sino de todos los justos, ya que está escrito: *tu justicia irá delante de ti y la Gloria del Señor te recogerá* (Is 58,8).

TOSEFTA

tSot 4,7-9[347]

[*Moisés fue merecedor de enterrar los huesos de José, por eso el mismo Santo, bendito sea, se ocupó de él*]

(7) José fue merecedor de [enterrar] los huesos de su padre, así el mismo Moisés se ocupó de él, según está dicho, *Moisés tomó consigo los huesos de José*... (Ex 13,19). Esto enseña que mientras todo el pueblo se ocupaba en el botín de guerra, él se ocupaba de los preceptos, según está dicho, *el sabio de corazón acoge los preceptos* ... (Prov 10,8).

346. Versión española de C. DEL VALLE (cf. Bibliografía)
347. Versión española de O. RUIZ MORELL (cf. Bibliografía)

Si no se hubiera ocupado de él Moisés, ¿no lo habría hecho Israel tal como enseña el texto, *Los huesos de José, que los hijos de Israel habían subido de Egipto, los enterraron en Siqem* (Jos 23,32)?.

Tan pronto como vieron los israelitas que Moisés se ocupaba de él dijeron: «Dejadlo, su gloria será mayor entre los grandes que entre (nosotros) los pequeños.

Si Moisés o Israel no se hubieran ocupado de él, ¿no lo habrían hecho sus hijos tal como enseña el texto, *Vinieron a ser propiedad de los hijos de José* (Jos 24,32)?

Tan pronto como vieron sus hijos que Moisés e Israel se ocupaban de él, dijeron: «Dejadle, su gloria será mayor entre los grandes que entre (nosotros) los pequeños».

¿Cómo sabía Moisés dónde estaba enterrado José? Unos contaban que Seraḥ, hija de Ašer, era de la misma generación. Fue y le dijo a Moisés:

—José está enterrado en el río. Los egipcios le hicieron unas parrillas de metal y las unieron con un paño.

Fue Moisés y se puso en pie junto al río Nilo y dijo:

—José, ha llegado la hora en que el Santo, bendito sea, liberará a Israel. Pero ocurre que la Šekinah está retenida por ti e Israel está retenido por ti y las nubes de la gloria están retenidas por ti. Si te muestras, bien; si no, estamos libres del juramento que hiciste pronunciar a nuestros padres.

Flotó el féretro de José, Moisés lo tomó y se fue. Y no te asombres, pues he aquí que el texto dice: *Mas sucedió que cuando uno de ellos derribaba su viga, cayósele el hierro del hacha en el agua ... Preguntó el varón de Dios: «¿Dónde ha caído?». Mostrole el lugar y Eliseo cortó un palo, lo arrojó allá e hizo sobrenadar el hierro* (2 Re 6,2-6). ¿Acaso de aquí no podríamos hacer un argumento a fortiori? Si Eliseo, que era discípulo de Elías, que era discípulo de Moisés, lo hizo, con cuanta más razón Moisés, que era el maestro de Elías, que era el maestro de Eliseo.

Pero hay quien cuenta que José fue enterrado en las tumbas reales y que fue Moisés y se puso en pie junto a las tumbas reales y dijo: «José, ha llegado la hora en que el Santo, bendito sea, liberará a Israel. Pero ocurre que la Šekinah está retenida por ti, e Israel está retenido por ti, y las nubes de gloria están retenidas por ti. Si te descubres bien; si no, nosotros estamos libres del juramento que hiciste jurar a nuestros padres. De inmediato flotó el féretro de José, fue Moisés y lo tomó.

Llevaban en el viaje dos arcas, una era el arca sagrada y la otra un féretro. Todos los viajeros que pasaban junto a ellos decían:

—¿Qué son esas dos arcas?

Les contestaban:

—Una es el arca sagrada y la otra un féretro.

Les preguntaban:

—¿Cómo es posible que el arca sagrada viaje junto a un féretro?

Les respondían

—El muerto de este féretro cumplió con todo lo que está escrito y depositado en la otra arca.

(8) Moisés fue merecedor de (enterrar) los huesos de José, por eso el mismo Omnipresente, bendito sea, se ocupó de él, según está dicho: *Lo enterró en el valle [de Moab]* (Dt 34,6).

Esto enseña que fue tendido sobre las alas de la Šekinah a lo largo de cuatro millas, desde la parte de Rubén hasta la parte de Gad, ya que murió en el campo propiedad de Rubén y fue enterrado en el campo propiedad de Gad. ¿De dónde se deduce que murió en el campo de Rubén? Del texto que dice: *Sube a la montaña de los Abarim, el monte Nebo* ... (Dt 32,49), y Nebo está ciertamente en la propiedad de Rubén, según está dicho: *Los hijos de Rubén reedificaron ... Nebo ...* (Nm 32,37-38). ¿De dónde se deduce que fue enterrado en el campo propiedad de Gad? Del texto que dice: *Y respecto a Gad dijo: ¡Bendito quien ensanchó Gad ...! Escogió la primicia para sí, pues allí la porción del jefe estaba reservada* (Dt 33,20-21).

(9) Los ángeles servidores gimieron diciendo ante Él: *Dio cumplimiento a la justicia de Yhwh y a sus juicios para con Israel* (Dt 33,21).

TALMUD

bBB 17a

[*Sobre los que el ángel de la muerte no tuvo poder. Los que murieron por boca de Dios. La excepcionalidad de Miriam*]

“Nuestros rabinos transmitieron: «Hubo seis personas sobre los que el ángel de la muerte no tuvo poder, a saber: Abraham, Isaac, Jacob, Moisés, Aarón y Miriam. Respecto a Abraham, Isaac y Jacob porque de ellos está escrito: *todo*, *con todo* y *de todo*.[348] Respecto a Moisés, Aarón y Miriam, porque de ellos se dice que murieron por boca de Dios (Nm 33,38; Dt 34,5)». ¡Pero de Miriam no se dice que murió «por boca de Dios»! R. Eleazar decía: «También Miriam murió con un beso, pues el término *allí* –שם– se usa también en la muerte de ambos» (Nm 20,1 y Dt 34,5). ¿Pero por qué no se dice que Miriam murió «por boca de Dios»? Porque tal expresión habría sido vergonzosa."

bSot 13b-14a

[*Moisés y Josué. La grandeza de Moisés: «Según el camello así es la carga» (R. Yismael, SNm 135,6). Nadie sabe dónde fue enterrado Moisés*]

¿Quién hay para nosotros más grande que Moisés? (Dt 34,10). Me dijo Yhwh: *¡Basta ya!* (Dt 3,26). Con la palabra «basta» él hizo un anuncio, y con la palabra «basta» le hicieron un anuncio[349]. Otra interpretación de «*¡Ya te basta!*» Ya tienes un maestro. ¿Quién? Josué. Otra interpretación de «*¡Ya te basta!*». Para que no puedan decir: «Cuanto más difícil es el maestro más rebelde es el discípulo». ¿Cómo así? En la escuela de R. Yismael se ha enseñado: Según el camello así es la carga.

Y les dijo: *Hoy cumplo 120 años: ya no puedo salir y entrar* (Dt 31,2). El texto no dice simplemente «hoy», sino que hoy se cumplen mis días y mis años,[350] para enseñarte que el Santo, bendito sea, cuenta los días de los años de los justos de día en día y de mes a mes, pues está escrito: *colmaré el número de tus días* (Ex 23,26). *Ya no puedo salir y entrar.* ¿Qué significa «salir y entrar»? Salir y entrar literalmente, pues está escrito: *Moisés era de edad de 120 años cuando murió; no se había debilitado su vista ni su vigor perdido* (Dt 34,7); y también: *Y subió Moisés desde las llanuras de Moab al monte Nebo* (Dt 34,1). Se nos ha enseñado que había allí doce escalones y Moisés los subió en una zancada.

R. Samuel bar Naḥmani decía que dijo de R. Yonatán: «Salir y entrar» en palabra de la Torah enseña que la puertas de la sabiduría se

348.La expresión es confusa. La versión española de ABRAHAM J. WEISS: "De Ábraham, porque sobre él dice: *y Yhwh habia bendecido a Abraham en todo* –בכל– (Gn 24,1); de Isaac, porque de él se dice: *y comí de todo* –מכל– (Gn 27,33); de Jacob, porque de él se dice *y todo* –כל– (Gn 33,11)". Cf. traducción y notas de la ed. española de Weiss.

349.Nm 16,3.

350.Su cumpleaños

le habían cerrado». *Fueron, pues, Moisés y Josué y comparecieron en la Tienda del Encuentro* (Dt 31,14). Un tanna enseñó: Fue un sábado cuando los dos enseñaron y la autoridad de uno fue traspasada al otro.

Se ha enseñado también que R. Yehudah dijo: «Si la Escritura no lo hubiera escrito sería imposible decirlo. ¿Dónde murió Moisés? En la porción de Rubén, pues está escrito: *Y subió Moisés desde las llanuras de Moab al monte Nebo* (Dt 34,1). Nebo se localiza en la porción de Rubén, como está escrito: *Los hijos de Rubén reedificaron Hesbón, Elalé, Qiryatáyim, Nebo y Baal Meón* (Nm 32,37). Fue llamado Nebo por tres profetas[351] que allí murieron: Moisés, Aarón y Miriam.

¿Y dónde fue sepultado Moisés? En la porción de Gad, pues está escrito: *Escogió las primicias para sí, pues allí la porción del jefe estaba reservada* (Dt 33,21). ¿Cuánta distancia hay entre la porción de Rubén y la porción de Gad? Cuatro millas. ¿Quién lo transportó estas cuatro millas? Se enseña que Moisés fue llevado en las alas de la Šekinah mientras los ángeles servidores gritaban: *Dio cumplimiento a la justicia de Yhwh y a sus juicios para con Israel* (Dt 33,21), y el Santo, bendito sea, respondía: *¿Quién contra los perversos se alzará en favor mío? ¿Quién por mí se mantendrá contra los malhechores?* (Sal 94,16).[352]

R. Samuel decía: *¿Quién es el hombre sabio y quién conoce la interpretación de las cosas?* (Qoh 8,1). R. Yoḥanán decía: *¿Dónde se encuentra la sabiduría?* (Job 28,12). R. Naḥmán decía: *Murió Moisés* (Dt 34,5). Semalión decía: *Murió Moisés*, el más grande escriba de Israel.

Se ha enseñado que R. Eliezer el Grande decía: "En un área de doce mil millas por doce mil millas, correspondientes al campamento de Israel, se dejó oir una *bat qol* diciendo: «*Murió Moisés*, el gran escriba de Israel». Hay quienes dicen: «Moisés no murió». Aquí está escrito *Murió Moisés* (Dt 34,5), y allí está escrito *Moisés permaneció allí con Yhwh* (Ex 34,28). Como allí estaba sirviendo también aquí está sirviendo."

Y se le enterró en el valle de Moab, frente a Bet Pe'or, sin que nadie hasta el día presente haya conocido su sepultura (Dt 34,6). Dijo R. Berekiah: La Escritura ofrece una clave dentro de otra, aunque diga que nadie conoce su sepultura. El reino malvado mandó el siguente mensaje al [**bSot 14a**] gobernador de Bet *Pe'or*: «Muéstranos dónde está enterrado Moisés». Cuando se situaban arriba, les parecía que estaba abajo; se situaban

351.*Nebi'im*

352.Lamentación por la ausencia de Moisés.

abajo, les parecía que estaba arriba. Se dividieron en dos grupos. A los de arriba, les aparecía abajo; a los de abajo les aparecía arriba, para cumplir lo que está escrito: *sin que nadie hasta el día presente haya conocido su sepultura* (Dt 34,6).

R. Ḥama ben R. Ḥanina decía: Ni siquiera nuestro maestro Moisés sabía dónde se le enterró, pues aquí está escrito: *sin que hombre hasta el día presente haya conocido su sepultura* (Dt 34,6), y allí está escrito: *Ésta es la bendición con que Moisés, hombre*[353] *de Dios* (Dt 33,1). R. Ḥama ben R. Ḥanina decía: «¿Por qué Moisés fue enterrado frente a Bet Pe'or? Para expiar por el asunto de Pe'or.[354]

MIDRASIM

MEKILTA DE RABBÍ YISMAEL[355]

Mekilta a Ex 13,19 (*Be-šallaḥ*)

[*Moisés recuperó del Nilo los huesos de José y les dio sepultura. La intervención de Seraḥ, hija de Aser. Con la medida que el hombre mide le miden a él: porque se ocupó de dar sepultura a José, Moisés mereció que Dios se ocupara de su sepultura*]

Y Moisés tomó consigo los huesos de José (Ex 13,19). Para dar a conocer la sabiduría y la piedad de Moisés, porque todos los israelitas estaban ocupados con el botín y Moisés estaba ocupado con el deber de resacatar los huesos de José. De él dice la Escritura: *El sabio de corazón acoge los preceptos* (Prov 10,8).

Pues ¿cómo sabía Moisés dónde estaba enterrado José? Se dice que Seraḥ, hija de Aser, había sobrevivido de aquella generación y ella le mostró a Moisés la tumba de José. Le dijo: «Los egipcios le hicieron un arca de metal y lo sumergieron en el Nilo». Fue Moisés y se puso junto al Nilo, tomó una tabla de oro y grabó en ella el Nombre inefable y la arrojó dentro y dijo en voz alta: «José, hijo de Jacob, ha llegado el (tiempo de cumplir el) juramento que juró el Santo, bendito sea, a nuestro padre Abraham de que redimiría a sus hijos. Si subes, bien; y si no, libres estamos nosotros de tu juramento. En el acto flotó el ataúd de José y Moisés lo cogió. Y no te asombres de esta cosa, he aquí que se dice: *Mas sucedió que cuando uno de ellos deribaba su viga ... y dijo el hombre de Dios: ¿Dónde ha caído etc.* (2 Re 6,5-6). Y he aquí un razonamiento *qal*

353. En ambos casos se usa el término «hombre –*'îš*» para referirse a Moisés.
354. Cf. Nm 25,3ss; 31.
355. Versión española de T. MARTÍNEZ SÁIZ (cf. Bibliografía).

wa-ḥomer: Si Eliseo, discípulo de Elías, hizo flotar el hierro, con tanto mayor motivo Moisés, maestro de Elías.

R. Natán dice: Lo enterraron en el capitolio de Egipto, entre los reyes, porque se dice: *y lo embalsamaron y lo pusieron en un féretro en Egipto* (Gn 50,26).

Pues ¿cómo supo Moisés cuál era el féretro de José? Fue Moisés y se puso entre los féretros y gritó: «¡José, José!, ha llegado (el tiempo de que se cumpla) el juramento que juró el Omnipresente a nuestro padre Abraham etc.». Inmediatamente se movió el féretro de José y él lo cogió y se marchó.

Para enseñarte que con la medida que el hombre mide le miden a él: Miriam esperó por Moisés una hora, porque se dice: *Y su hermana se apostó a lo lejos* etc. (Ex 2,4). Y el Omnipresente detuvo por ella en el desierto el arca y la *Šekinah* y a los sacerdotes y a todo Israel y a las siete nubes de gloria, porque se dice: *Y el pueblo no partió hasta que Miriam fue readmitida* (Nm 12,15). José tuvo el privilegio de enterrar a su padre, porque entre sus hermanos no había ninguno mayor que él, ya que se dice: *Y subió José a sepultar a su padre ... y subió con él* etc. (Gn 50,7-9). ¿Quién puede ser mayor para nosotros que José, de quien no se ocupó otro que Moisés? Moisés tuvo el privilegio de ocuparse de los huesos de José porque no había en Israel ninguno mayor que él, porque se dice: *Y Moisés tomó consigo los huesos de José* (Ex 13,19).

¿Quién puede ser para nosotros mayor que Moisés, de quien no se ocupó otro que el Santo, bendito sea, ya que se dice: *Y lo enterró en el valle* (Dt 34,6).

Y no sólo esto, sino que con Jacob subieron los servidores del Faraón y los ancianos de su casa, y con José subieron el arca y la *Šekinah* y los sacerdotes y los levitas y todo Israel y las siete nubes de gloria.

Y no sólo esto, sino que el féretro de José iba caminando con el arca del Que-vive-eternamete, y las naciones del mundo les decían a los israelitas: «¿Cuál es la peculiaridad de estas dos arcas?». Y ellos les contestaban: «Ésta es el arca del Que-vive-eternamete, y esta otra es el arca de un difunto». Y las naciones del mundo les decían: «¿Cuál es la peculiaridad del féretro del difunto que camina con el arca del Que-vive-eternamete?». Les dijeron: «El que está depositado en este féretro cumplió lo que está escrito en esta arca».

Mek a Ex 17,14-16 (*'Amaleq II*)

[*Súplicas de Moisés para entrar en la Tierra prometida*]

Pueda yo, por favor, pasar (Dt 3,25). La expresión «por favor –*na'*–» no es más que una expresión de súplica. *Y contemplar esta buena tierra* (Dt 3,25): es el país de Israel. *Esa buena montaña* (Dt 3,25): es la montaña del rey. *Y el Líbano* (Dt 3,25: es el Templo, porque se dice: *Abre, Líbano, tus puertas* etc. (Zac 11,1). Y está escrito: *Y el Líbano cae bajo la acción de un Dios poderoso* (Is 10,34). *Pero Yhwh estaba irritado contra mí por culpa vuestra* (Dt 3,26).

R. Elazar beRabí Simón comenta: *Yhwh estaba irritado contra mí por culpa vuestra* (Dt 3,26), lo que a un hombre le resulta imposible decir; quizás digáis que que fue por mi culpa, pero la Escritura dice: *por vuestra culpa*, es decir, por vuestra culpa y no por mi culpa. Vosotros me ocasionasteis que no pudiera entrar en el país de Israel. *Y Yhwh me dijo: ¡Ya basta!* (Dt 3,26). Le dijo: Te basta el haber llegado hasta aquí.

R. Yehosúa dice: *¡Ya basta!* Te basta el mundo venidero. Pero todavía seguía en pie pidiendo las mismas súplicas.

Dijo Moisés delante de Él: «Señor del mundo, ¿es que se me había decretado que no entraría en el país? *Por ello no llevarás esta asamblea* etc. (Nm 20,12), lo que quiere decir que no entraré en tanto que rey. Entraré como particular».

Le dijo Dios: «Un rey no puede entrar como un hombre cualquiera». Aún seguía suplicando las mismas peticiones. Dijo ante Él: «Señor del mundo, puesto que se ha dictado sentencia de que no entre en el país ni como rey ni como particular, que pueda entrar en él por la cavidad de Cesarión, que está debajo de Panias».

Le dijo: *Pero allí no pasarás* (Dt 34,4).

Replicó ante Él: «Señor del mundo, ya que se ha dictado sentencia de que no entre en él ni como rey ni como particular ni por la cavidad de Cesarión, que está debajo de Panias, deja por lo menos que mis huesos pasen el Jordán». Le dijo: *Pues no has de pasar este Jordán* (Dt 3,27).

R. Simón ben Yoḥay dice: No tengo necesidad de acudir a esta cita: ¿Acaso no está dicho: *Porque he de morir en este país, no pasaré el Jordán* (Dt 4,22)? ¿Cómo podría pasar un muerto? No quiere decir sino que se le había dicho: «Ni siquiera tus huesos pasarán el Jordán»."

SIFRE NÚMEROS[356]

SNm 106,2

[*Nadie más grande que Moisés de cuya sepultura se encargó el mismo Dios. En la porción de Gad, a cuatro millas de la porción de Rubén*]

Moisés se hizo merecedor de los huesos de José, no habiendo en Israel nadie mayor que él, como está dicho: *Moisés tomó consigo los huesos de José etc.* (Ex 13,19). ¿A quién encontraríamos mayor que Moisés, [de cuya sepultura] sólo se encargó el Santo, bendito sea, como está dicho: *Y lo sepultó en el valle, en el país de Nebo*[357] (Dt 34,6).

R. Yehudah decía: Si no fuera porque está escrito, sería imposible decirlo. Pero he aquí que dice: *Sube a la montaña de los Abarim, al monte Nebo* (Dt 32,4) –se refiere a la posesión de los hijos de Rubén, según está dicho: *Los hijos de Rubén construyeron Jesbón, Léale, Quiriatayim y Nebo* (Nm 33,7). Sin embargo, fue sepultado en la posesión de Gad, según está dicho: *Y respecto a Gad dijo: Bendito quien ensancha a Gad ... Y escogió la primicia para sí, pues allí estaba reservada la porción del jefe* (Dt 33,20-21). Lo que este texto enseña es que Moisés fue puesto por mano del Santo, bendito sea, a cuatro millas de distancia de la porción de Rubén en la porción de Gad, mientras los ángeles servidores lo aclamaban diciendo: *Dio cumplimiento a la justicia de Yhwh y a sus juicios para con Israel* (Dt 33,21). Y no es sólo a Moisés a quien el Santo, bendito sea recoge, sino a todos los justos, según está dicho: *Tu justicia caminará ante ti y la Gloria de Yhwh te recogerá* (Is 58,8).

SNm 135

[*Según el camello así es la carga: ¡ya te basta! Lo que aún queda reservado para Moisés. Las súplicas de Moisés. Desde el monte Nebo Dios mostró a Moisés toda la tierra de Israel*]

Yhwh me dijo: ¡Ya te basta! (Dt 3,26). Lo que le dijo fue: Moisés, en este asunto ya te basta, pues no se deja caer a los justos en grave transgresión. De aquí que R. Yismael solía contar un refrán popular: «Según el camello así es la carga». Otra interpretación: Si con Moisés, sabio entre los sabios, padre entre los grandes y padre de profetas, no

356. Versión española de M. PÉREZ FERNÁNDEZ (cf. Bibliografía).
357. TM dice: *en el país de Moab.*

hizo acepción de personas, ¡tanto menos lo hará con el resto de los humanos, que violan y quebrantan el derecho!

¡Ya te basta! (Dt 3,26). Lo que le dijo fue: Mucho es lo que hay guardado para ti, mucho es lo que hay reservado para ti, según está dicho: *¡Cuán grande es tu bondad, que has reservado para los que te temen!*» (Sal 31,20); y también: *nunca se oyó ni escuchamos ni ojo vio a un Dios fuera de ti que obrara así con los que en él confían* (Is 64,3). Otra interpretación de *¡Ya te basta!* (Dt 3,26): Lo que le dijo fue: Mucho has fatigado, mucho has trabajado; sal, Moisés, y descansa, como está dicho: *Ve hasta el fin y descansa [y al final de los días te levantarás para recibir tu lote]* (Dt 12,13).

Él le dijo:

—Si no puede ser de otra manera, entraré como uno más.

Le contestó:

—El rey no puede entrar como un cualquiera.

—Pues si no —dijo—, entraré como un discípulo de Josué.

Le repuso: ¡Basta ya! El maestro no se hace discípulo de su discípulo.

Él le dijo:

—Pues si no, que pueda entrar por el aire o por un agujero.

Le contestó:

—*Allí no entrarás* (Dt 32,52).

Él pidió:

—Pues si no, que mis huesos pasen el Jordán.

Le contestó:

—*No has de pasar este Jordán* (Dt 3,27).

¿Es que un muerto habría podido pasar? Más bien lo que le dijo fue: Moisés, ni siquiera tus huesos pasarán el Jordán.

No vuelvas a hablarme de tal asunto (Dt 3,26). Lo que le dijo fue: Moisés, sobre este tema no me pidas nada; sobre cualquier otro tema, ordéname y lo haré. Una parábola: ¿A qué se parce esto? A un rey que impuso a su hijo una prohibición muy dura. El hijo suplicaba al padre y éste le decía: En este tema no me pidas nada; pero en cualquier otro tema, ordéname, que yo actuaré. Pues de la misma manera, el Santo, bendito sea, dijo a Moisés:

—Moisés, en este tema no me pidas nada, pero en cualquier otro tema, ordéname, que yo actuaré –*Ordenarás una cosa y se te cumplirá* (Job 22,28).

Le contestó

—Si no puede ser así, al menos, por favor, muéstramela.

Le dijo:

—Esto sí lo puedo cumplir.

Sube a la cumbre del Pisgah y alza tus ojos hacia el poniente etc (Dt 3,27). Esta Escritura declara que el Omnipresente mostró a Moisés lo lejano como si estuviera cercano, lo que no era visible como si fuera visible, todo lo que se llama la tierra de Israel, según está dicho: *Y Yhwh le mostró todo el país … todo Neftali … el Négev y la cuenca …* (Dt 34,4).

SNm 136

[*Dios dio agudeza a los ojos de Moisés para contemplar toda la tierra de Israel. Moisés instruye a Josué. La queja de Moisés: Dios no le perdonó su pecado pero sí perdonó los pecados del pueblo*]

Le dijo Yhwh: Esta es la tierra [respecto a la cual juré a Abraham, Isaac y Jacob diciendo: ¡A tu posteridad la daré! Te la he hecho ver por tus propios ojos, pero allá no has de pasar (Dt 34,4). R. Aqiba decía: Esta Escritura declara que el Omnipresente mostró a Moisés todas las interioridades de la tierra de Israel, cual mesa dispuesta, según está dicho: *Y le mostró Yhwh todo el país* (Dt 34,1). R. Eliezer comentaba: Diole agudeza a los ojos de Moisés para que pudiera ver desde el uno al otro confín del mundo. Y así encuentras que los justos alcanzan a ver desde el uno al otro confín del mundo, según está dicho: *Tus ojos contemplarán al rey en su belleza, verán un país de dilatadas extensiones* (Is 33,17).

Te encuentras, pues, con que hay dos clases de visiones: una es cómoda, la otra es fatigosa. De Abraham se dice: *Levanta tus ojos y mira desde el lugar en que estás* (Gn 13,14); se trata de una visión cómoda. Pero de Moisés se dice: *Sube a la montaña de los Abarim* (Dt 32,49). Se trata de una visión fatigosa.

Te encuentras, pues, con que hay dos formas de acercarse a Dios: un acercarse que es por el Nombre de los Cielos, otro acercarse que no es por el Nombre de los Cielos. *Entonces os acercasteis y permanecisteis al pie se la montaña* (Dt 4,11): se trata de un acercarse por el Nombre de los Cielos. *Todos vosotros os acercasteis a decirme: Enviemos delante de nosotros hombres que exploren el país* (Dt 1,22): se trata de un acercarse que no es por el Nombre de los Cielos.

Da instrucciones a Josué, confórtale y anímale (Dt 3,28). Instrúyele en las palabra de la tradición. R. Yehudah interpretaba: Instrúyele sobre los gabaonitas. Otra interpretación: Instrúyele sobre tentaciones, tribulaciones y pleitos.

Porque él lo atravesará al frente de este pueblo (Dt 3,28): declara que no se le nombran dos líderes a una misma generación.

Y él les dará posesión (Dt 3,28): declara que Josué no saldrá de este mundo hasta haber dado a Israel posesión del país.

Del país que ves (Dt 3,28): declara que Moisés veía con sus ojos lo que Josué no había pisado con sus pies.

Y nos quedamos en el valle, enfrente de Bet Pe'or (Dt 3,29). Moisés les dijo: Considerad cuál fue mi pecado y cuántas oraciones hice; y, sin embargo, no se me perdonó. Y considerad cuántos fueron vuestros pecados y, sin embargo, el Omnipresente os dijo: Haced penitencia y la aceptaré.[358]

R. Yehudah ben Baba comentaba: En los tres pasajes donde los israelitas cometieron grave transgresión el Omnipresente les dijo: Haced penitencia y yo la aceptaré. Así tú tienes: *Y llamó a aquel lugar Massá y Meribá en razón de la querella de los hijos de Israel* (Ex 17,7); ¿qué añade? *Y dijo: Si escuchas atentamente la voz de Yhwh tu Dios y haces lo que es recto a sus ojos … no traeré sobre ti ninguna plaga* (Ex 15,26). Análogamente tienes: *También en Taberá, Massá y Quibrothataavá enojasteis a Yhwh* (Dt 9,22); ¿qué añade? *Y ahora, Israel, ¿qué te pide Yhwh tu Dios sino que temas a Yhwh?* (Dt 10,12). Pues aquí también tienes: *Y nos quedamos en el valle, enfrente de Bet Pe'or* (Dt 3,29), *Ahora, pues, escucha, Israel, las leyes y decretos* … (Dt 4,1).

Cuando la hayas contemplado, te reunirás también tú a los tuyos, [como se reunió Aharón, tu hermano] (Nm 27,13): declara que Moisés deseó tener la muerte de Aharón, según está dicho: *como se reunió Aharón, tu hermano* (*ibid.*).

358.Cf. **SDt 30 (a Dt 3,29)**.

SNm 140

[*Moisés proporciona un traductor a Josué y le transmite su autoridad*]

Yhwh contestó a Moisés: Toma contigo a Josué, hijo de Nun (Nm 27,18): Toma contigo al que llevas en tu corazón, toma contigo al que tienes probado y sobre el cual está explícitamente dicho: *Quien planta la higuera come su fruto, y el que cumple con su señor será honrado* (Prov 27,18).

Hombre en quien mora el espíritu (Nm 27,18): que puede caminar según el espíritu de cada cual.

E impón sobre él tu mano (Nm 27,18). Lo que le dijo fue: «Moisés, proporciona a Josué un traductor para que durante tu vida pregunte, interprete y enseñe, con objeto de que cuando tú te retires del mundo no puedan decir los israelitas: el que no enseñó en vida de su maestro ¿nos va a enseñar ahora? Inmediatamente lo levantaron del suelo y lo sentaron en el banco. R. Natán decía: «Tan pronto como Josué entraba Moisés hacía callar al traductor hasta que aquel se sentaba en su sitio».

Le investirás de tu dignidad (Nm 27,20). Pero no de toda tu dignidad. Nos encontramos, pues, instruidos de que el rostro de Moisés es como el rostro del sol, y el rostro de Josué como el rostro de la luna.

SIFRE DEUTERONOMIO[359]

SDt 27

[*Moisés argumenta ante Dios solicitándole perdón*]

—*Porque ¿qué Dios hay en los cielos y en la tierra?* (Dt 3,24). Pues la forma de comportarse del Santo, bendito sea, no es como la de la carne y la sangre. La forma de comportarse la carne y la sangre es: un prefecto que se sienta en su prefectura teme a sus asesores, no sea que revoquen sus decisiones. Tú, que no tienes consejeros, ¿por qué no tienes que perdonarme? Un rey de carne y sangre que se sienta en su trono teme a su sucesor, no sea que lo desautorice. Tú, que no tienes sucesor, ¿por qué no has de perdonarme?

SDt 28

¡Pueda yo, por favor, pasar y contemplar! (Dt 3,25). Es posible que Moisés pidiera ante el Lugar entrar en el país? ¿Acaso no estaba ya dicho: *ciertamente no pasarás este Jordán* (Dt 3,27)? Es semejante a un rey que

359. Versión española de E. CORTÉS Y T. MARTÍNEZ (cf. Bibliografía).

tenía dos siervos y prohibió a uno de ellos beber vino durante treinta días. Éste dijo: «¿Por qué me ha prohibido beber vino durante treinta días? ¡Pues ahora, no lo probaré durante un año e incluso dos!». ¿Por qué se expresó así el siervo? Para minusvalorar las palabras de su señor. Igualmente el rey prohibió al segundo siervo que bebiera vino durante treinta días. Éste dijo: «¿Pero podré yo estar sin vino siquiera una hora?». ¿Por qué se expresó así el siervo? Para respetar las palabras de su señor. De la misma manera Moisés respetó las palabras del Lugar y pidió delante de Él que le dejase entrar en el país, como está dicho: *¡Pueda yo, por favor, pasar y contemplar!*'

SDt 30

[*Queja de Moisés por la diferencia de trato que Dios da a él y al pueblo*]

Les dijo Moisés: «Mirad qué diferencia hay entre vosotros y yo, que hice muchas plegarias y muchas peticiones y súplicas pidiendo gracia y, pese a todo, me prohibió entrar en el país. Pero vosotros, que lo irritásteis durante cuarenta años por el desierto, como está dicho: *Cuarenta años he abominado esta generación* (Sal 95,10), y no sólo esto, sino que vuestros magnates se postraron ante Pe'or, y, sin embargo, Su diestra os estaba extendida para recibir a los que se convertían».

SDt 305

[*Moisés entrega un traductor a Josué y le da consejos. Dios encarga al ángel de la muerte traerle el alma de Moisés. El fracaso de la búsqueda del ángel de la muerte. El duelo de Josué por la muerte de Moisés*]

El Santo, bendito sea, dijo a Moisés: «Dale un traductor a Josué y que pregunte e inquiera y dicte decisiones en vida tuya para que cuando marches de este mundo no le digan los isrelitas: «En vida de tu maestro no hablabas y ahora hablas». Y hay quienes dicen: Lo alzó de la tierra y lo sentó en sus rodillas, y Moisés y los israelitas levantaban sus cabezas para escuchar las palabras de Josué.

(...)

Y llamó Moisés a Josué y le dijo en presencia e todo Israel:

—Este pueblo que yo te entrego son todavía como cabritillos, todavía son niños de pecho; no te irrites con ellos por todo lo que hagan, pues tampoco su Señor se irritó con ellos por todo lo que hicieron, y así se dice: *Cuando Israel era niño yo lo amé* (Os 11,1)(...)

En aquella hora dijo el Santo, bendito sea, al ángel de la muerte:

—Ve y tráeme el alma de Moisés.

Fue y se paró ante Moisés y le dijo:

—Moisés, dame tu alma.

Le dijo:

—En el lugar donde estoy sentado, no tienes derecho a estar de pie. ¿Y tú me dices «dame tu alma»?

Le reprendió y el ángel de la muerte salió con enfado.

Fue el ángel de la muerte y transmitió la respuesta ante el Poder. Nuevamente le dijo el Santo, bendito sea:

—Ve y tráeme su alma.

Fue a su sitio, lo buscó y no lo encontró. Fue al mar y le dijo:

—¿Has visto a Moisés?

Le contestó:

—Desde el día en que hizo atravesar a los israelitas por mi interior, no lo he visto.

Fue a las montañas y a las colinas y les dijo:

—¿Habéis visto a Moisés?

Le contestaron:

—Desde el día en que los israelitas recibieron la Torah sobre la montaña del Sinaí no lo hemos visto.

Fue a la gehenna y le dijo:

—¿Has visto a Moisés?

Le contestó:

—He oído su nombre, a él no lo he visto.

Fue a los ángeles servidores y les dijo:

—¿Habéis visto a Moisés?

Le dijeron:

—Ve donde los hijos del hombre.

Fue donde Israel y les preguntó:

—¿Habéis visto a Moisés?

Le respondieron:

—Dios entiende su camino. Dios lo ha escondido para la vida del mundo futuro y ninguna criatura sabe dónde está, como está dicho: *y lo enterró en el valle* (Dt 34,6).

Cuando murió Moisés, Josué estuvo llorando y haciendo duelo por él amargamente,[360] y decía: «¡Padre mío, padre mío! ¡Maestro mío, maestro mío, que me educaste, maestro mío, que me enseñaste la Ley!». Y estuvo haciendo duelo por él muchos días hasta que el Santo, bendito sea, dijo a Josué: «¿Hasta cuándo vas a estar haciendo duelo? ¿Es que a ti solo se te ha muerto Moisés? ¿Es que no se me ha muerto también a Mí? Pues desde el mismo día en que murió hay gran duelo ante Mí, como está dicho: *Y aquel día el Señor Yhwh de los ejércitos convocó a llanto y duelo* (Is 22,12)»

SDt 338

[*El monte de los Abarim. Dónde enterraron a Moisés. La tierra de Moab. El dedo de Dios enseñaba a Moisés todas las ciudades de Israel. Dios dio fuerza a los ojos de Moisés*]

Sube a la montaña de los Abarim (Dt 32,49). Es para ti una subida –עליה–, no un descenso –ירידה”.

A la montaña de los Abarim, que era llamado con cuatro nombres: monte de los Abarim, Nebo, monte Ha-har, Rosh ha-Pisgá. ¿Y por qué lo llaman monte Nebo? Porque en él están enterrados tres profetas –*nebi'im*– que no murieron por causa de transgresión y son Moisés, Aarón y Miriam.

Que está en la tierra de Moab: Enseña que le mostró la cadena de reyes que saldrían de Rut la moabita. *Que está frente a Jericó*: enseña que le mostró la cadena de profetas que saldrían de Rahab la prostituta.

Y mira toda la tierra de Canaán. R. Eliezer comentaba: «El dedo del Santo, bendito sea, le servía de guía[361] a Moisés y le enseñaba todas las ciudades de la Tierra de Israel: hasta aquí es el confín de Efraim, hasta aquí es el confín de Manasés». R. Yehosúa decía: «Moisés por sí misma la vio, he aquí cómo: dio fuerza a los ojos de Moisés y vio de un confín al otro confín del mundo».

SDt 339

[*Todos los hombres deben morir, también Moisés*]

—*Y morirás en el monte a donde vas a subir* (Dt 32,50).

Dijo ante Él:

360. Corregimos במרד –en rebeldía– por במרר–en amargura– (cf. observaciones de E. CORTÉS a la ed. española).

361. Cf. nota 216 en Comentario.

—Señor del mundo, ¿por qué he de morir? ¿No es mejor que digan: «Moisés es bueno» por propio conocimiento, a que digan: «Moisés fue bueno» según rumores? ¿No es mejor que digan «Éste es Moisés el que nos ha sacado de Egipto y ha hendido para nosotros el mar, el que ha hecho bajar para nosotros el maná y ha obrado para nosotros milagros y hazañas», a que digan «Así y así fue Moisés, así y así hizo Moisés»?

Le dijo:

—¡Acaba ya, Moisés! Es una sentencia mía igual para todos los hombres, porque se dice: Ésta es la ley: *el hombre que muera en una tienda* (Nm 19,14), y también: *Es esta la ley del hombre, Yhwh Dios* (2 Sam 7,19).

Dijeron los ángeles del servicio ante el Santo, bendito sea:

—Señor del mundo, ¿por qué murió el primer hombre?

Les dijo:

—Porque no ejecutó mis órdenes.

Dijeron ante Él:

—Pues he aquí que Moisés ha cumplido tus órdenes.

Les dijo:

—Es una sentencia mía igual para todos los hombres, porque se dice: *Ésta es la ley: el hombre que muera en una tienda* (Nm 19,14).

—*Y serás reunido con tu pueblo* (Dt 32,50). Junto a Abraham, Isaac y Jacob, junto a Amram y Qehat; junto a Miriam y Aarón tu hermano.

—*Lo mismo que murió tu hermano Aarón en el monte Hor y se reunió con ellos* (Dt 32,50). Con la muerte que deseaste. ¿Y de dónde se concluye que Moisés deseó la misma muerte que Aarón? En la hora en que le dijo el Santo, bendito sea: T*oma a Aarón y a su hijo Eleazar* (Nm 20,25), *y quitarás a Aarón sus vestiduras* (Nm 20,26). Éstas son las vestiduras del sacerdocio que revistió a Eleazar. Y así el segundo y así el tercero. Le dijo: «Entra en la cueva», y entró. «Sube a la cama», y subió. «Extiende tu mano», y la extendió. «Cierra tu boca», y la cerró. «Cierra los ojos», y los cerró. En aquella hora dijo Moisés: «¡Dichoso quien muere de esta muerte!». Por eso se dice: *Lo mismo que murió tu hermano Aarón* (Dt 32,50), la muerte que codiciaste".

SDt 341

[*Insistencia de Moisés por entrar de alguna manera en la Tierra*]

Porque de lejos verás la tierra, pero allí no entrarás (Dt 32,52). Se dice *pero allí no entrarás* y más allá *pero allí no pasarás* (Dt 34,4). No es posible decir «pero allí no pasarás» porque ya se dijo: *pero allí no entrarás*, y no se puede decir *pero allí no entrarás* porque ya se dijo «pero allí no pasarás». Dijo Moisés ante el Santo, bendito sea: «Si no entro en ella como rey, entraré como particular; si no entro en ella vivo, entraré en ella muerto». Le dijo el Santo, bendito sea: «*Pero allí no entrarás,* pero allí no pasarás: ni como rey ni como particular, ni vivo ni como muerto».

SDt 355

[*La porción del jefe reservada a Moisés. Entrará en los cielos a la cabeza del pueblo*]

—*Escogió para sí la primicia* (Dt 33,21). Vino en la cabeza al principio y vendrá en la cabeza en el futuro venidero.

—*Pues allí le estaba reservada la porción del jefe* (Dt 33,21). Ésta es la tumba de Moisés que está puesta en la porción de Gad. ¿Pues no murió en la porción de Rubén, puesto que se dice: *Sube a ese monte de los Abarim, el monte Nebo* (Ex 32,49), y Nebo no es sino la porción de Rubén, porque se dice: *Y los hijos de Rubén construyeron ... y Y Nebo y Baal Maon etc* (Nm 32,37-38). (Por tanto), ¿qué quiere decir: *pues allí estaba reservada la porción del jefe*? Enseña que Moisés fue llevado en alas de la Šekinah durante cuatro millas de la porción de Rubén a la porción de Gad, y los ángeles del servicio hacían duelo por él y decían: «Venga la paz, descanse la paz sobre su lecho. Y ésta es una de las cosas que fueron creadas la tarde del sábado al crepúsculo, y son: el arco iris, el maná, el pozo, la escritura y lo escrito, las tablas, la boca de la burra y la boca de la tierra, y la tumba de Moisés y la tumba donde estuvieron Moisés y Elías, la vara de Aarón con sus almendras y sus flores, y hay quien dice: también las vestiduras del primer hombre; y hay quien dice: también las túnicas y los demonios. R. Yosiyya dice en nombre de su padre: también el carnero y el *šamir*. R. Nehemya dice: también el fuego y la mula. R. Yehudah dice: También las tenazas (...).

—*Y ha venido a la cabeza del pueblo*: (...) Enseña que Moisés entrará a la cabeza de todos los grupos: a la cabeza del grupo de los conocedores de la Biblia y a la cabeza del grupo de los conocedores de la Misnah y a la cabeza del grupo de los doctos en el Talmud, y le será dada paga con todos y cada uno, y así se dice: *Te daré parte con las multitudes y con los poderosos partirá el botín* (Is 53,12).

SDt 357

[*Cómo Moisés escribió la Torah. El anuncio de la muerte de Moisés. Dios toma el alma de los justos con suavidad. «Y lo enterró en el valle» (Dt 34,6), pero nadie sabe dónde está su sepultura*]

—*Y le mostró el Negev* (Dt 34,3). Enseña que le mostró el sur asentado en su tranquilidad y después le mostró a los opresores que lo ocupan. Otra interrpretación de *Y el Negev*: Enseña que le mostró la cueva de Makpela, donde están enterrados los patriarcas.

(...)

—*Y murió allí Moisés* (Dt 34,5). ¿Es posible que una vez muerto Moisés escribiera *Y murió allí Moisés*? No quiere decir sino que hasta aquí escribió Moisés, de aquí en adelante escribió Josué. R. Meír dice: He aquí que se dice: *Y Moisés escribió esta Ley* (Dt 31,9). ¿Es posible que Moisés entregase la Torah faltándole ni siquiera una letra? Sólo enseña que Moisés escribía lo que el Santo, bendito sea, le decía, como se dice: *Y les dijo Baruk: él me dictaba de su propia boca* (Jer 36,18).

R. Eliezer: Una voz divina salía de en medio del pueblo, recorriendo doce millas por doce millas, y proclamaba y decía: «¡Moisés ha muerto!». Samalión decía: *y murió allí Moisés*. ¿Y de dónde se deduce que una cueva salía desde la tumba de Moisés a la tumba de los Patriarcas? Porque aquí se dice *y murió allí Moisés*, y más adelante se dice *allí enterraron a Abraham y Sara, su mujer* (Gn 49,31). Pero hay quien dice: No murió Moisés, sino que está en pie, sirviendo arriba, pues aquí también se dice *allí* y más adelante se dice *y estuvo allí con Yhwh* (Ex 34,28).

—*Siervo de Yhwh* (Dt 34,5). El texto no habla en oprobio de Moisés, sino en su alabanza, pues así hallamos que los profetas primeros son llamados «siervos», porque se dice: *Ciertamente no hace nada Yhwh Elohim sin haber revelado su secreto a sus siervos los profetas* (Am 3,7).

—*Por la palabra de Yhwh* (Dt 34,5). Cuando el Lugar toma el alma de los justos, la toma con suavidad. Propusieron una parábola: ¿A qué se parece la cosa? A un hombre fiel que había en una ciudad a quien todos confiaban un depósito, y cuando uno de ellos iba a pedir lo suyo, lo sacaba y se lo daba porque sabía dónde estaba; pero si el hombre fiel lo recogía por medio de su hijo, por medio de su siervo o por medio de un enviado suyo, (éstos) lo revolvían todo de arriba abajo porque no sabían dónde estaba. Así, cuando el Lugar toma el alma de los justos, la toma con suavidad, pero cuando toma el alma de los malvados, la entrega a los ángeles malos, a los ángeles crueles, para que saquen su alma, y así se dice: *Pero le será enviado un ángel cruel* (Prov 17,11). Y también: *Muere en plena juventud su alma* (Job 36,14).

—*Y lo enterró en el valle* (Dt 34,6). Si se dice *en el valle* ¿por qué se dice *en tierra de Moab* (ibid.)? Si se dice *en tierra de Moab* ¿por qué se dice *en el valle*? Es decir, que Moisés fue enterrado en medio de la heredad de Rubén y fue enterrado en el campo de la heredad de Gad.

—*Y nadie conoce su tumba* (Dt 34,6). Hay quien dice: Tampoco Moisés conoce el lugar de su tumba, porque se dice *Y nadie conoce su tumba*, y *nadie –'iš–* es Moisés, porque se dice: *y el hombre –'iš– Mosés era muy humilde* (Nm 12,3). Una vez envió el gobierno de la casa de César dos capitanes. Dijeron: «Id a ver dónde está la tumba de Moisés». Fueron y se pararon arriba y la vieron abajo; bajaron abajo y la vieron arriba. Se repartieron, la mitad abajo y la mitad arriba; los que estaban arriba la vieron abajo, y los que estaban abajo la vieron arriba. Por ello se dice *Y nadie conoce su tumba.*

MIDRÁS TANNAIM a Dt 34,5[362]

[*Moisés escribió en la Torah todo lo que Dios le dijo. La Bat qol anunció la muerte de Moisés. Moisés no murió, sino pasó a servir a Dios en el Cielo. El túnel que unía las tumbas de Moisés y las de los Patriarcas. El ángel de la muerte busca infructuosamente a Moisés. El llanto de Josué. Diálogo de Moisés y el alma. Ubicación de la tumba de Moisés. El beso de Dios*]

Y murió allí Moisés (Dt 34,5). Hasta aquí escribió Moisés, de aquí en adelante escribió Josué. Dirás ¿es posible que Moisés vivo escribiera «y murió allí Moisés»? Tendrás que decir: Hasta aquí escribió Moisés, de aquí en adelante escribió Josué. R. Meir dice: «No es necesario. ¿No está ya dicho *Y escribió Moisés esta Torah [a los sacerdotes]* (Dt 31,9)? ¿Es posible que se la entregara a falta de tan siquiera una sola letra? Todo lo que el Santo, bendito sea, le dijo, estaba escrito, como está dicho en Baruk: *De su propia boca me dictaba todas estas palabras y yo las escribía en el libro con tinta* (Jr 36,8).

Y murió allí Moisés (Dt 34,5). R. Eliezer el Grande decía: «En doce millas por doce millas correspondientes al campamento de Israel se escuchaba la *Bat qol*: '¡Ay, que Moisés ha muerto!, ¡ay, que Moisés ha

362. Según texto de D. HOFFMANN, pp. 224-226.

muerto!'». Si no hubiera sido así, ¿quién podría haber anunciado en doce millas por doce millas que Moisés había muerto? Pero se escuchó allí una *bat qol* que salía por todo el campamento de Israel diciendo: «Moisés ha muerto». Samalión[363] decía: «*Murió Moisés*, el escriba más gande de Israel».[364] Hay quienes dicen: «Nuestro maestro Moisés no ha muerto sino que está en pie y sirve en la altura. Aquí está escrito: *Y murió* ***allí*** *Moisés* (Dt 34,5) y allí está escrito: *Y* ***allí*** *permaneció con Yhwh* (Ex 34,28). Como allí estaba en pie y servía en la altura, también aquí está en pie y sirve en la altura».

Otra interpretación de *Y murió* ***allí*** *Moisés* (Dt 34,5). Hay quienes dicen que un túnel salía de la tumba de Moisés a la tumba de los patriarcas, pues aquí se dice *Y murió* ***allí,*** y aquí se dice ***allí*** *dieron sepultura a Abraham [y Sara, su esposa,* ***allí*** *dieron sepultura a Isaac y a su mujer Rebeca, y* ***allí*** *di yo sepultura a Leah]* (Gn 49,31).

Otra interpretación de *Y murió* ***allí*** *Moisés* (Dt 34,5). Moisés decía ante el Santo, bendito sea: «Señor de todos los mundos, puesto que ya has decretado mi muerte, no me entregues al ángel de la muerte». Le contestó el Santo, bendito sea: «Por tu vida, que yo mismo cuidaré de ti, te ocultaré». Y el Santo, bendito sea, le mostró su morada así como la había mostrado a su hermano Aarón, y cuando contempló su trono en medio del Jardín del Edén se sintió satisfecho.

En aquella hora el Santo, bendito sea dijo al ángel de la muerte: «Ve y tráeme el alma de Moisés». Dio vueltas por todo el mundo y no lo encontró. Fue al mar y le preguntó: «¿Has visto a Moisés?». Le contestó: «Desde el día en que subió a Israel desde mi interior[365] no lo he vuelto a ver». Se dirigió a los montes y colinas y preguntó: «¿habéis visto a Moisés?». Le contestaron: «Desde el día que recibió la Torah en el monte Sinaí no lo hemos vuelto a ver; acaso está acampado ante el Santo, bendito sea, pues iba a entrar en la Tierra de Israel». Se dirigió a la Tierra de Israel y preguntó: «¿Está aquí el alma de Moisés?». Le respondieron: «*No lo encontrarás en la tierra de los vivos*» (Job 28,13). Se dirigió a las nubes de gloria y les preguntó: «¿Está aquí acaso el alma de Moisés?». Le contestaron: «*Se ocultó a los ojos de todo viviente*» (Job 28,21).

363. Cf. paralelo en **SDt 357 (a Dt 34,5)** de E. CORTÉS Y T. MARTÍNEZ y su nota 35 en p. 361.

364. **bSot 13b**.

365. Referencia al paso del Mar Rojo (Ex 14)

Fue donde los ángeles servidores y les dijo: «¿Acaso está aquí el alma de Moisés?». Le dijeron: «*Se ha ocultado de las aves del cielo*» (*idem)*, éstas son (como) los ángeles servidores que se llaman voladores. Se dirigió al océano y preguntó: «¿Está aquí el alma de Moisés?». Le respondieron: «No, pues está dicho: *El océano dijo: No está en mí* (Job 18,14)». Fue donde El Šeol y Abbadón y les preguntó: «¿Habéis visto a Moisés?». Le contestaron: «Hemos tenido oídas, pero a él no lo hemos visto», como está dicho: *De oídas conocemos su fama* (Job 28,22). Abba interpretaba citando a R. Simón b. Yosé: *De oídas conocemos su fama* (id.). Los ángeles servidores, sección por sección, aclamaban ante el féretro de Moisés y decían: *Entrará en la paz, reposarán sobre sus lechos los que siguen su recto camino* (Is 57,2).[366] Se dirigió a los ángeles servidores y le preguntaron: «¿Habéis visto a Moisés?». Le respondieron: «Ve donde los hijos del hombre». Fue a donde los hijos del hombre y les preguntó: «¿Habéis visto a Moisés?». Le respondieron: «*Solo Dios conoce su camino y sabe su morada* (Job 28,23). Él lo escondió para la vida del mundo futuro y ninguna criatura sabe dónde, como está dicho: *¿Dónde se encontrará la sabiduría (...) nadie conoce su camino, no se encuentra en la tierra de los vivos. El océano dice: No está en mí, y el mar responde: No está conmigo* (Job 28,12-14)». Abbadón y muerte respondieron: *De oídas conocemos su fama* (Job 28,22).

También Josué se afligió por Moisés cuando la columna de nube se interpuso entre ellos y ordenaste: *Ponme como sello sobre tu corazón (...) aguas caudalosas no podrán apagar el amor* (Cant 8,6-7). Y cuando desapareció se puso en pie y lloró con grande llanto y rasgó sus vestiduras y gritó: *Padre mío, padre mío, carro y auriga de Israel* (2 Re 2,12), *y la sabiduría ¿dónde se encuentra?* (Job 28,12). Le respondió el Santo, bendito sea: «¿Hasta cuándo vas a estar buscando a Moisés? *Moisés, mi siervo, ha muerto* (Jos 1,2). No a ti se te ha muerto Moisés, sino a mí se me ha muerto Moisés.[367]

Cuando Moisés partió, su alma revoloteaba sobre él y y Él (Dios) le decía:

—*Vuelve, alma mía, a tu descanso* (Sal 116,7).

Ella contestaba:

366.Desde la sentencia de Abba hasta aquí es una inserción que proviene de **ARN B 25,4**.

367.La misma sentencia, con alguna variación en **SDt 305** (final).

—¿Cómo abandonaré este tan puro y santo cuerpo para ir a otro lugar?

Él preguntaba:

—*Yhwh fue bueno contigo* (id.), ¿acaso te ha tocado el ángel de la muerte?

Ella respondía:

—¡Dios no lo quiera!, *pues libraste mi alma de la muerte* (Sal 116,8).

Él insistía:

—¿Es que lloras como los que lloran por los muertos?

Ella repetía:

—¡Dios no lo quiera!, *y mis ojos de las lágrimas* (*id.*).

Él inquiría:

—¿Acaso te expulsaron del Jardín del Edén?»

Ella decía:

—¡Dios no lo quiera!, *y mis pies de la caída* (*id.*).

Él preguntó:

—¿Qué es lo que te han dicho?

Ella terminó

—Promulgaron un decreto sobre mí que decía: *Caminaré en presencia de Yhwh en las tierras de los vivos* (Sal 116,9).

Siervo de Yhwh (Dt 34,5). La Escritura no habla en deshonor de Moisés, sino para su alabanza, como está dicho: *No ocurre así con mi siervo Moisés, el más fiel de toda mi casa* (Nm 12,7), y así encontramos en Abraham, Isaac y Jacob, que fueron llamados siervos, como está dicho: *Acuérdate de Abraham, de Isaac y de Israel, tus siervos* (Ex 32,13), y el resto de todos los profetas fueron llamados siervos, como está dicho: *En verdad no hace el Señor Yhwh cosa alguna sin haber revelado su designio a sus siervos los profetas* (Amós 3,7).

En la tierra de Moab (Dt 34,5). R. Yehudah decía: «Si no estuviera escrito en la Escritura, sería imposible decir dónde murió Moisés: ¿En la heredad de Rubén? Pues está dicho: *Y subió Moisés desde las llanuras de Moab al monte Nebo* (Dt 34,1), y Nebo se encuentra en la parte erguida de Rubén, que está escrito: *Los hijos de Rubén reedidificaron a Hesbón (...) y Nebo* (Nm 32,37-38). ¿Y de dónde se deduce que Moisés recibió sepultura en la heredad de Gad? De lo que está dicho en Dt 33,20-21: *y respecto a Gad dijo: (...) pues allí la porción del caudillo le estaba reservada.* Y de la heredad de Rubén a la heredad de Gad, ¿cuánta distancia? Calcula cuatro millas. ¿Y cómo fue el paso de Moisés? Se enseña que Moisés fue llevado sobre las alas de la *Šekinah* y los ángeles del servicio decían: *Dio cumplimiento a la justicia de Yhwh y a sus juicios con Israel* (Dt 33,21). Y el Santo, bendito sea, dice: *¿Quién contra los perversos se alzará en favor mío? ¿Quién por mí se alzará entre los malhechores?*

Por boca de Yhwh (Dt 34,5): con un beso. Esto enseña que la muerte de Moisés fue por boca del Santo. Para mí que esto sólo se refiere a la muerte de Moisés. ¿De dónde se deduce que también a la muerte de Aarón? Está escrito: *como murió Aarón, tu hermano en el monte Hor* (Dt 32,50). Así pues, por la muerte de Moisés quedamos ilustrados de la muerte de Aarón, y de la misma manera de la muerte de Aarón nos ilustramos sobre la muerte de Moisés: como la muerte de Aarón fue por la boca del Santo, también la muerte de Moisés fue por la boca del Santo. Para mí que aquí sólo se refiere a la muerte de Moisés y Aarón, pero ¿de dónde se deduce que también a la muerte de Miriam? Está dicho: *Dijo Yhwh a Moisés (...): Te reunirás tú también a los tuyos* –אל־עמיך– *como se reunió Aarón tu hermano* (Nm 27,13);[368] así pues, también se incluye Miriam. ¿Y de dónde se deduce que también se incluye la muerte de Josué? Está escrito: *Como estuve con Moisés, también estaré contigo* (Jos 1,5). Así es, ¿pero de dónde se deduce que también se incluye la muerte de los justos? Está dicho: *Tu justicia caminará delante de ti y la Gloria de Yhwh te reunirá* (Is 8,58): «*Gloria*» enseña que ellos lo glorificaban mientras vivían; «*Yhwh te reunirá*» enseña que El Lugar junta las almas de los justos y los recoge con suavidad.

MIDRÁS TANḤUMA

Tanḥ Wa-'etḥannan 6 [369]

[1. *Nadie se libra de la muerte.* 2. *Aunque Moisés pisó el Arafel, tampoco se libró de la muerte.* 3. *Súplicas de Moisés.* 4. *Los seis pecados de Moisés.* 5. *Moisés pide a través de intercesores inútilmemte.* 6. *Los dos juramentos de Dios.* 7. *Moisés y Josué.* 8. *Moisés y Metratón.* 9. *Ha llegado la hora: Moisés bendice a Israel, Israel y Moisés se perdonan mutuamente.* 10. *El beso de Dios*]

368.HOFFMANN da la referencia numérica, pero no cita el texto. Probablemente entiende עמיך referido a «los suyos», es decir los tres hermanos tantas veces citados conjuntamente en la Escritura: Nm 12,4; 26,59; 1 Cr 6,3; Miq 6,4; etc.

369.Para mayor comodidad en las referencia internas hemos subidividido el largo capítulo **Wa-'etḥannan 6** en 10 subparágrafos.

1. *No vuelvas a hablarme de tal asunto* (Dt 3,26). Esto es lo que dice la Escritura de Job: *Aunque su altura llegue a los cielos y su cabeza toque las nubes, como su excremento perece para siempre* (Job 20,6-7). ¿A qué refiere Job esta escritura? Al día de la muerte, pues aunque uno suba hasta el cielo y despliegue alas como un águila, cuando le llegue el tiempo de morir se romperán sus alas y caerá ante el ángel de la muerte como la bestia ante el matarife. Y así dice David: *Sale su espíritu y torna a su tierra* (Sal 146,4); y así dice Job:[370] *allí están el pequeño y el grande, y el esclavo, libre de su amo* (Job 3,19), pues aunque su amo lo hubiera comprado por diez mil denarios de oro, cuando le llegue el tiempo de morir nadie podrá decirle «tú eres mi siervo», pues ha quedado libre de su amo.

2. Otra interpretación de *Aunque su altura llegue a los cielos* (Job 20,6). Se refiere a Moisés, que subió al cielo y pisó el Arafel y estuvo como los ángeles servidores y (el Santo, bendito sea) hablaba con él cara a cara y recibió la Torah de la mano del Santo, bendito sea.

Cuando le llegó el tiempo de morir, le dijo el Santo, bendito sea:

—*Se acercan los días de tu muerte* (Dt 31,14).

Respondió ante Él:

—Señor del Universo, ¿en vano pisaron mis pies el Arafel? ¿en vano cabalgué delante de tus hijos como un corcel para que mi final sea el de un gusano?

R. Abbahu contaba una parábola: ¿A qué se parece esto? A uno de los grandes del reino que encontró una espada india como no había otra en todo el mundo. Se dijo: «Ésta sólo es digna del rey». ¿Qué hizo? La llevó como regalo al rey. El rey dijo: «Cortadle la cabeza». De manera similar dijo Moisés ante el Santo, bendito sea: «Señor del Universo, con la misma palabra que te glorifiqué diciendo: *He aquí* —הן— *que a Yhwh, tu Dios, pertenecen los cielos* etc. (Dt 10,14), con la misma expresión decretas mi muerte: *He aquí* —הן— *que se acercan los días de tu muerte* (Dt 31,14). Le respondió: «Moisés, ya penalicé con la muerte al primer hombre». Contestó ante Él: «Mi Señor, el primer hombre merecía la muerte, pues transgredió un pequeño mandato que le impusiste; por eso es correcto que muera». Le respondió: «Mira que Abraham santificó mi Nombre en mi mundo (y, sin embargo, también murió)». Contestó ante Él: «De Abraham salió Ismael, cuyo linaje fue

370.La cita de Job y el parágrafo que sigue faltan en la edición de BUBER.

provocador ante Ti, como está dicho: *Tranquilas están las guaridas de los sdalteadores* (Job 12,6)». Le respondió: «Mira a Isaac, que extendió su cuello sobre el altar (y, sin embargo, también murió)». Contestó ante Él: «De Isaac salió Esaú, que había de destruir el Templo y quemar tu altar». Le respondió: «Mira a Jacob, de quien salieron doce tribus y no hubo en ellas ninguna deshonra». Contestó ante Él: «Jacob no subió al cielo ni sus pies pisaron el Arafel ni fue como los ángeles servidores ni hablaste con él cara a cara ni recibió la Torah de tu mano». Le respondió el Santo, bendito sea: «Basta ya, no continúes hablando».

3. Respondió (Moisés) ante Él:

—Señor del mundo, acaso las futuras generaciones dirán que a no ser por las maldades encontradas en Moisés no le habrían sacado del mundo.

Le dijo (Dios):

—He dejado escrito en mi Torah: *No surgió en Israel otro profeta como Moisés* (Dt 34,10).

Insistió ante Él:

—Acaso las futuras generaciones dirán que en mi juventud sí cumplí tu voluntad, pero en mi vejez ya no la cumplía.[371]

Le repitió:

—Ya escribí en mi Torah: *Porque me habéis sido infieles en medio de los hijos de Israel ... y porque no Me habéis santificado en medio de los hijos de Israel, per eso verás de lejos la tierra* (Dt 32,51-52).

—Si place a tu voluntad –expuso (Moisés) ante Él– permíteme entrar en la Tierra y estar allí dos o tres años para después morir.

Le citó (Dios):

—*Pero no entrarás en ella* (Dt 32,52).

Respondió ante Él:

—Si no puedo entrar vivo, permíteme entrar después de morir.

Le contestó:

—Ni en vida ni después de muerto.

Se quejó ante Él:

—¿Por qué tanta rabia contra mí?.

Le dijo:

—*Porque no me habéis santificado* (Dt 32,52).

371.Cf. **MPM § 4**.

Contestó ante Él:

—Con todas las criaturas tú te comportas según la medida de la misericordia dos y tres veces, como está dicho: *Mira, todas estas cosas las hace Dios dos y tres veces* (Job 33,29), pero a mí, ni un solo pecado me perdonas.

4. Le dijo el Santo, bendito sea:

—Moisés, tú has cometido seis pecados y ninguno de ellos te los reproché. Para empezar, dijiste: *Por favor, envía por mano de quien quieras* (Ex 4,13); en segundo lugar: *Y tú no haces nada para librar a tu pueblo* (Ex 5,23); en tercer lugar: *Anque matemos las ovejas y las vacas, no les bastará* (Nm 11,22); en cuarto lugar: *Yhvh no me ha enviado* (Nm 16,29); en quinto lugar: *Escuchad, rebeldes* (Nm 20,10); en sexto lugar: «*Y ahora os habéis rebelado, siguiendo a vuetros padres, raza de hombres pecadores* (Nm 32,14).[372] ¿Es que Abraham, Isaac y Jacob fueron tan pecadores que así llamaste a sus hijos?.

Respondió ante Él:

—Señor de los mundos, de Ti lo aprendí porque dijiste: *Que retire los incensarios de esos pecadores* (Nm 17,3).

Le dijo el Santo, bendito sea:

—Yo dije *por vuestras vidas* (ibid.), no «por vuestros padres».

Dijo ante Él:

—Yo soy uno solo, e Israel seiscientos mil. Muchas veces pecaron contra Ti y yo pedí misericordia para ellos, y Tú los perdonaste. ¿A seiscientos mil atendiste y a mí no me atiendes?.

Le contestó:

—No es lo mismo la ley de la comunidad que la ley del individuo. Además, hasta ahora tenías tu oportunidad a tu alcance, pero desde ahora pasó tu oportunidad.

Suplicó ante Él:

—Señor de los mundos, levántate del trono de la justicia y siéntate en el de la misericordia en favor de mí, para que no muera y mis pecados sean perdonados por los sufrimientos que traigas sobre mi cuerpo, y no me entregues al lazo del ángel de la muerte. Si actúas así, yo proclamaré tu alabanza a todos los que vienen al mundo, como dijo David: *No he de morir, viviré para contar las hazañas de Yhwh* (Sal 118,17).

372.La edición de BUBER altera las citas en este orden: 1) Ex 4,13; 2) Ex5,23; 3) Nm 16,29; 4) Nm 16,30; 5) Nm 20,10.

Le confirmó (Dios):

—*Ésta es la puerta de Yhwh, los justos entrarán por ella* (Sal 118,20), preparada para los justos y para todas las criaturas, la muerte ha sido decretada desde el principio del mundo.

5. Cuando Moisés advirtió que no se le atendía se dirigió a los cielos y a la tierra suplicándoles:

—Pedid misericordia para conmigo.

Replicaron:

—¿Cómo vamos a pedir misericordia para ti, si tenemos que pedir misericordia para nosotros?, pues está escrito: *Los cielos se desvanecen como el humo, la tierra se consume como un vestido* (Is 51,6).[373]

Se dirigió a las estrellas y constelaciones suplicándoles:

—Pedid misericordia para conmigo.

Replicaron:

—¿Cómo vamos a pedir misericordia para ti, si tenemos que pedir misericordia para nosotros?, pues está escrito: *Se marchitan los ejércitos celestiales y se enrollan como un pliego* (Is 34,4).

Se dirigió a los montes y colinas suplicándoles:

—Pedid misericordia para conmigo.

Replicaron:

—Tenemos que pedir misericordia para nosotros, pues está escrito: *Porque los montes se retiran y las colinas vacilan* (Is 54,10)».

Se dirigió entonces al Gran Mar diciéndole:

—Pide misericordia para conmigo.

—Hijo de Amram –le respondió–, ¡qué diferencia hay entre este día y los demás días! ¿No eres tú el hijo de Amram, que viniste a mí y me golpeaste con tu vara y me partiste en doce sendas, mientras yo no podía resistir ante ti por causa de la *Šekinah* que caminaba por delante de ti, a tu derecha, como está dicho: *el que hizo caminar a la derecha de Moisés su brazo glorioso, el que dividió las aguas ante ellos, ganándose un renombre perpetuo* (Is 63,12)? ¿Qué te ha pasado hoy?

Cuando el mar le recordó lo que hizo en su juventud, lloró a gritos diciendo: *¡Quién me diera volver a las lunas antiguas, como en los días en que*

373. La ed. de BUBER añade: "Se dirigió al sol y la luna: «Pedid misericordia para mí». Le contestaron: «¿Cómo vamos a pedir misericordia para ti, si tenemos que pedir misericordia para nosotros?, pues está dicho: *La luna se sonrojará entonces y se aborchonará el sol* (Is 24,23)."

Dios me guardaba! (Job 29,2) Cuando pasé sobre ti, yo era el rey del mundo, y ahora, humillado, no hay nadie que me atienda.

Inmediatamente se dirigió al ángel de la presencia diciéndole:

—Pide misericordia para conmigo para que no muera.

Le respondió:

—Moisés, mi maestro, ¿por qué tanta angustia? Así he oído detrás de la cortina: que en este asunto tu oración no es escuchada.

Moisés se llevó las manos a la cabeza y comenzó a llorar gritando: «¿A quién iré a pedir misericordia?».

Cuenta R. Simlay que en aquella hora el Santo, bendito sea, se llenó de ira contra Moisés, como está dicho: *Pero Yhwh se irritó contra mí por culpa vuestra y no me escuchó* (Dt 3,26), hasta que Moisés comenzó la lectura: *Yhwh pasó ante él y leyó: Yhvh Yhwh, Dios compasivo y misericordioso, lento a la ira y rico en piedad y lealtad* (Ex 34,6).

6. En aquella hora se aplacó el espíritu santo. Y el Santo, bendito sea, dijo a Moisés:

—Moisés, dos juramentos he jurado: uno, que tú morirás; otro, no destruir Israel. Es imposible anular los dos. Si prefieres vivir tú y que perezca Israel, va bien.

Respondió (Moises) ante Él:

—Mi Señor, vienes a mí con infundios. Tú estiras la cuerda por las dos puntas. ¡Perezca Moisés y mil como él, pero que no perezca ni uno solo de Israel! Señor de los mundos –siguió diciendo–, ¿es que los pies que subieron al cielo y el rostro que dio la bienvenida al rostro de la Šekinah y la manos que recibieron la Torah de tu mano gustarán el polvo? ¡Ay!, dirán todas las criaturas, si Moisés, que subió a lo alto y fue como los ángeles servidores y habló con Él cara a cara y recibió la Torah de su mano, no pudo justificarse ante el Santo, bendito sea, ¡cuánto menos el simple mortal de carne y sangre que se presentará sin cumplir la Torah y los preceptos!

Le contestó el Santo, bendito sea:

—¿Por qué tienes tanta angustia por esto?

Respondió:

—Señor de los mundos, tengo miedo de la espada del ángel de la muerte.

Le dijo:

—No te entregaré en su mano.

Expuso ante Él:

—Señor de los mundos. Yokébed, mi madre, que en vida sufrió dentera por sus dos hijos, ¿sufrirá dentera todavía por mi muerte?.

Le respondió:

—Así fue planeado y así es el devenir del mundo. Cada generación tiene sus maestros, cada generación tiene sus proveedores, cada generación tiene sus guías. Hasta ahora tu tarea era servir ante Mí, pero ahora pasó tu parte y llegó la hora de tu discípulo Josué para entrar en el servicio.

7. Le dijo (Moisés): «Señor mío, si es por causa de Josué que yo tengo que morir, mejor iré y seré discípulo suyo».

Le respondió: «Si quieres hacerlo así, ve y hazlo».

Se levantó Moisés y bien temprano se apostó a la puerta de la tienda de Josué. Estaba Josué sentado y enseñando, mientras Moisés estaba en pie, doblado su cuerpo, la mano en su boca, pero los ojos de Josué estaban nublados y no lo advirtió. Esto sucedió para que (Moisés) se sintiera insignificante y se entregara a la muerte.

Entre tanto, los israelitas habían ido a la puerta de la tienda de Moisés para empezar a estudiar la Torah y preguntaban:

—Nuestro maestro Moisés, ¿dónde está?

Les dijeron:

—Se fue temprano a la puerta de Josué

Fueron y lo encontraron en la puerta de Josué, Josué sentado y Moisés de pie. Dijeron a Josué:

—¿Qué se te ha subido a la cabeza, que Moisés, nuestro Maestro, está de pie mientras tú sigues sentado?

Cuando (Josué) alzó los ojos y lo vio, de inmediato rasgó sus vestiduras y gritó llorando:

—¡Maestro mío, Maestro mío! ¡Padre mío, Padre mío y Señor mío!

Dijeron los israelitas a Moisés:

—Moisés, nuestro Maestro, enséñanos la Torah.

Les dijo:

—No tengo autorización.

Ellos dijeron:

—Nosotros no te dejamos solo.

Pero una *bat qol* salió (del cielo) y les dijo:

—Aprended de Josué y aceptad sentarse (a sus pies) y aprender de Josué.

Josué se sentó al frente, Moisés a su derecha y los hijos de Aarón[374] a su izquierda. Josué, sentado, enseñaba en presencia de Moisés.

Decía R. Semuel bar Naḥmani que decía R. Yonatán: "En el mismo momento en que Josué pronunció: «Bendito el que escogió entre los justos»,[375] las tradiciones de sabiduría fueron quitadas a Moisés y se donaron a Josué, y Moisés ya no entendía lo que Josué explicaba".

Después de levantarse los israelitas de la sesión, fueron a Moisés y le pidieron:

—Conclúyenos la Torah

Les contestó:

—No sé qué deciros.

Nuestro maestro Moisés había tropezado y caído.

8. En aquella hora, dijo Moisés: «Señor de los mundos, hasta ahora he estado buscando mi vida, pero ahora ya mi alma se te entrega».

Cuando Moisés se resignó a la muerte, el Santo, bendito sea, comenzó a decirse: *¿Quién se pondrá a mi favor contra los perversos?* (Sal 94,16) ¿Quién estará por Israel en la hora de mi ira? ¿Quien estará en las guerras de mis hijos? ¿Quién pedirá misericordia por ellos cuando pequen contra Mí?

En aquella hora vino Metatrón, cayó sobre su rostro y dijo ante Él:

—Señor del mundo, Moisés en vida fue tuyo y en su muerte es tuyo.

Le respondió el Santo, bendito sea:

—Te contaré una parábola. ¿A qué se parece esto? A un rey que tenía un hijo que no respetaba el honor de su padre y tanto le irritaba que deseaba matarlo, pero su madre lo libraba de su mano. Al cabo de un tiempo murió la madre y el rey lloraba. Sus siervos le preguntaban: «¿Por qué lloras, nuestro rey y señor?». Les contestó: «No sólo por mi mujer yo lloro, sino por ella y también por mi hijo, porque mirad cuántas veces él me irritó y yo intenté matarlo, pero ella lo salvó de mi mano». Pues de la misma manera –el Santo, bendito sea, responde a Metatrón– Yo me aflijo no sólo por Moisés, sino por Moisés y también

374. Edición de BUBER: «Eleazar e Itamar».

375. La edición de BUBER añade un ligero e importante cambio: «Bendito el que escogió a los justos y sus repeticiones –משנותם–». Probable referencia a las tradiciones orales que recogerá y transmitirá Josué.

por Israel. Pues muchas veces ellos me irritaron y yo me enfurecí con ellos, pero él (Moisés) estuvo en la brecha delante de Mí para apartar mi ira de su destrucción.

9. Se le dijo a Moisés:

—Llega la hora de que seas liberado de este mundo.

Él pidió:

—Esperadme hasta que bendiga a Israel, porque no siempre ellos encontraron en mí un espíritu benévolo en las correcciones y reprimendas con las que los castigué.

Comenzó, pues, a bendecir a las tribus una por una, por separado. Pero cuando comprobó que el tiempo se acababa, las juntó a todas en una sola bendición.

Se le dijo otra vez:

—Llegó la hora de ser liberado de este mundo.

Entonces dijo a Israel:

—Mucho os he atormentado con la Torah y con los mandamientos. Perdonadme ahora.

Le contestaron:

—Nuestro maestro, nuestro señor, te está perdonado.

También Israel se puso en pie para decirle:

—Moisés, maestro nuestro, mucho te hemos irritado y mucho peso hemos cargado sobre ti. Perdónanos.

Les contestó:

—Os está perdonado.

Se le anunció:

—Llegó ya el momento de salir del mundo.

Dijo él:

—Bendito el Nombre del que vive y subsiste por siempre jamás.

A Israel dijo:

—Os pido, por favor, que cuando entréis en la tierra, os acordéis de mí y de mis huesos y proclaméis: «¡Ay del hijo de Amram, el que corría delante de nosotros como un corcel y sus huesos quedaron en el desierto!

10. Se le conminó:

—Sólo te queda medio minuto.

Alzó sus dos manos y las cruzó sobre su corazón. Y dijo a Israel:

—Ved el final de la carne y la sangre.

Respondieron diciendo:[376]

—Las manos que recibieron la Torah de la boca del Todopoderoso, ¿caerán en la sepultura?

En aquel momento salió su alma con un beso, conforme a lo que está dicho: *Y murió allí Moisés, el siervo de Yhwh, en el territorio de Moab, por boca de Yhwh* (Dt 34,5). No se ocuparon de su enterramiento ni Israel ni los ángeles, sino sólo el Santo, bendito sea, según está dicho: *Y lo enterró en el valle de Moab, frente a Bet Pe'or* (Dt 34,6).

¿Y por qué fue sepultado fuera de la Tierra? Para que los que mueren fuera de la Tierra revivan por el mérito de Moisés, como está dicho: *Escogió para sí la primicia* (Dt 33,21).

¿Y cuándo murió Moisés, nuestro maestro? El siete de Adar, según está escrito: *Y murió allí Moisés* (Dt 34,5), y está escrito: *Y los hijos de Israel lloraron a Moisés en la estepa de Moab* (Dt 34,8), y está escrito: *Después de la muerte de Moisés* (Jos 1,1), y está escrito: *El pueblo subió desde el Jordán el día diez del mes primero* (Jos 4,19). Contando hacia atrás treinta y tres días, tienes que Moisés murió el siete de Adar.

¿Y de dónde se deduce que Moisés también nació el siete de Adar? Porque está escrito: *Hoy cumplo ya ciento veinte años* (Dt 31,2). Si «hoy» no tiene ninguna enseñanza (aparente), ¿qué enseñanza (nueva) aporta «hoy»?[377] Que hoy se cumplen mis días y mis años. Esto es para enseñarte que el Santo, bendito sea, cumple los días de los justos de día a día y de mes a mes, como está dicho: *Cumpliré tus días* (Ex 23,26).

TANḤUMA BUBER

Edición de S. Buber, Vilna 1887, reimpr. Jerusalén 1964.

Tanḥ B Wa-'etḥannan (Adición del Ms. de Oxford) pp. 14-16

[א] *Aunque su altura llegue a los cielos [y su cabeza toque las nubes, como su excremento perece para siempre]* (Job 20,6-7). Éste es Moisés, que subió al cielo y pisó el Arafel y estuvo como los ángeles servidores y (el Santo, bendito sea) hablaba con él cara a cara y recibió la Torah de la mano del Santo, bendito sea, y suplicaba ante Él no morir. Y el Santo,

376. En la ed. de BUBER se suprime «Respondieron diciendo», y el texto que sigue se coloca en boca de Moisés.

377. La argumentación se basa en que «hoy» es un término supérfluo en la frase, y según una escuela rabínica en la Biblia no hay palabras ociosas o supérfluas, por tanto cabe preguntar por el sentido oculto del término.

bendito sea, le dijo: *No vuelvas a hablarme de tal asunto* (Dt 3,26). ¿Y por qué se irritó el Santo, bendito sea, con Moisés? Porque había reprendido a Israel. Una parábola: ¿A qué se parece esto? A un rey que tenía un hijo y lo entregó al pedagogo, pero el pedagogo se irritaba con el hijo y lo golpeaba. Lo oyó el rey y dijo: «Te lo juro por mi reino, que no volverás a entrar más en mi palacio». Pues así dijo Moisés a Israel: *Escuchad, rebeldes* (Nm 20,10). Y el Santo, bendito sea, le contestó (a Moisés y Aarón): *No entraréis a esta comunidad en el país [que les he dado]* (Nm 20,12).

[Dijo Moisés:] «*Tú has comenzado [a mostrar a tu siervo tu grandeza y tu fuerte brazo]* (Dt 3,24). Tú eres quien me abriste la puerta para interceder ante Ti –¿cuándo?– cuando cometieron aquel pecado».[378] Le contestó el Santo, bendito sea: *Déjame que los destruya y borre su nombre de debajo del cielo* (Dt 9,14). Dijo Moisés: «Quien se apoya en el Santo, bendito sea, no busca sino interceder por su hijos». ¿Qué está escrito allí? *Intentó Moisés aplacar el rostro de Yhwh su Dios* (Ex 32,11). Dijo Moisés: «Una vez intercedí por la comunidad y obtuve respuesta; si la comunidad intercede por mí, ¿no tendrán respuesta? ¿Por qué has decretado contra mí? Y Tú, que las disposiciones que les proclamaste *para guardarlas como memorial contra los rebeldes: [así acabarán las murmuraciones y no morirán]* (Nm 17,25)[379], y porque yo les llamé: *Escuchad, rebeldes* (Nm 20,10), Tú dijiste: *Por eso no entraréis a esta comunidad en la tierra que les he dado* (Nm 20,12) ¡*y Yhwh se irritó conmigo*! (Dt 3,26).

¿Qué significa *se irritó*? R. Yehudah y R. Neḥemyah dieron su opinión: (...) El Santo, bendito sea dijo a Moisés: «Tú eres el ejemplo para los jueces corrompidos, por eso *¡basta ya!* (Dt 3,26): mucho es lo que Yo tengo para ti en el mundo futuro que te voy a recompensar». Sobre él está dicho: *¡Cuán grande es tu bondad, que has reservado para los que te temen!*» (Sal 31,20).[380]

[ב] *Cuando hayas engendrado hijos y nietos* (Dt 4,25). Esto es lo que anuncia: *Desde el principio yo anuncio el futuro* (Is 46,10). Cuando llegó el momento de despedida de Moisés de este mundo, el Santo, bendito sea, le anunció lo que los israelitas harían después de la muerte de Josué,

378.Referencia a la adoración del becerro de oro.

379.Se refiere a la vara de Aarón, que floreció (Cf. Nm 17,16-24) y se guardó *como memorial para los rebeldes* (Nm 17,25).

380.Cf. SNm 135.

como está dicho: *Yhwh dijo a Moisés: Tú vas a reunirte con tus padres y este pueblo se levantará y se prostituirá con los dioses extranjeros de la tierra [a donde va a entrar]* (Dt 31,16). Por eso Moisés les previno: *Pues sé que después de mi muerte os pervertiréis* (Dt 31,29). Contestaron ellos: «No haremos tal cosa». Les respondió: «Engendraréis hijos y nietos que olvidarán el Nombre del Santo, bendito sea, como está dicho: *Pongo hoy por testigos contra vosotros el cielo y la tierra* (Dt 4,26; 30,19). Has de anunciar desde el principio el futuro: y así te encuentras con que los israelitas hicieron todo lo que les dijo en los días de los jueces, como está dicho: *y sirvieron a los baales y a las astartés* (Juec 10,6); y también Jeroboán, como está dicho: *Y tras pedir consejo, el rey fundió dos becerros de oro ... e instaló uno en Betel y otro en Dan* (1 Rey 12,28-29), y no permitía a Israel subir a Jerusalén, sino que decía: «éstos son tus dioses, Israel»; y también Ajab pecó e hizo pecar a Israel más que todos los perversos [reyes] anteriores: *Ajab, hijo de Omrí, hizo el mal a los ojos de Yhwh más aún que todos los que le precedieron* (1 Rey 16,30), y has de saber que se había entregado a sí mismo a la idolatría, como está dicho: *como Ajab, que se vendió para hacer el mal a los ojos de Yhwh* (1 Rey 21,25), e hizo olvidar el Nombre del Santo, bendito sea. ¿Cómo? Borró todos los Nombres de Dios[381] y escribió en su lugar: *y dijo Baal, en el principio Baal, y habló Baal* y así rehizo enteramente toda la Torah. De él está profetizado: *pretenden que mi pueblo olvide mi Nombre [con los cuentos que se cuentan entre sí, como sus padres olvidaron mi Nombre por Baaal]* (Jer 23,27). Y Manasés hizo más que ningún otro, como está dicho: *La imagen del ídolo que había esculpido [la colocó en el templo de Dios]* (2 Cr 33,7). *Hizo pasar a sus hijos por el fuego en el valle de Ben Hinnón. Practicó la adivinación, la magia y la hechicería; se excedió tanto en sus malas acciones a los ojos de Yhwh que llegó a exasperarlo* (2 Cr 33,6).

> [Sigue todavía un amplio recuento de la infidelidades, corroboradas con las citas de Os 13,2: *ofrecen sacrificios humanos y besan becerros*; y Jer 7,31: *Han construido los recintos sagrados del Tofet, en el valle de Ben Hinón, para quemar en ellos a sus hijos e hijas*]

[ג] *Entonces separó Moisés tres ciudades [al otro lado del Jordán]* (Dt 4,41). Esto es lo que dice la Escritura: *Quien ama el dinero nunca se sacia, quien ama la abundancia no le saca provecho* (Qoh 5,9). R Neḥemiah decía: “Quien ama la Torah no se sacia de Torah, quien estudia la Misnah

381. אזכרות, el tetagramma.

anhela estudiar el Talmud, quien estudia el Talmud anhela estudiar las Tosafot. Pero quien ama la abundancia ni le saca provecho ni suscita discípulos: *¡también esto es vanidad!* (Qoh 2,15.19, etc.). Otra interpretación de *quien ama la abundancia*: quien codicia ansiosamente los mandamientos, ni saca provecho de ellos ni tiene obras buenas.[382] *También esto es vanidad.* Quien ama de verdad los mandamientos, éste es Moisés, que estableció un pequeño precepto para que cuando uno del pueblo estuviera para salir de este mundo, nadie abandonara este mundo mientras que la *separación* estuviera en vigor: *Entonces separó Moisés tres ciudades* (Dt 4,41)[383].

[El parágrafo [ד] continúa desarrollando la humanidad de las leyes de Moisés estableciendo las ciudades refugio para los homicidas]

[ה] *Yo soy Yhwh tu Dios* (Dt 5,6). ¿Por qué usa la expresión en singular –*tu Dios*– y no dice *vuestro Dios*? Dijo R. Simón: «Para ofrecer un argumento para la defensa, pues así enseñó a Moisés a ejercer una defensa[384] en el asunto del becerro de oro». Le dijo: ¿Por qué Tú te irritas?, *¿Por qué, Yhwh, se va a encender tu ira contra tu pueblo?* (Ex 32,11).

Deuteronomio Rabbah

DtR 11,3

[*Moisés superior a Adán, a Noé, a Abraham, a Isaac, a Jacob*]

Ésta es la bendición (Dt 33,1): Esta Escritura se refiere a *Muchas hijas han realizado hazañas, pero tú sobrepasas a todas ellas* (Prov 31,29). ¿Qué significa *tú sobrepasas a todas ellas*? Se refiere a Moisés que superó a todos ellos. El primer hombre dijo a Moisés: «Yo soy superior a ti, pues fui creado a imagen del Santo, bendito sea». ¿De dónde se deduce esto? De lo que está dicho: *Creó Dios a Adam a su imagen* (Gn 1,27). Moisés le

382. Se refiere al que impone preceptos sin necesidad.

383. Se contrapone la dureza de quien impone con ansiedad mandamientos innnecesarios, frente a la humanidad de Moisés que establece una ley de misericordia con las tres ciudades-refugio para los homicidas involuntarios sin premeditación ni rencor, los cuales, refugiándose allí, pudieran salvar la vida: *Entonces Moisés reservó tres ciudades al este del Jordán, para que en alguna de ellas pudiera refugiarse el que, sin premeditación ni rencor alguno, hubiera matado a su prójimo. De este modo tendría a dónde huir para ponerse a salvo* (Dt 4,41-42).

384. συνηγορία, «defensa legal en un proceso judicial».

replicó: «Yo he sido elevado por encima de ti, pues el honor que se te dio te fue quitado, como está dicho: *El hombre no perdura en la opulencia* (Sal 49,13); pero conmigo permanece el resplandor del rostro que me concedió el Santo, bendito sea. ¿De dónde se deduce esto? *No se había debilitado su vista ni perdido su vigor* (Deut. 34,7).

Otra interpretación. Noé dijo a Moisés: «Yo soy superior a ti, pues fui liberado de la generación del diluvio». Le contestó Moisés: «Yo he sido elevado por encima de ti, pues tú te liberaste a ti mismo pero no tuviste poder para liberar a tu generación; sin embargo, yo me liberé a mí mismo y liberé a mi generación del exterminio cuando el becerro». ¿Cómo así? Como está dicho: *Y Yhwh se arrepintió del mal que había indicado haría a su pueblo* (Ex 32,14).

¿A qué se parece esto? A dos barcos que navegaban por la mar, cada uno con sus pilotos. Uno se salvó a sí mismo, pero no salvó su barco. El otro se salvó él y su barco. ¿A quién hay que alabar? Al que se salvó él y salvó su barco. Compara, pues, con Noé que sólo se salvó a sí mismo, y con Moisés que se salvó a sí mismo y a su generación. Así tienes: *pero tú sobrepasas a todas ellas* (Prov 31,29).

Otra interpretación: Abraham dijo a Moisés: «Yo soy superior a ti, pues yo acojo a todos los transeuntes». Le contestó Moisés: «Yo he sido elevado por encima de ti, pues tú acogías a incircuncisos y yo acogía a los circuncisos; además tú los acogías en tierra habitada, pero yo los acogía en el desierto».

Isaac decía a Moisés: «Yo soy superior a ti, pues dispuse mi cuello sobre el altar y contemplé el rostro de la *Šekinah*». Le contestó Moisés: «Yo he sido elevado por encima ti, pues tú contemplaste el rostro de la *Šekinah* pero tus ojos se debilitaron, como está escrito: *Y sucedió que Isaac se hizo viejo y sus ojos se debilitaron hasta dejar de ver* (Gn 27,1). ¿Qué significa «dejar de ver»? Dejar de ver la *Šekinah*. Pero yo hablo con la *Šekinah* cara a cara y mis ojos no se debilitan, como está dicho: *Moisés no sabía que la tez de su rostro se había vuelto radiante en su conversación con Él* (Ex 34,29).

Jacob dijo a Moisés: «Yo soy superior a ti, pues luché con el ángel y lo vencí». Le contestó Moisés: «Tú luchaste con el ángel en tu territorio,[385] pero yo subí hasta ellos en su territorio y ellos se asustaron

385. פירכורין (περιχωρα).

ante mí». ¿De dónde se deduce esto? De lo que está dicho: *Los ángeles*[386] *de los ejércitos huyen, huyen* (Sal 78,13). Ésta es la razón por la cual Salomón dice: *Muchas hijas han realizado hazañas, pero tú sobrepasas a todas ellas* (Prov 31,29). Dijo el Santo, bendito sea: Puesto que es superior a todos, él bendecirá a Israel: *Ésta es la bendición [con que Moisés, hombre de Dios, bendijo a los hijos de Israel]* (Dt 33,1)."

DtR 11,4

[*Moisés, hombre de Dios: Moisés humano y divino*]

Otra interpretación de *Y ésta es la bendición* (Dt 33,1). R. Samuel b. Naḥman interpretó: "Cuando vino Moisés a bendecir a Israel, vinieron también la Torah y el Santo, bendito sea, a bendecir a Israel. *Y ésta es la bendición* (Dt 33,1) se refiere a la Torah, como está dicho de ella: *ésta es la Torah que Moisés propuso a los hijos de Israel* (Dt 4,44); *y ésta es la bendición con que bendijo Moisés* (Dt 33,1), se refiere a Moisés; *hombre de Dios* (Dt 33,1) se refiere al Santo, bendito sea, de quien está dicho *Yhwh, hombre de guerra* (Ex 15,3).[387] ¿Y por qué así? Para cumplir lo que está dicho: *El hilo triple no se rompe fácilmente* (Qoh 4,12)."

Otra interpretación de *Y ésta es la bendición* (Dt 33,1). R. Tanḥuma interpretó: "Si de Moisés se dice «Dios», ¿por qué se le llama «hombre», y si se dice «hombre», ¿por qué se le llama «Dios»?[388] Cuando Moisés fue arrojado al río de Egipto era humano, cuando el río se convirtió en sangre[389], era divino.

Otra interpretación. Cuando huyó de delante del Faraón, era humano; cuando lo arrojó al mar, era divino.

Otra interpretación. Cuando subió al cielo, era humano. ¿En qué sentido era humano? En referencia con los ángeles, que son todo fuego; pero cuando bajó del cielo, era divino. ¿De dónde se deduce? De lo que está escrito: *He aquí que la piel de su rostro resplandecía tanto que temieron acercársele* (Ex 34,30).

386. El texto hebreo escribe מלכי (reyes), pero el midrasista lee מלאכי.

387. *'iš 'elohim* se considera una aposición de donde se entiende que son tres quienes bendicen: la Torah –הברכה–, Moisés –איש–, y Dios –אלהים–.

388. El sintagma משה איש האלהים se lee como una aposición, «Moisés, hombre-Dios». Cf. **MPM § 1** y comentario.

389. Por la intervención de Moisés.

Otra interpretación. Cuando subió al cielo era divino: como los ángeles, que no comen ni beben, tampoco él comía y bebía. ¿De dónde se deduce esto? De lo que está dicho: *Moisés permaneció allí con Yhwh cuarenta días y cuarenta noches, sin comer pan ni beber agua* (Ex 34,28).

Otra interpretación: ¿Qué significa *hombre de Dios*? R. Abin dijo: "De la mitad hacia abajo era humano, de la mitad hacia arriba era divino."

DtR 11,5

[*Moisés y el ángel de la muerte*]

¿Qué significa *antes de su muerte* (Dt 33,1)? Nuestros maestros explican: ¿Qué hizo Moisés? Cogió al ángel de la muerte, lo echó de su presencia y se puso a bendecir a las tribus, a cada una con su bendición.

R. Meír explicaba: "El ángel de la muerte fue a donde estaba Moisés y le dijo: «El Santo, bendito sea, me ha enviado a ti, porque hoy vas a salir de este mundo». Moisés le replicó: «Márchate de aquí, porque yo voy a alabar al Santo, bendito sea». [¿De dónde se saca esto? De lo que está escrito: *No he de morir, viviré para contar las hazañas de Yhwh* (Sal 118,17)]. Le respondió: «Moisés, ¿por qué te das tanta importancia? Ya hay quienes le alaban, los cielos y la tierra lo alaban a todas horas, como está dicho: *los cielos proclaman la gloria de Dios* (Sal 19,2)». Le dijo Moisés: «Y yo los haré callar, y yo seré quien le dé gloria, conforme a lo que está dicho: *Escuchad, cielos y hablaré* (Dt 32,1)». Volvió una segunda vez el ángel de la muerte y ¿qué hizo Moisés? Invocó sobre él el Nombre Inefable y (el ángel de la muerte) salió huyendo. [¿De dónde se deduce esto? De lo que está dicho: *Voy a proclamar el Nombre de Yhwh, dad gloria a nuestro Dios* (Dt 32,3)]. Cuando vino por tercera vez dijo (Moisés): «Puesto que viene de parte del Nombre, es necesario que justifique la sentencia». ¿De dónde se deduce esto? De lo que está dicho: *Él es la Roca, sus obras son perfectas, sus caminos son justos* (Dt 32,4)."

R. Yiṣḥaq decía: El alma de Moisés se resistía a salir y Moisés conversaba con su alma diciéndole:

—Alma mía, pensarás que el ángel de la muerte busca dominarte.

Ella replicó:

—No lo permitirá el Santo, bendito sea, porque Él *arrancó mi alma de la muerte* (Sal 116,8).

Moisés:

—¿Dirás que has visto a Israel llorando y has llorado con ellos?

Ella le contestó:

—*Arrancó mis ojos de las lágrimas* (*ibd.*).

Le dijo:

—¿Piensas que buscan arrojarte a la gehenna?

Le contestó:

—*Y mis pies de la caída* (*ibid.*).

Le dijo:

—¿Y a dónde vas a ir?

Le respondió:

—*Caminaré en la presencia de Yhwh en el país de los vivos* (Sal 116,9).

Cuando Moisés oyó esto, le dio autorización diciendo:

—*Alma mía, recobra tu calma, Yhwh fue bueno contigo* (Sal 116,7).

R. Abín dijo: "Cuando partió (de este mundo) los de abajo lo aclamaron y dijeron: «*Moisés nos entregó la Torah*» (Dt 33,4), y los de arriba lo aclamaron diciendo: «*cumplió la justicia de Yhwh* (Dt 33,21)», y el Santo, bendito sea lo aclama diciendo: «*No surgió en Israel otro profeta cual Moisés* (Dt 34,10)»."

DtR 11,7[390]

[*Mientras los israelitas se ocupaban de recoger el oro y la plata al salir de Egipto, Moisés se ocupaba de recoger los huesos de José. Dios le dijo: Porque no tuviste en consideración la plata y el oro, yo tendré contigo misericordia y me ocuparé de ti*]

¿Por qué mereció Moisés que el Santo, bendito sea, se ocupara de Moisés? Porque cuando bajó a Egipto y llegó el tiempo de la redención de Israel, todos los israelitas se ocuparon en recoger oro y plata, mientras que Moisés recorría la ciudad durante tres días y tres noches fatigándose por encontrar el féretro de José, pues no habrían podido salir de Egipto sin José. ¿Por qué? Porque así les hizo jurar antes de su muerte, como está dicho: *Juramentó José a los hijos de Israel diciendo: Dios se cuidará de vosotros de seguro y entonces sacaréis mis huesos de aquí* (Gn 50,25).

Después de mucha fatiga lo encontró Segulah y viendo lo muy fatigado que estaba Moisés, le dijo: «Mi señor Moisés, ¿por qué estás tan fatigado?». Le contestó: «Tres días y tres noches llevo recorriendo la ciudad para encontrar el féretro de José y no lo encuentro». Ella le dijo: «Ven conmigo y te mostraré dónde está». Ella lo llevó al río y le dijo: «En este lugar los magos y astrólogos hicieron un arca de quinientos

390. Un texto muy similar en **CrYeraḥmeel LI, 1-3** (GASTER, pp. 141-142).

talentos y lo arrojaron al río y así hablaron al Faraón: Si es tu voluntad que este pueblo no salga de aquí, hasta que no encuentren los huesos de José no podrán salir».

Inmediatamente Moisés se puso en pie junto al río y llamó: «José, José, tú sabes cómo juraste a Israel: *De seguro Dios se cuidará de vosotros* (Gn 50,25). Rinde gloria al Dios de Israel y no demores la redención de Israel. Tú tienes buenas obras, pide misericordia ante tu Creador y sube desde las profundidades.

Inmediatamente el féretro de José comenzó a moverse y a subir desde las profundidades flotando como una caña. Moisés lo cogió, lo cargó sobre su espalda, lo transportó mientras todo Israel lo seguía. Los israelitas llevaban la plata y el oro que habían tomado de Egipto, y Moisés llevaba el féretro de José. El Santo, bendito sea, le dijo: «Moisés, tú piensas que has hecho una pequeña cosa. ¡Por tu vida, que esta misericordia que haces es una gran cosa! Porque no tuviste en consideración la plata y el oro, yo tendré contigo misericordia y me ocuparé de ti».[391]

DtR 11,9

[*Medida mala por medida buena: interpretación de* הן, *«he aquí»*]

He aquí que se acercan los días de tu muerte (Dt 31,14). R. Aibu dijo: "Moisés dijo: «Señor del Universo, con la misma palabra con que te honré en medio de los seiscientos mil que santificaron tu Nombre Tú me has penalizado con la muerte, como está dicho: *He aquí*[392] *que se acercan los días de tu muerte* (Dt 31,14). En todas tus medidas, la medida se corresponde con la medida, pero a mí me pagas medida mala por medida buena, medida escasa por medida generosa, medida estrecha por medida ancha». El Santo, bendito sea, contestó a Moisés: «También este *he aquí* representa la medida buena que te he concedido, como está dicho: *He aquí que envío un ángel delante de ti* (Ex 23,20); *He aquí que el justo recibe su paga* (Prov 11,31); *He aquí que os envío al profeta Elías* (Mal 3,23). Como tú me exaltaste ante seiscientos mil, yo te exaltaré en el mundo futuro ante otros tantos cincuenta y cinco mil justos, como está dicho *hen*, que por gematría son *h* cinco y *n* cincuenta.

391.Cf. **MPM § 2** y comentario.

392.הן, «he aquí».

DtR 11,10[393]

[1. *Las diez veces que se menciona en la Escritura la muerte de Moisés.* 2. *El juramento de Dios y el ayuno de Moisés.* 3. *El ángel Akhzariel proclamó que no recibieran la oración de Moisés en las puertas del cielo ni en los tribunales.* 4. *La queja y acusación de Moisés ante Dios: «Tú haces mentir a tu Torah».* 5. *El acecho de Sammael.* 6. *Súplicas de Moisés para entrar de alguna manera en la Tierra.* 7. *Dios encarga a Gabriel y a Moisés tomar el alma de Moisés.* 8. *Dios encarga a Sammael tomar el alma de Moisés. El fracaso de Sammael.* 9. *La autodefensa de Moisés.* 10. *Se renueva el encargo a Sammael y nuevo fracaso de Sammael.* 11. *La bat qol anuncia que ha llegado el momento final y que el mismo Dios le dará sepultura.* 12. *Preparación para la muerte. La purificación de Moisés. El descenso de Dios. Los ángeles preparan el lecho.* 13. *Diálogo entre Dios y el alma. Dios toma el alma de Moisés con un beso de su boca.* 14. *El llanto de Dios, de los cielos y la tierra, de los ángeles y Josué. Josué buscó a su maestro y no lo encontró*]

1. R. Yoḥanán dijo: La Escritura menciona 10 veces la muerte de Moisés: *He aquí que se acerca el día de tu muerte* (Dt 31,14), *Muere en la montaña* (Dt 32,50), *Pues yo voy a morir* (Dt 4,22), *Pues sé que después de mi muerte* (Dt 31,29), *¡cuánto más después de mi muerte!* (Dt 31,27), *Antes de su propia muerte* (Dt 33,1), *de ciento veinte años cuando murió* (Dt 34,7), *Murió allí Moisés, servidor de Yhwh* (Dt 34,5), *y después de la muerte de Moisés* (Jos 1,1), *Moisés, mi siervo, ha muerto* (Jos 1,2).

Esto enseña que diez veces fue decretado que [Moisés] no entraría en la Tierra de Israel, pero el duro decreto no fue sellado hasta que el Alto Tribunal no lo hubo revelado y declarado: «Es mi decreto que tú no pasarás: *Pues no has de pasar este Jordán* (Dt 3,27)». Pero esto pareció sin importancia a los ojos de Moisés que dijo: «Israel muchas veces cometió grandes pecados y cuando yo pedí misericordia por ellos, inmediatamente se escuchó mi oración, como está dicho: *Déjame que lo aniquile y borre su nombre de debajo del Cielo* (Dt 9,14); ¿y qué está escrito allí? *Y Yhwh se arrepintió del mal que había indicado* (Ex 32,14); *Lo heriré de peste y lo aniquilaré* (Nm 14,12); ¿y qué está escrito allí? *Yhwh respondió: Lo perdono conforme a tu palabra* (Nm 14,20). Considerando que yo no he pecado desde mi juventud, ¿no es razonable que cuando yo rece por mí Dios responda a mi oración?

393. Para mayor comodidad en las referencia internas hemos subdividido el largo capítulo **Wa-'etḥannan 6** en 14 subparágrafos.

2. Cuando el Santo, bendito sea, vio que la cosa era tan sin importancia a los ojos de Moisés que no insistía en la oración, inmediatamente aprovechó para jurar por Su Gran Nombre que no entraría en la tierra de Israel, como está dicho: *Por eso –la-ken– no introduciréis a esta comunidad* (Nm 20,12). *La-ken* implica juramento, como está dicho: *Por eso –la-ken– he jurado a la casa de Elí* (1 Sam 3,14). Cuando Moisés vio que se había firmado el decreto contra él, se impuso un ayuno, trazó un pequeño círculo, se puso en medio y dijo: «De aquí no me muevo hasta que Tú no anules este decreto». ¿Qué hizo Moisés en aquella hora? Se revistió de saco y se enfundó en saco, se recubrió de ceniza y se plantó en oración y súplicas ante el Santo, bendito sea, hasta que se estremecieron los cielos y la tierra y el orden de la creación.

3. Dijeron: Quizás se ha cumplido la voluntad del Santo, bendito sea, de renovar su mundo. Salió una *bat qol* y dijo: Todavía no se hizo la voluntad del Santo, bendito sea, de crear un mundo nuevo, sino que *Él tiene en su mano el alma de todo viviente y el espíritu de toda carne de hombre* (Job 12,10), y «hombre» se refiere a Moisés, como está dicho: *Moisés era el hombre más humilde de toda la humanidad de sobre la faz de la tierra* (Nm 12,3). ¿Qué hizo el Santo, bendito sea? En aquella hora hizo proclamar en cada una de las puertas de los cielos y en cada uno de los tribunales que no recibieran la oración de Moisés para que no subiera ante Él, porque el decreto ya se había sellado. El angel encargado de la proclamación fue Akhzariel.

En aquella hora el Santo, bendito sea, convocó con premura a los ángeles servidores y les ordenó: «Descended rápidamente y cerrad todas las puertas de los cielos porque la voz de la oración amenaza entrar en los cielos», y los ángeles buscaron subir a los cielos, porque la voz de la oración de Moisés, que se asemeja a una espada que rasga y corta sin cesar, es de la naturaleza del Nombre Inefable, que aprendió de Zagziel, maestro y escriba de los hijos de lo Alto. Sobre aquella hora dice: *y oí detrás de mí el ruido de una gran trepidación al alzarse la Gloria de Yhwh de su sitio* (Ez 3,12). Y «trepidación» se refiere a estremecimiento y «grande» se refiere a Moisés, como está dicho: *También el propio Moisés gozaba de gran consideración en el país de Egipto a los ojos de los siervos del Faraón y a los ojos del pueblo* (Ex 11,3).

¿Qué significa «Bendita sea la Gloria de Yhwh desde su lugar»? Cuando las ruedas de la Merkabah y los serafines de fuego vieron que el Santo, bendito sea, dijo: «No recibiréis la oración de Moisés», y que no hacía acepción de persona con él y que no le concedía vida ni le daba entrada en la Tierra de Israel, dijeron: «Bendita sea la Gloria de Yhwh desde su lugar», porque ante Él no hay acepción de persona entre el grande y el pequeño. ¿Y de dónde sabemos que en aquella ocasión Moisés rezó quinientas quince veces? Porque está dicho: *y supliqué – ואתחנן–a Yhwh en aquella hora* (Dt 3,23), ואתחנן por gematría.

4. En aquella hora dijo Moisés ante el Santo, bendito sea: «Señor del mundo, son manifiestas y conocidas ante Ti las angustias y dolores que he sufrido por Israel para que creyeran en tu Nombre: cuánto dolor padecí con ellos con los mandamientos hasta que les fijé la Torah y los preceptos. Me he dicho: 'Pues he visto su dolor, veré también su felicidad'. Pero ahora, cuando llega la felicidad de Israel, Tú me dices: *No pasarás este Jordán* (Dt 31,2). Tú haces a tu Torah mentirosa, pues está escrito: *El mismo día le has de dar su salario y no se pondrá el sol dejándole pendiente, porque es pobre y suspira por él; de esa suerte no clamará contra ti a Yhwh y no incurrirás en pecado* (Dt 24,15). ¿Es ésta la paga por el trabajo de 40 años que sufrí para que éstos fueran un pueblo santo y fiel, como está dicho: *Pero Judá todavía está con Dios y es fiel con los santos* (Os 12,1).

5. El ángel malvado Sammael, el jefe de los satanes, estaba todo el tiempo acechando la muerte de Moisés y decía: «Cuando llegue el tiempo o el momento en que Moisés muera bajaré y le tomaré su alma». De él dijo David: *El malvado espía al justo y busca darle muerte* (Sal 37,32). No hay más malvado entre los satanes que Sammael y no hay más justo entre los justos que Moisés, como está dicho: *No hubo en Israel profeta más grande que Moisés, a quien Yhwh conoció cara a cara* (Dt 34,10). Una parábola. ¿A qué se parece esto? A uno que fue invitado a un banquete de bodas y estaba anhelando cuándo llegaría la fiesta para participar en ella.

Así estaba el malvado Sammael anhelando el alma de Moisés y diciendo: «¿Cuándo Miguel llorará y mi boca se llenará de risas?», hasta que Miguel respondió: «¡Ah, malvado, ¿yo lloraré y tú reirás? *No te alegres de mi suerte, oh enemiga mía; pues si caí, me levantaré, porque si moro en tinieblas, Yhwh será mi luz* (Miq 7,8). Pues si caí por la muerte de Moisés, me alcé por el liderazgo de Josué cuando mató a 31 reyes. Aunque habite en la tiniebla por la destrucción del primer y segundo Templo, Yhwh es mi luz en los días del Mesías».

6. Entretanto quedaba a Moisés una hora. En aquella hora dijo Moisés ante el Santo, bendito sea: «Si no me haces entrar en la Tierra de Israel, déjame vivir en este mundo sin morir». Respondió el Santo, bendito sea, a Moisés: «Si no te mato en este mundo, ¿cómo te haré vivir en el mundo futuro? Y además, tú haces que mi Torah mienta, pues en mi Torah está escrito por tu propia mano: *No hay quien libre de mi mano* (Dt 32,39)».

Dijo Moisés ante el Santo, bendito sea: «Señor del Universo, si no me entras en la Tierra de Israel, déjame vivir como las bestias del campo que comen hierba y beben agua y viven y disfrutan del mundo; así será mi alma como una de ellas». Le contestó: *Ya te basta* (Dt 3,26). Dijo ante Él: «Señor del Universo, si no, déjame en este mundo como un pájaro que vuela por los cuatro vientos del mundo y recoge su alimento cada día y a la tarde vuelve a su nido. Así será mi alma como uno de ellos». Le contestó: *Ya te basta.* ¿Qué significa *Ya te basta*? Le dijo: «Ya has hablado bastante». Cuando Moisés vio que ninguna criatura podía librarlo del paso de la muerte, entonces exclamó: *Es Roca, perfecto es su obrar, pues todos sus caminos son justicia, es Dios fiel y sin iniquidad, es justo y recto* (Dt 32,4).

7. ¿Qué hizo Moisés? Tomó el rollo y escribió el Nombre Inefable y el libro del Canto. Aún no había acabado de escribir cuando llegó el momento en que había de morir. En aquella hora dijo el Santo, bendito sea, a Gabriel: «Gabriel, sal y trae el alma de Moisés». Contestó ante Él: «Señor del Universo, ¿cómo puedo yo ver la muerte del que vale como seiscientas mil almas? Yo no puedo causar daño a quien tiene tales cualidades». Después dijo a Miguel: «Sal y trae el alma de Moisés». Contestó ante Él: «Señor del Universo, yo fui su maestro y él fue mi discípulo, yo no puedo ver su muerte».

8. Después dijo al malvado Sammael: «Sal y trae el alma de Moisés». Inmediatamente se llenó de rabia, se ciñó la espada y se revistió de crueldad y fue al encuentro de Moisés.

Cuando (Sammael) vio que (Moisés) se sentaba escribiendo el Nombre Inefable y el resplandor de su apariencia era como la del sol y se asemejaba a un ángel de Yhwh Sebaot, Sammael se echó a temblar ante Moisés y dijo: «En verdad los ángeles no pueden tomar el alma de Moisés». Antes de mostrarse Sammael a Moisés, ya Moisés sabía que Sammael venía. Y cuando Sammael vio a Moisés le cogió un temblor y dolor como de parturienta y no encontraba modo de abrir la boca para hablar con Moisés, hasta que Moisés dijo a Sammael: «*No hay paz, dice mi Dios, para los malvados* (Is 57,21). ¿Qué estás haciendo aquí?». Le contestó: «He venido a tomar tu alma». Le dijo: «¿Quién te ha enviado?». Le contestó: «El que creó todas las creaturas». Le contestó: «Tú no puedes tomar mi alma». Le dijo: «Las almas de todos los que vienen al mundo son entregadas a mis manos». Le contestó: «Yo tengo más fuerza que todos los que vienen al mundo».

9. Le preguntó: «¿Cuál es tu fuerza?». Le contestó: «Yo soy hijo de Amram, salí del vientre de mi madre circunciso y no necesité ser circuncidado; el mismo día en que nací fui capaz de abrir la boca y caminar con mis pies y hablar con mi padre y con mi madre e incluso no mamé leche; cuando tenía tres meses comencé a profetizar y anuncié que había de recibir la Torah de entre llamas de fuego; y una vez que salí a caminar entré en el palacio del Rey y quité la corona de su cabeza; cuando tuve ochenta años hice prodigios y signos en Egipto y liberé seiscientas mil almas ante los ojos de todos los egipcios y rompí el mar en doce sendas y convertí las aguas amargas en dulces; y ascendí y abrí un camino en los cielos y entablé batallas con los ángeles y recibí la Torah de fuego; habité bajo el trono de fuego y acampé bajo una columna de fuego y hablé con Él cara a cara; prevalecí sobre la familia celestial y revelé sus secretos a los hijos del hombre; recibí la Torah de la mano derecha del Santo, bendito sea y la enseñé a Israel; hice la guerra contra Sijón y Og, los dos gigantes idólatras [Lit., «adoradores de estrellas] a cuyos tobillos ni siquiera llegaron las aguas del diluvio por su estatura; detuve el sol y la luna en todo lo alto y los golpeé con la vara de mi mano y los maté. ¿Quién hay que tal haga entre los que vienen al mundo? Sal de aquí, malvado, tú no puedes hablar así! ¡Escapa de mi presencia, no te voy a entregar mi alma!».

10. ¡Inmediatamente volvió Sammael y relató el asunto al Poder (*Geburah*). El Santo, bendito sea, dijo a Sammael: «Ve y trae el alma de Moisés». Rápidamente (Sammael) desenvainó su espada y se plantó ante Moisés. Moisés se llenó de ira y tomó en su mano la vara donde estaba grabado el Nombre Inefable y golpeó a Sammael con toda su

fuerza hasta que lo puso en fuga; corrió tras él con el Nombre Inefable y tomó el resplandor de su gloria de entre sus ojos y cegó los ojos de Sammael.

11. Así llegó el momento final a Moisés. Salió una *bat qol* y dijo: «Ḥa llegado el final, el momento de tu muerte». Dijo Moisés ante el Santo, bendito sea: «Señor del Universo, acuérdate de aquel día en que te revelaste a mí en la zarza y me dijiste: *¡Anda! Te envío al Faraón, saca de Egipto a mi pueblo, los hijos de Israel* (Ex 3,10). Acuérdate de cuando estuve en el monte Sinaí cuarenta días y cuarenta noches. Por favor te lo pido, no me entregues en manos del ángel de la muerte». Salió una *bat qol* y le dijo: «No temas, Yo mismo te daré sepultura».

12 En aquella hora Mosés se puso en pie y se purificó como los serafines. El Santo, bendito sea, descendió desde los más altos cielos a tomar el alma de Moisés. Tres ángeles servidores estaban con él: Miguel, Gabriel y Zagziel. Miguel dispuso el lecho de Moisés; Gabriel extendió una veste de lino fino a su cabecera, y Zagziel a sus pies. Miguel a un lado y Gabriel a otro lado. Dijo el Santo, bendito sea a Moisés: «Moisés, cierra tus párpados uno sobre otro», y los cerró; «Descansa tu mano sobre el pecho», y puso su mano sobre el pecho; «Cruza tus pies uno sobre otro», y los cruzó.

13. En aquella hora el Santo, bendito sea, llamó al alma salir de su cuerpo. Le dijo: «Hija mía, ciento veinte años decreté que estuvieras en el cuerpo de Moisés. Ahora ha llegado tu momento de salir. Sal sin tardar». (El alma) dijo ante Él: «Señor del Universo, yo sé que Tú eres el Dios de todos los espíritus y de todas las almas, las almas de los vivos y los muertos están en tu mano. Tú me has creado y formado y me pusiste en el cuerpo de Moisés durante ciento veinte años. ¿Hay en el mundo un cuerpo más puro que el cuerpo de Moisés donde no se percibe hediondez ni gusano ni lombriz? Por eso yo lo amo y no quiero salir de él».

Le dijo el Santo, bendito sea: «Alma, sal sin tardar, te voy a subir a los más altos cielos y te haré habitar bajo el trono de mi Gloria junto a querubines, serafines y tropas angélicas». (El alma) dijo ante Él: «Señor del Universo, desde lo alto de tu *Šekinah* descendieron dos ángeles, ‘Uza y ‘Azael, y codiciaron a las hijas de la tierra y corrompieron sus caminos en la tierra hasta que tú los suspendiste entre la tierra y el cielo.

Pero el hijo de Amram, desde el día que te revelaste a él en la zarza no entró a su mujer, como está dicho: *Miriam y Aarón murmuraron de Moisés con motivo de la mujer cusita que había tomado, pues habíase desposado con una mujer cusita* (Nm 12,1). Por favor te lo pido, déjame en el cuerpo de Moisés». En aquella hora el Santo, bendito sea lo besó y tomó su alma con un beso de su boca.

14.Y el Santo, bendito sea, estuvo llorando: *¿Quién contra los perversos se alzará en favor mío? ¿Quién por mí se mantendrá contra los malhechores?* (Sal 94,16). Y el Espíritu Santo dice: *Nunca hubo en Israel un profeta cual Moisés* (Dt 34,10). Los cielos lloraban y decían: *Ha desaparecido de la tierra el piadoso* (Miq 7,2), y la tierra lloraba y decía: *y no hay hombre recto en la humanidad* (ibid.); y Josué buscó a su maestro y no lo encontró, lloró diciendo: *Salva, oh Yhwh, pues se acabó el piadoso, porque entre los hombres cesaron los leales* (Sal 12,2); y los ángeles servidores decían: *Dio cumplimiento a la justicia de Yhwh* (Dt 33,21) y los israelitas decían: *y a sus juicios para con Israel* (ibid.); unos y otros iban diciendo: *Entrará en la paz, reposará sobre sus lechos quien sigue su recto camino* (Is 57,2). *La memoria del justo es objeto de bendición* (Prov 10,7) y su alma es para la vida del mundo futuro. Amén. Sea así su voluntad, bendito Yhwh. Amén, amén.[394]

ABOT DE RABBÍ NATÁN[395]

ARN A 12,4-5

[*Moisés pidió una muerte semejante a la de Aarón. Dios encarga al ángel de la muerte tomar el alma de Moisés. Moisés rechaza al ángel de la muerte. Dios toma el alma de Moisés con un beso de su boca. El ángel de la muerte busca infructuosamente a Moisés. Nadie conoce su paradero*]

(4) En aquel momento Moisés pidió una muerte semejante a la de Aarón, pues vio el féretro de Aarón preparado con gran honor y a compañías y compañías de ángeles servidores haciendo duelo por él. Pero tal petición, ¿la hizo en presencia de alguien? No, él la hizo estando a solas, pero el Santo, bendito sea, oyó su murmullo. Y ¿de dónde sabemos que Moisés pidió una muerte semejante a la de Aarón y que Dios escuchó su murmullo? Porque está dicho: *Muere en la montaña donde hayas subido y reúnete con tu pueblo, como murió Aarón, en el monte Hor*

394.Los parágrafos 12-14 tienen una traducción casi literal en **CrYeraḥmeel L (14-15)** (GASTER, pp. 139-140).

395.Versión española de A. NAVARRO PEIRO (cf. Bibliografía).

(Dt 32,50). Esto te enseña que Moisés pidió una muerte como la de Aarón.

(5) Entonces dijo Dios al ángel de la muerte:

—Ve, tráeme el alma de Moisés.

Partió el ángel de la muerte y se presentó ante él. Le dijo:

—Moisés, dame tu alma.

Moisés lo reprendió y le dijo:

—En el lugar donde yo puedo sentarme, no se te ha dado permiso para estar de pie. Y encima dices: «¡Dame tu alma!»

Lo reprendió y lo echó con ira. Finalmente le dijo el Santo, bendito sea:

—Moisés, tú has tenido bastante en este mundo. Mira, el mundo venidero te está aguardando, pues tu lugar estaba ya preparado desde los seis días de la creación, según está dicho: *Y dijo Yhwh: Ve ahí un lugar junto a Mí; tú te colocarás encima de la roca* (Ex 33,21).

Entonces el Santo, bendito sea, cogió el alma de Moisés y la atesoró bajo el trono de la Gloria. Y cuando la cogió, lo hizo con un beso, pues se dice: *por boca de Yhwh* (Dt 34,5). No sólo el alma de Moisés está guardada bajo el trono de la Gloria, también las almas de los justos se atesoran allí, según se dice: *El alma de mi señor será encerrada en la bolsa de la vida* (1 Sm 25,29). ¿Sucede lo mismo respecto al alma de los malvados? La Escritura dice: *Y el alma de tus enemigos la lanzará como del hueco de la honda* (*ibid.*), pues será arrojada de un sitio a otro sin saber dónde apoyarse. También así las almas de los malvados andan errando y vagando por el mundo sin saber dónde apoyarse.

De nuevo el Santo, bendito sea, dijo al ángel de la muerte:

—Ve y tráeme el alma de Moisés.

Fue al lugar donde vivía Moisés, lo buscó y no lo encontró. Fue junto al Gran Mar y le preguntó:

—¿Ha venido aquí Moisés?

El Mar respondió:

—Desde el día que Israel pasó a través de mí no lo he vuelto a ver.

Se fue a las montañas y colinas y les preguntó:

—¿Ha venido aquí Moisés?

Le contestaron:

—Desde el día en que Israel recibió la Torah en el monte Sinaí no lo hemos vuelto a ver.

Se fue al Seol y al Abaddón y les preguntó:

—¿Ha venido aquí Moisés?

Le respondieron:

—Hemos oído su nombre, pero a él no lo hemos visto nunca.

Se fue junto a los ángeles servidores y les preguntó:

—¿Ha venido aquí Moisés?

Le contestaron:

—*(Solo) Dios conoce su camino, Él conoce su lugar* (Job 28,23). Dios lo ha atesorado para la vida del mundo venidero y ninguna criatura conoce (su paradero). Según se ha dicho: *La Sabiduría, ¿dónde se encuentra y cuál es el lugar de la inteligencia? No conoce el hombre su valor ni se halla en la tierra de los vivos. El abismo dice: «No está en mí», y el mar dijo: «No está conmigo» ... Abaddón y Muerte dijeron: «De oídas conocemos su fama* (Job 28,12-15.22).

También Josué estaba afligido a causa de Moisés hasta que el Santo, bendito sea, le dijo:

—Josué, ¿por qué te afliges a causa de Moisés? *Moisés, mi siervo, ha muerto* (Jos 1,22).

ARN A 17,3

[*Dios hace entrega de Josué a Moisés como intérprete. Moisés alecciona a Josué*]

"Prepárate tú mismo para aprender la Torah, ya que su conocimiento no es algo que se hereda" (**mAbot 2,12**). ¿De qué manera? Cuando nuestro maestro Moisés se dio cuenta de que entre sus hijos no había (conocimiento de la) Torah para que pudieran permanecer en el liderazgo después de él, se envolvió en su manto y se puso a rezar. Dijo ante Dios: «Señor del Universo, hazme saber quién entrará a la cabeza de todo el pueblo», según se dice: *Y habló Moisés a Yhwh diciendo: Yhwh, Dios de los espíritus de todo viviente, ponga un hombre al frente de esta comunidad para que salga y entre al frente de ellos y que los conduzca en sus entradas y salidas* (Nm 27,15). El Santo, bendito sea, dijo a Moisés: *Toma contigo a Josué* (Nm 27,18). Y añadió el Santo, bendito sea: «Ve y sírvele de intérprete, y que él enseñe en tu presencia a los grandes de Israel». Entonces dijo Moisés a Josué: «Este pueblo yo te entrego. No te entrego un rebaño de carneros, sino de corderillos, pues aún no han practicado suficientemente los mandamientos y todavía no han llegado a ser cabras y carneros». Según está dicho: *Si no lo sabes por ti misma, la más* *bella de las mujeres, sigue las huellas del rebaño, y lleva a pacer tus cabritillas junto a las cabañas de los pastores* (Cant 1,8).”

ARN B 25,2-4

[*Moisés deseó la misma muerte de su hermano Aarón. Moisés y el ángel de la muerte. Dios tomaría el alma de Moisés en este mundo, y se la devolvería en el mundo venidero. ¿Dónde está el féretro de Moisés? El ángel de la muerte busca infructuosamente el alma de Moisés*]

(2) Cuando Moisés vio el féretro de Aarón extendido y a los ángeles servidores en pie lamentándose, deseó aquella muerte, según se dice: *Y muere en la montaña adonde hayas subido y reúnete a tus mayores, como murió Aarón, tu hermano, en el monte Hor y se reunió con sus mayores* (Dt 32,50) con la misma muerte que has deseado.

Cuando llegó el tiempo fijado para que Moisés abandonara el mundo, vino el ángel de la muerte y se colocó frente a él. Moisés se enojó y lo echó con indignación. Le dijo:

—Si tú eres incapaz de cumplir mi misión, ¿cómo puedes pedirme que te entregue mi alma? Si cuando yo estaba sentado, tú eras incapaz de tenerte en pie, ¿cómo puedes pedirme que te entregue mi alma?

Se fue el ángel de la muerte junto al Poderoso y le dijo:

—Señor del mundo, Moisés, tu siervo, no quiere entregarme el alma.

Se presentó Moisés junto al Poderoso y le dijo:

—Señor de los mundos, hazme saber de qué clase de muerte voy a morir. Si es a causa del primer incidente, ya fue decretado contra mí que no entraría en el país. ¡Dios me libre que un pecado se halle en mi haber!

El Espíritu Santo le contestó:

—Moisés, estás a salvo, no hay pecado en tu haber. No vas a morir más que a causa del decreto concerniente al primer hombre, según está dicho: *Tu primer padre murió* (Is 43,27).

El Omnipresente anunció a Moisés que Él tomaba su alma en este mundo, pero que se la devolvería en el mundo venidero. Cogió el Santo, bendito sea, el alma de Moisés y la puso con las almas de los justos bajo el trono de la Gloria para que le alabara y le glorificara, según se dice: *Exulten los piadosos en la gloria, lancen gritos de júbilo en sus lechos. Encomios de Dios haya en su garganta y espada de dos filos en sus manos, para tomar venganza en las naciones, castigos en los pueblos; para atar a sus reyes con cadenas y a sus nobles con férreos grilletes; para cumplir en ellos el fallo prescrito: Será ello un honor para todos sus fieles* (Sal 149,5-9).

(3) Cuando Israel vio el féretro de Moisés extendido con toda la gloria del mundo sobre las alas de la *Šekinah*, ocupaba un espacio de cuatro millas desde la heredad de los rubenitas hasta la de los gaditas, según se dice: *Sube a esta montaña de los Abarim, al monte Nebo, que está en el país de Moab, frontero a Jericó* (Dt 32,49). ¿Y de dónde sabemos que murió en la heredad de Rubén? Porque está dicho: *los hijos de Israel edificaron Hešbon, 'El'ale', Qiryatayim, Nebo y Ba'al-Me'on* (Nm 32,37-38). ¿Y de dónde sabemos que fue enterrado en la heredad de los gaditas? Porque está dicho: *Y respecto a Gad dijo: «¡Bendito quien ensanchó a Gad! Gad, cual leona, se tumba en acecho y devora un brazo, incluso un cráneo. Escogió las primicias para sí, pues allí la porción del jefe estaba reservada; luego se presentó a las cabezas del pueblo, dio cumplimiento a la justicia de Yhwh y a sus juicios para con Israel* (Dt 33,20-21).

(4) Se puso el ángel de la muerte a buscar el alma de Moisés. Se dijo: «Yo sé que el Omnipresente le dijo: *Sube hacia mí, a la montaña* (Ex 24,12). Se fue junto al monte Sinaí y preguntó:

—¿Está quizás aquí el alma de Moisés?

El monte respondió:

—Me quitó la Torah que reconforta las almas, según se dice: *La Torah de Yhwh es perfecta, el alma reconforta* (Sal 19,8).

Se dijo: «Yo sé que el Santo, bendito sea, le dijo: *Tú alza tu cayado, extiende tu mano sobre el mar y hiéndelo* (Ex 14,16). Se fue junto al mar y preguntó:

Contestó el mar:

—No, porque está dicho: *Hendió el mar y lo hizo pasar* (Sal 78,13).

Se dijo: «Yo sé que él está suplicando para entrar en la tierra de Israel, según se dice: *Y supliqué a Yhwh* (Dt 3,23), *¡Pueda yo, por favor, pasar y contemplar esta hermosa tierra allende el Jordán, esa bella montaña y el Líbano* (Dt 3,25). La *hermosa tierra* se refiere a la tierra de Israel; esa *bella montaña* se refiere a la montaña del rey; el *Líbano* se refiere al Templo. ¿Por qué se llama Líbano? Porque limpia (*mlbyn*) los pecados de Israel. Se fue el ángel junto a la tierra de Israel y le dijo:

—¿Está quizás aquí el alma de Moisés?

Le respondió:

—No, porque está dicho: *No se halla en la tierra de los vivientes* (Job 28,23).

Fue junto a las nubes de gloria y les dijo:

—¿Está quizás aquí el alma de Moisés?

Le respondieron:

—*Se ha ocultado a los ojos de todo viviente* (Job 28,21).

Se fue junto a los ángeles servidores. Ellos le dijeron:

—No está aquí, pues está dicho: *Del ave de los cielos se ocultó* (*ibid.*).

Se fue junto al abismo y éste le dijo:

— No está aquí, pues se ha dicho: *El abismo dijo: «No está en mí»* (Job 28,14).

Se fue junto a Šeol y Abaddón y les preguntó:

—¿Está aquí el alma de Moisés?

Le respondieron:

—No.

Abba interpretaba siguiendo a R. Simón b. Yosé y decía: «El Abaddón y la muerte dijeron: *por nuestros oídos de ella tuvimos noticia* (Job 18,22). Por nuestros oídos lo escuchamos, pero no lo hemos visto.

Los ángeles servidores, sección por sección, compañía por compañía, aclamaban ante el féretro de Moisés y decían: *Entrará en paz, reposarán sobre sus lechos los que siguen su recto camino* (Is 57,2).

TARGUM

TgPsJ Dt 32,49-50[396]

[*Las lamentaciones de Moisés. Parábola del Padre que se sacrificó preparando las bodas del hijo, pero el padre fue condenado a muerte sin llegar a ver la boda de su hijo*]

(49) "Cuando la Palabra de Yhwh le dijo: «Sube a esta montaña de Ibraé, el monte Nebo», pensó (Moisés) en su corazón y dijo: «Quizás esta subida sea parecida a la subida del monte Sinaí». Dijo: «Iré y santificaré al pueblo». Díjole la Palabra de Yhwh: «De ninguna manera, sino sube y mira la tierra de Canaán que voy a dar a los hijos de Israel en herencia, (50) acuéstate en la montaña a donde vas a subir y sé reunido también tú a tu pueblo, como tu hermano Aarón se acostó en Tauros Omanos y fue reunido a su pueblo». En el acto abrió Moisés la boca en oración y así dijo: «Señor del mundo, por favor te pido, no sea

396. Versión española de T. MARTÍNEZ SÁIZ en la *Biblia Poliglotta Matritensia. Vol. IV*.

yo semejante a un hombre que tenía un hijo único y fue hecho cautivo. Marchó y lo redimió con mucho dinero, le enseñó la sabiduría y el arte, lo desposó con una mujer, plantó para él un pabellón real, le construyó un aposento de bodas, le preparó el lecho nupcial y dispuso un baldaquino en su centro. Le procuró el cortejo de los amigos del novio, coció su pan, inmoló sus víctimas, mezcló su vino. Cuando llegó el tiempo de que su hijo se regocijara con su mujer y los amigos pedían comenzar el banquete, aquel hombre fue requerido ante el tribunal delante del rey y castigado con pena de muerte, y no le fue suspendida la sentencia para que pudiera ver la alegría de su hijo. Pues así yo me he fatigado con este pueblo, los he sacado de Egipto con tu Palabra, les he enseñado tu Ley, les he construido la tienda para tu Nombre, y cuando ha llegado el tiempo de pasar el Jordán para heredar la Tierra, soy castigado a morir. ¡Si fuera preferible ante Ti, suspéndeme la sentencia hasta que pase el Jordán y vea el bienestar de Israel. Después de esto moriré!»".

TgPsJ Dt 33,21
[*Sepultura oculta de Moisés*]

"Y vio que la tierra era buena y recibió su parte al principio, pues había allí un lugar engastado con piedras preciosas y perlas, donde Moisés, escriba de Israel, está oculto –גניז–. Y así como entraba y salía a la cabeza del pueblo en este mundo, así entrará y saldrá en el mundo venidero, porque hizo méritos delante de Yhwh y enseñó a la casa de Israel sus procedimientos judiciales."

TgPsJ Dt 34,5
[*Dolores de Moisés y sus cuatro coronas. Y el beso de Dios*]

"Una voz celeste bajó de los cielos y dijo así: «Venid todos los que habéis entrado en el mundo y ved los dolores de Moisés, maestro de Israel, que ha trabajado duramente y no ha disfrutado. Pero ha sido exaltado con cuatro coronas buenas: la corona de la Ley es suya, porque se la llevó de los altos cielos cuando se le reveló la Gloria de la *Šekinah* de Yhwh con dos mil miríadas de ángeles y con cuarenta y dos mil carros de fuego; la corona del Sacerdocio fue suya en los siete días de la investidura; la corona del Reino se la dieron en posesión desde los Cielos, pues no desenvainó espada ni ensilló caballo ni puso en movimiento campamentos; la corona del buen Nombre la adquirió con obras buenas y con su humildad». Así pues, fue reunido allí Moisés, siervo de Yhwh, en el país de Moab, con el beso de la Palabra de Yhwh."

TgPsJ Dt 34,6

[*Las obras de misercordia divinas. Dios nos enseñó a enterrar a los muertos cuando Moisés. La sepultura de Moisés*]

"Bendito sea el Nombre del Señor del mundo que nos enseñó su recto camino.

—Nos enseñó a vestir a los desnudos cuando vistió a Adán y Eva.

—Nos enseñó a emparejar novios y novias cuando emparejó a Eva con Adán.

—Nos enseñó a visitar a los enfermos cuando se reveló en la visión de Mamré a Abraham cuando estaba enfermo por la circuncisión.

—Nos enseñó a consolar a los que hacen duelo cuando se reveló a Jacob de nuevo, al venir de Paddán, en el lugar donde había muerto su madre.

—Nos enseñó a alimentar a los pobres cuando hizo descender para los hijos de Israel pan de los cielos.

—Nos enseñó a enterrar a los muertos cuando Moisés, pues se apareció junto a él en su Palabra acompañado de bandadas de ángeles servidores. Miguel y Gabriel extendieron un lecho de oro incrustado con brillantes gemas, piedras preciosas y berilos, adornado con tapices de lana fina, sábanas de púrpura y ropas blancas. Metatrón, Yopiel, Uriel y Yefehfiyá, maestros de sabiduría, lo colocaron sobre él. Y con su Palabra lo llevó cuatro millas y lo enterró en el valle frente a Bet Pe'or, para que cada vez que Pe'or se levantase para recordar a Israel su pecado, se mirase a la tumba de Moisés y se afligiese. Ningún hombre conoce su tumba hasta el tiempo del día de hoy."

CRÓNICAS DE YERAḤMEEL (M. GASTER)[397]

L (1) (GASTER, pp. 133-134)

[*Lamentación de Moisés por morir antes de entrar en la Tierra*]

"*He aquí que se acercan los días de tu muerte* (Dt 31,14). R. Aybo relató que Moisés se dirigió a Dios de la siguiente manera: «Con la misma palabra que yo te alabé en la Torah en presencia de sesenta miríadas de los que santifican tu Nombre, tú me has sentenciado a muerte, como está dicho: *He aquí que se acercan los días de tu muerte* (Dt 31,14). Todos tus dones y castigos se imponen medida por medida, cada uno en correspondencia, pero ahora me impones lo malo por lo bueno». Dios replicó: «Incluso el término que yo te dirigí es una señal de bondad, como, en *He aquí que yo envío un ángel delante de ti [para guardarte en tu camino]* (Ex 23,20). *He aquí* significa que los justos son premiados en la tierra; *He aquí que yo os enviaré al profeta Elías* (Mal 3,23), y como tú me has proclamado ante sesenta miríadas, yo te exaltaré ante 55 miríadas de un pueblo justo». Por eso Dios usó el término הן / הנה, cuyo valor numérico es 55."[398]

L (3) (GASTER, p. 134)

[*El decreto divino: Moisés no pasará el Jordán*]

"Dios dijo a Moisés: «Un decreto se ha proclamado: que tú no pasarás, como está dicho: *No pasarás este Jordán* (Dt 3,25)». Sin embargo, este decreto fue tenido en nada por Moisés, pues se dijo: «Los israelitas han cometido pecados mucho más graves, y cuando intervine en favor de ellos mi oración fue aceptada, pues está dicho: *Déjame ... y los consumiré* (Ex 32,10), y allí mismo está escrito: *Y Yhwh se arrepintió del mal que había indicado haría a su pueblo* (Ex 32,14); y en el mismo lugar más adelante está escrito: *Lo perdono conforme a tu palabra* (Nm 14,20). Por tanto, si yo, Moisés, que no he pecado desde mi juventud, ruego a Dios por mí mismo, con tanta mayor razón escuchará mis palabras». Cuando Dios comprobó que el decreto fue tenido en nada por Moisés y que no volvía su rostro a la oración, inmediatamente juró por su Gran Nombre que no entraría en la Tierra», como está dicho: *Por eso –la-ken– no*

397.Buena parte del espacio dedicado en las Crónicas de Yeraḥmeel a la muerte de Moisés parece una traducción o versión libre del **DtR 11,9-10**. Por ello sólo seleccionamos para nuestra antología una pequeña muestra.

398.Texto muy similar a **DtR 11,9**.

introduciréis a esta comunidad (Nm 20,12); *La-ken* no es sino un juramento, como de modo semejante se dice: *Por eso –la-ken– he jurado a la casa de Elí* (1 Sam 3,14).[399]

MIDRÁS DE LA *REUNIÓN* [400] DE NUESTRO MAESTRO MOISÉS, SOBRE ÉL LA PAZ. מדרש אסיפת משה רבינו ע"ה

p. 69a

"Dijo R. Abu:[401] Ven y contempla el mašal del Señor del mundo a sus escogidos:

Se parece a un rey de carne y sangre que tenía un siervo inteligente, y el siervo encontró una espada de la tropa como no había otra en el mundo y dijo: «Esta espada no es digna de los hombres sino del rey, y la ofreceré al rey». Cuando el rey la vio dijo a sus soldados: «Id y cortadle la cabeza con esta espada». Aquel hombre lloraba y gritaba con corazón angustiado y le decía: «Mi Señor el Rey, por una ofrenda que presenté ante ti, tú vienes a matarme».

Pues así sucedió con Moisés, nuestro maestro, sobre él la paz. Cuando el Santo, bendito sea, le dijo: *He aquí –הן– que se acercan los días de tu muerte* (Dt 31,14), su cuerpo tembló y sus miembros sudaron, y dijo ante Él: «Señor del mundo, como sacerdote canté tus alabanzas en tu presencia y proclamé: *He aquí –הן– que de Yhwh tu Dios son los cielos y los cielos de los cielos y la tierra y cuanto hay en ella* (Dt 10,14). Con ello[402] me has penalizado y me has llamado a la muerte: *He aquí –הן– que se acercan los días de tu muerte* (Dt 31,14).

399. Este texto y el siguiente sobre la penitencia de Moisés parecen copia con ligeras variantes de **DtR 11,10**.

400. Cf. Dt 32,50: *Moisés se reunió –והסאף– con su pueblo*. Uso del verbo *'asaf* para expresar la muerte de Moisés. Citamos el texto aportado por M. KRUPP del texto midrásico descubiero en la India (Cf. Bibliografía)

401. En **Tanḥuma wa-'etḥannan**: R. Abbahu.

402. La partícula בו se refiere a הן. Cf. explicación más expresa en **Tanḥuma Wa-'etaḥnnan 6** (en nuestra Antología): "De manera similar dijo Moisés ante el Santo, bendito sea: «Señor del Universo, con la misma palabra que te glorifiqué diciendo: *He aquí –הן– que a Yhwh, tu Dios, pertenecen los cielos* etc. (Dt 10,14), con la misma expresión –בו הלשון– decretas mi muerte: *He aquí –הן– que se acercan los días de tu muerte* (Dt 31,14)."

BIBLIOGRAFÍA

AUS, ROGER DAVID: *The Death, Burial, and Resurrection of Jesus, and the Death, Burial and Translation of Moses in Judaic Tradition.* Lanham (Md), University Press of America, 2008.

BIALIK, H.N. – Y.H., RAVNITZKY: ספר האגדה (versión inglesa, *The Book of Legends*, por W. G. BRAUDE. New York (Schocken Books) 1992.

BLOCH, RENÉE: "Quelques aspects de la figure de Moïse dans la tradition Rabbinique, En *Cahiers Sioniens* 2-34 (1954) 93-167, esp. 127-138.

BRANT ROSEN, RABBI: *God's Kiss*: http://rabbibrant.com/2007/10 /05/gods-kiss/

BUBER, S.: *Midraš Tanḥuma.* Vilna 1887 (Reimpr. Jerusalén 1964).

CORRIENTE, FEDERICO – PIÑERO, ANTONIO: *Libro 1 de Henoc.* En A. Díez Macho, *Apócrifos del Antiguo Testamento.* IV, 1-143. Madrid (Cristiandad) 1984.

CORTÉS, ENRIC – MARTÍNEZ SÁIZ, TERESA: *Sifre Deuteronomio. Comentario tannaítico al libro del Deuteronomio.* Barcelona (Facultat de Teologia – Herder) 2 vols. 1989.1997.

DE LA FUENTE ADÁNEZ, ANTONIO: *Antigüedades bíblicas (Liber Antiquitatum Biblicarum, Pseudo-Filón).* En A. Díez Macho, *Apócrifos del Antiguo Testamento II.* Madrid (Edic. Cristiandad) 1983, pp. 195-316.

DEL VALLE, CARLOS (ED.): *La Misná* (2ª edición), Salamanca (Ediciones Sígueme) 1997.

DÍEZ MACHO, A.: *Biblia Polyglotta Matritensia. Series IV. Targum palestinense in Pentateuchum. L. 5. Deuteronomium* (Edición crítica bilingüe, arameo-español. La columna de Pseudo Jonathan ha sido preparada por Teresa Martínez Sáiz).

FISHBANE, MICHAEL: *The Kiss of God. Spiritual and Mystical Death in Judaism.* Seatle & London (University of Washington Press) 1994.

FLEG, EDMOND: *Moisés contado por los sabios.* Barcelona (Editorial Roma) 1981.

FLUSSER, D., "Moses, the man of God" (hebrew), *Maḥanayim* 115 (1967) 16-19.

GARCÍA MARTÍNEZ, F.: *Textos de Qumrán. Edición y traducción de —.* Madrid (Trotta) 1992.

GASTER, M.: *The Chronicles of Jerahmeel Or, The Hebrew Bible Historiale.* London 1899.

GINZBERG, L.: *Legends of the Jews,* Philadelphia (The Jewish Publication Society) 2003.

GIRÓN BLANC, L–F.: *La crónica de Moisés —Dibrê ha-yamim šel Mošeh rabbenû.* Sefarad xlviii 2 (1988) 390-425.

GIRÓN BLANC, L–F.: *Midrás Cantar de los Cantares Rabbá.* Valencia (BM 11) 1991.

GIRÓN BLANC, L–F.: *Seder 'Olam Rabbah. El gran orden del universo. Una cronología judía.* Estella (Verbo Divino. BM 18) 1996.

GOLDIN, J.: "The Death of Moses: An exercise in Midrashic Transposition". En B.L. Eichler and J.H. Tigay (Eds.), *Studies in Midrash and Related Literature.* Philadelphia–New York–Jerusalem, 1988, pp. 175-186.

ISH SHALOM, M.: "The Cave of Machpela and the Sepulchre of Moshe; The Developement of an 'Aggadic Tradition". *Tarbiz* 41 (1972) 203-210. English Summary, pp. VI-VII.

JELLINEK, ADOLPH: *Midraš Peṭirat Mošeh Rabbenu 'alayw ha-Šalom*, en *Bet ha-Midraš*, Jerusalem (Bamberger and Wahrmann) 1938, I, 115-129 (conocida como Jellinek-A); en vol. VI, pp. 71-78, *Midraš Peṭirat Mošeh Rabbenu 'alayw ha-Šalom, Nusḥa' B* (conocida como Jellinek B).

KRUPP, MICHAEL, "Nuevos textos del Midrash Petirat Mosheh" (Hebreo). *Proceedings of the Eleventh World Congress of Jewish Studies.*The World Union of Jewish Studies. Jerusalem 1994, pp. 119-123.

KUSHELEVSKY, RELLA: *Moses and the Angel of the Death.* New York (Peter Lang) 1995.

LOEWENSTAMM, S.E.: "The Death of Moses". En *From Babylon to Canaan. Studies in in the Bible and its Oriental Background.* The Magnes Press (Hebrew University of Jerusalem) 1992, pp. 136-166 (traducción revisada del artículo aparecido en *Tarbiz* 27 (1958) 142-157).

LOEWENSTAM, S.E.: "The Testament of Abraham and the text concernig Moses' Death". En *From Babylon to Canaan. Studies in in the Buble and its Oriental Background.* The Magnes Press (Hebrew University of Jerusalem) 1992, pp. 167-173.

MANNS, FRÉDÉRIC.: "Le Targum du Cantique des Cantiques. Introduction et traduction". *Liber Annuus* XLI, 1991 (Jerusalem) 223-301.

MARTÍNEZ SÁIZ, TERESA – PÉREZ FERNÁNDEZ, MIGUEL: *Traducciones arameas de la Biblia. Los Targumim del Pentateuco. II. Éxodo.* Estella (Verbo Divino. BM 34) 2011.

MARTÍNEZ SÁIZ, TERESA: "La muerte de Moisés en Sifré Deuteronomio". En *Salvación en la Palabra. Targum - Derash – Berit. En Memoria del Profesor Alejandro Díez Macho.* Madrid 1986 (Ediciones Cristiandad), 205-214.

MARTÍNEZ SÁIZ, TERESA: *Mekilta de Rabbí Ismael. Comentario rabínico al libro del Éxodo.* Estella (BM 16) 1995.

MARTÍNEZ SÁIZ, TERESA: *Traducciones arameas de la Biblia. Los Targumim del Pentateuco. I. Génesis.* Estella (Verbo Divino. BM 28) 2004.

MOTOS LÓPEZ, MARÍA DEL CARMEN: *Midrás Qohélet Rabbah. Las Vanidades del mundo. Comentario rabínico al Eclewsiastés.* Estella (Verbo Divino. BM 22) 2001.

NAVARRO PEIRO, ÁNGELES: *Abot de Rabbí Natán. Versión crítica, introducción y notas.* Valencia (BM 5) 1987.

NAVARRO PEIRO, ÁNGELES: *Libro hebreo de Henoc (Sefer Hekalot).* En En A. Díez Macho, *Apócrifos del Antiguo Testamento.* IV, 201-291. Madrid (Cristiandad) 1984.

NOAH, M.M.: *Sefer ha.Yashar Or, The Book of Jasher,* Salt Lake City, 1887.

PÉREZ FERNÁNDEZ, MIGUEL – TREBOLLE, JULIO: *Historia de la Biblia* (Trotta), Madrid 2006.

PÉREZ FERNÁNDEZ, MIGUEL: "Los actores del Midrás de la Muerte de Moisés (*Midrash Petirat Mosheh*): Dios, Moisés, Josué y los Ángeles". *Estudios Bíblicos* 66 (2008) 301-311.

PÉREZ FERNÁNDEZ, MIGUEL: *Los capítulos de Rabbí Eliezer. Versión crítica, introducción y notas.* Valencia (BM 1) 1984.

PÉREZ FERNÁNDEZ, MIGUEL: *Midrás Sifre Números. Versión crítica, introducción y notas.* Valencia (BM 9) 1989.

PÉREZ FERNÁNDEZ, MIGUEL: *Tradiciones mesiánicas en el Targum Palestinense. Estudios exegéticos.* Valencia (Institución San Jerónimo) 1981.

REMAUD, M.: *Évangile et tradition rabbinique,* Bruxelles (Lessius)

RODRÍGUEZ CARMONA, ANTONIO: "La muerte de Moisés según el Targum Jonatán y el Targum Palestinense". En *Salvación en la Palabra. Targum - Derash – Berit. En Memoria del Profesor Alejandro Díez Macho*. Madrid 1986 (Ediciones Cristiandad), 503-514.

RODRÍGUEZ CARMONA, ANTONIO: "Los anuncios de la muerte de Moisés en el Targum Palestinense". En *El misterio de la Palabra. Homenaje a Luis Alonso Sshökel.* Madrid 1983 (Ediciones Cristiandad) 267-279.

RUIZ MORELL, OLGA – SALVATIERRA OSSORIO, AURORA: *Tosefta III Nashim. Tratado rabínico sobre las mujeres.* Estella (Verbo Divino. BM 23) 2001.

RUIZ MORELL, Olga: "Recreaciones bíblicas en Tosefta Sota", MEAH, sección hebreo, 47 (1998) 5-18.

RUIZ MORELL, OLGA: *Las aguas amargas de la mujer. La ordalía de los celos en el rabinismo. Estudio lingüístico y literario del Tratado Sotah de Tosefta. Texto rabínico bilingüe.* Estella (Verbo Divino. BM 20) 1999.

SIRKMAN, JEFFREY J.: *Midrash Petirat Moshe. A Structural and Thematic Analysis.* New York 1987 (Hebrew Union College. Doctoral Thesis, 258 pags.)

STEMBERGER, GÜNTER: *Einleitung in Talmud und Midrasch.* Neunte, vollständige neubearbeitete Auflage. München (Beck) 2011.

STRACK, H. L., – STEMBERGER, GÜNTER: *Introducción a la literatura talmúdica y Midrásica.* Valencia (BM) 1988 (Cf. Stemberger, la más reciente 9ª edición).

TREBOLLE, JULIO: *Biblia judía y Biblia cristiana*, Madrid (Trotta) 1998.

VARA DONADO, J.: *Antigüedades judías.* Madrid (Akal Clásica) 1997.

VEGAS MONTANER, LUIS: *Testamento de Moisés.* En A. Díez Macho, *Apócrifos del Antiguo Testamento.* V, 215-275. Madrid (Cristiandad) 1987.

VERMES, GEZA: "La figure de Moïse au tournant des deux Testaments". En *Cahiers Sioniens* 2-34 (1954) 63-92.

WÜNSCHE, AUGUST: *Aus Israel Lehrhallen*, Hildesheim (Olms) 1967, vol. I, 134-176: *Moses Tod.* En pp 134-162, versión alemana de Jellinek, *Midraš Peṭirat Mošeh Rabbenu 'alayw ha-Šalom*; en pp. 163-176 añade un recorrido por la tradición musulmna de Moisés a partir del Corán.

ÍNDICES

I. Biblia Hebrea

II Nuevo Testamento

III. Targumim

IV Misnah, Tosefta Talmud

V. Midrasim

VI. Crónicas y Apócrifos